歴墾ビブリオ

戦国時代の地域史②

播磨・但馬・丹波・摂津・淡路の戦国史

●畿内と中国の狭間で続いた争乱

渡邊大門 著

法律文化社 歴墾舎

はしがき

本書で取り上げる播磨《はりま》・但馬《たじま》・丹波《たんば》・摂津《せっつ》・淡路《あわじ》は、現在の兵庫県全域と大阪府の北中部の大半、京都府の北西部の一部という広大な地域が該当する。範囲が広範なだけに、それぞれの地域には特色がある。それらの地域は京都にも近いという好条件だったが、赤松《あかまつ》氏、山名《やまな》氏といった守護家は一五世紀後半から一六世紀前半にかけて衰退し、中央の政局にあまり絡むことができなかったという事情があった。

播磨は南北朝期以降、一時期を除いて赤松氏が守護を務めた。赤松氏は西播磨に拠点を定め、戦国時代には置塩《おしお》城（姫路市）を居城とした。また室町幕府では、侍所《さむらいどころ》の所司《しょし》に任じられる家柄だった。播磨は瀬戸内海に面していたので、英賀《あが》（姫路市）などでは海上交通が発達していた。東寺《とうじ》領矢野荘《やののしょう》（相生市）、法隆寺領鵤荘《いかるがのしょう》（太子町）は、戦国時代まで多くの史料を残す稀有な荘園でもある。赤松氏は嘉吉《かきつ》元年（一四四一）の嘉吉の乱で没落したが、赤松政則《まさのり》は応仁・文明の乱をきっかけにして、播磨など三カ国の守護に返り咲いた。しかし、養子の義村《よしむら》の代以降、配下の浦上《うらがみ》氏の台頭を許すと、著しく衰退して一地域権力に転落した。織豊時代に至ると、小寺《こでら》、別所《べっしょ》などの国衆《くにしゅう》が存在感を示したが、播磨国内を統一する戦国大名は登場しなかった。

但馬は南北朝期の前半を除いて、山名氏が守護を務めた。山名氏は室町幕府で侍所の所司に任じられる家柄であり、応仁・文明の乱では強い存在感を示したが、山名宗全《そうぜん》の死後は徐々に衰退し、最終的には織田信長に屈した。但馬は生野《いくの》銀山の鉱山資源が豊富であり、信長や豊臣秀吉も注目した。戦国期以降、山名氏は赤松氏と同じく、配下にあった垣屋《かきや》、太田垣《おおたがき》などの国衆の台頭を許すことになった。

丹波・摂津・淡路は、細川《ほそかわ》氏の領国だった。丹波西部（兵庫県域）は戦国時代になると、守護代家の波多野《はたの》氏が台頭し、細川氏に代わって支配を展開した。その拠点が八上《やかみ》城（丹波篠山市）である。このほか、赤井《あかい》氏、荻野《おぎの》氏といった国衆が注目される。摂津西部（兵庫県域）では細川氏が衰退すると、三好長慶《みよしながよし》が勢力を築くことになった。織豊時代に三好氏が衰え、信長の時代が到来すると、荒木村重《あらきむらしげ》が有岡《ありおか》城（伊丹市）を拠点として支配を展開した。尼崎《あまがさき》（尼崎市）や兵庫津《ひょうごのつ》（神戸市）は、港湾として大いに発達した。一方、淡路は細川氏が守護として支配を行ったが、残った史料が極端に少なく、戦国・織豊時代の様相は不明な点が多い。

　戦国・織豊時代になると、多くの国では強大な戦国大名が登場し、一国を支配することが多かった。しかし、播磨など五カ国では、南北朝以来の伝統的な守護家である赤松氏、山名氏、細川氏が支配を行っていたにもかかわらず、ついに強大な権力体にはならなかった。そうした群雄割拠の時代を克服したのが信長であり、秀吉だった。その経緯を明らかにするのが本書の目的である。

　本書では右に示した政治史だけではなく、宗教文化、流通経済、民衆文化、城郭なども取り上げ、幅広い観点から播磨・但馬・丹波・摂津・淡路の地域性を明らかにする。

目次

第Ⅱ部　戦国の社会

山名氏略系図

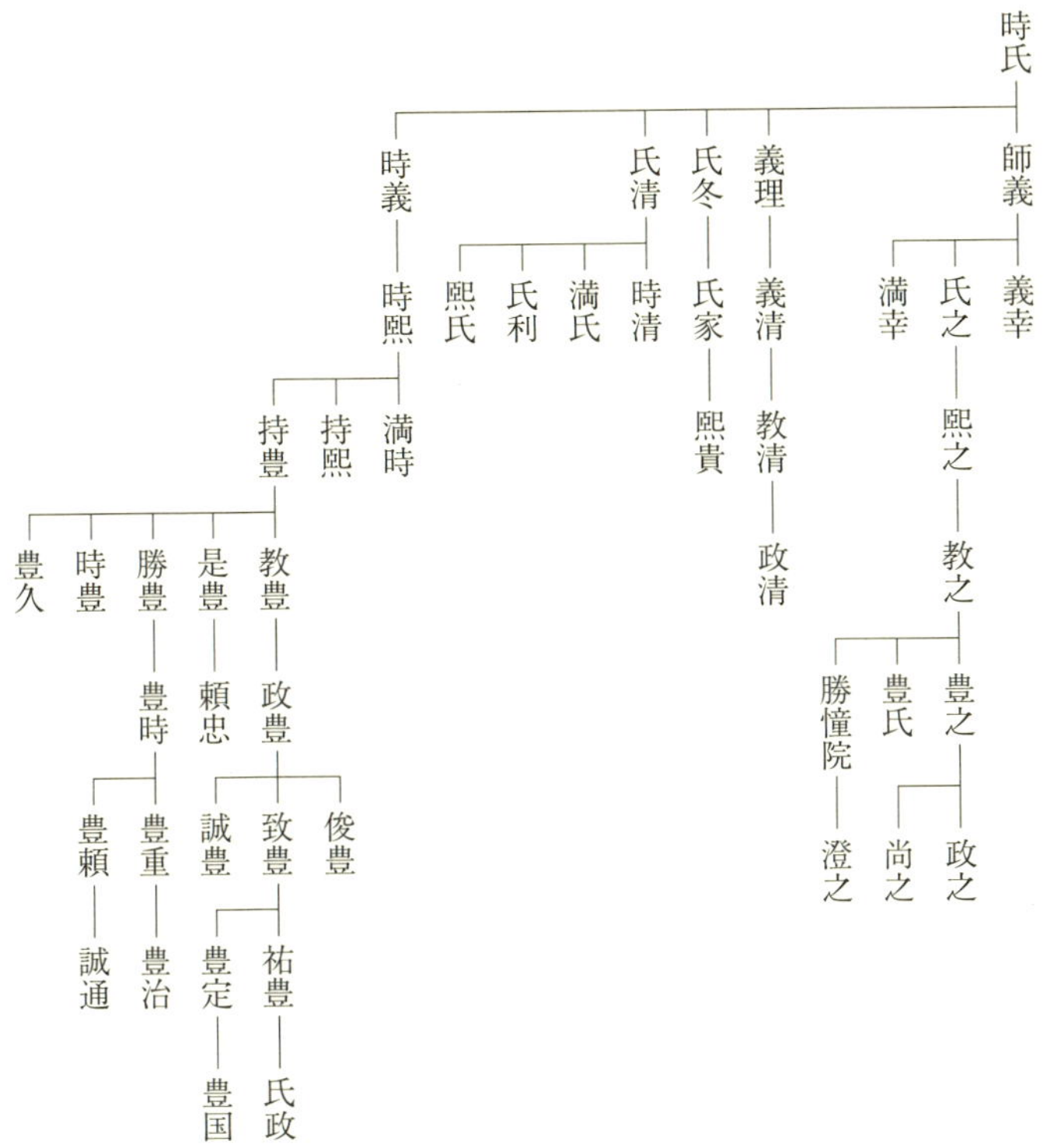

（出所：川岡勉『山名宗全』吉川弘文館、二〇〇九年、に加筆）

細川氏略系図

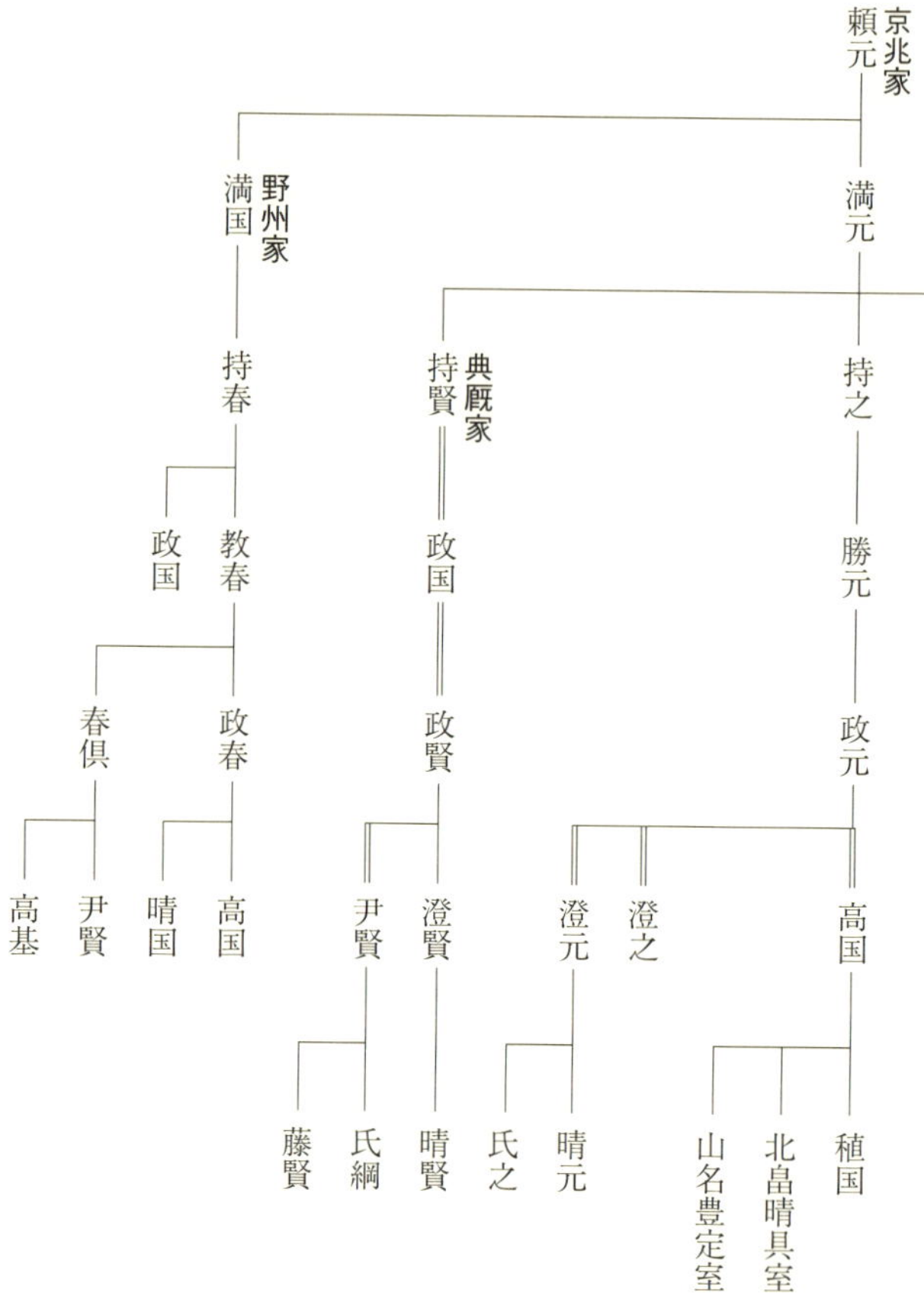

（出所：天野忠幸編著『摂津・河内・和泉の戦国史』法律文化社、二〇二四年、に加筆）

三好氏略系図

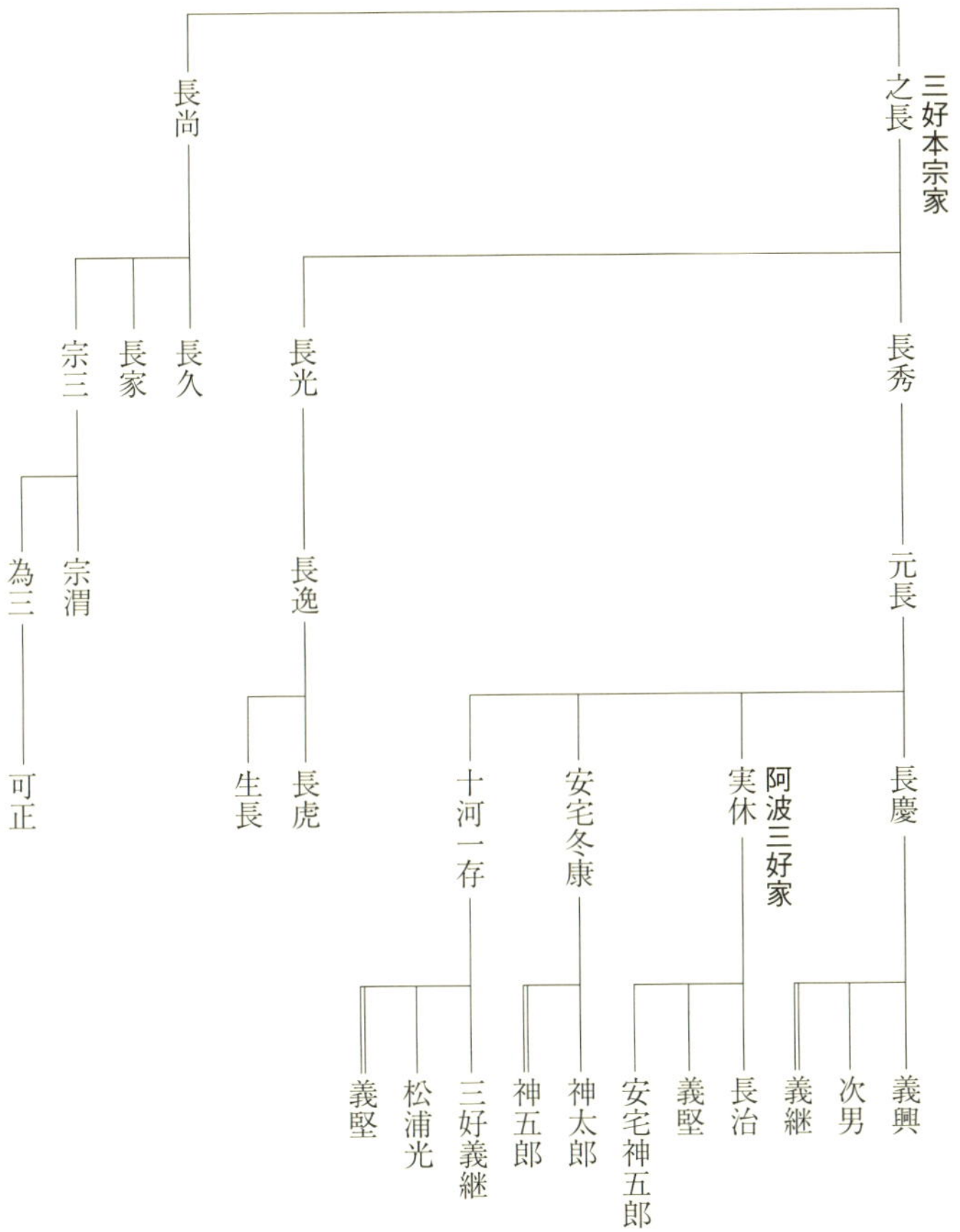

（出所：天野忠幸編著『摂津・河内・和泉の戦国史』に加筆）

赤松氏略系図

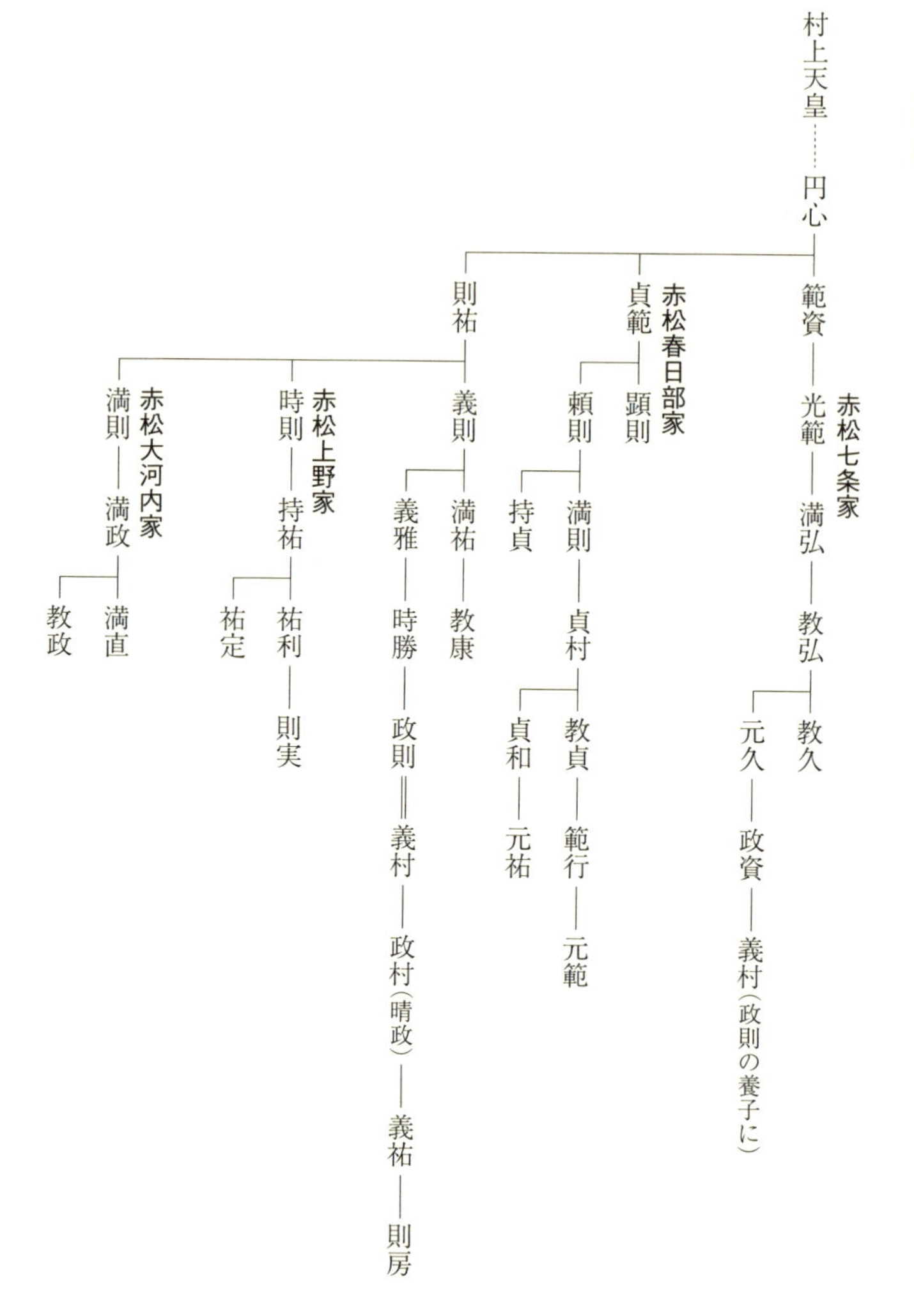

（出所：渡邊大門『赤松氏五代』ミネルヴァ書房、二〇一二年、に加筆）

関係地図（角川文化振興財団編『古代地名大辞典　索引・資料編』をもとに作成）

第Ⅰ部　国衆たちの争乱から天下人による支配へ

「三木合戦軍図」（法界寺所蔵／三木市教育委員会提供）部分
豊臣方と別所方の将兵が交戦している場面が生々しく描かれている。

第一章　応仁・文明の乱における赤松氏・山名氏の抗争

応仁元年（一四六七）に勃発した応仁・文明の乱は、山名氏《やまな》、細川氏《ほそかわ》、赤松氏《あかまつ》が積極的に関わった騒乱である。そもそも乱のきっかけの一つの理由は、但馬などの守護の山名宗全《そうぜん》と摂津などの守護の細川勝元《かつもと》の対立にあった。勝元の支援により、播磨など三カ国の守護への返り咲きを目論んだのが、当時は加賀半国守護だった赤松政則《まさのり》である。嘉吉《かきつ》元年（一四四一）の嘉吉の乱で赤松氏は事実上滅亡し、領国の播磨など三カ国の守護は、山名氏に奪われていたのである。

応仁・文明の乱の直後、赤松氏はただちに播磨など三カ国に攻め込み、山名氏を但馬へ敗走させた。こうして赤松氏は、播磨など三カ国の守護に復帰した。応仁・文明の乱が終結すると、宗全の子の政豊《まさとよ》は播磨に侵攻した。以後、山名氏は赤松氏との抗争に明け暮れることになった。一時期、山名氏は播磨を支配下に収めたが、赤松氏の反撃に遭って、最終的に但馬へ撤退せざるを得なくなったのである。

1　播磨・但馬・丹波・摂津・淡路の地域構造

播磨

播磨国《はりま》は山陽道に属する大国《たいこく》（諸国を大・上・中・下のランクに分けたうちの一位の国）で、明石《あかし》、賀古《かこ》、印南《いんなみ》、飾磨《しかま》、揖保《いぼ》、赤穂《あこう》、佐用《さよう》、宍粟《しそう》、神崎《かんざき》、多可《たか》、賀茂《かも》、美嚢《みのう》の十二郡で構成されていた。国府は、飾磨郡（姫路市）に置かれた。八世紀以降、播磨国が大国であったことは、和銅五年（七一二）に国司四等官のうち大国だけに置かれる大目《だいさかん》がいたことから明らかだろう。播磨国は気候条件に恵まれたので、農業・漁業のほか諸産業が発達した。また、飾磨津《しかまづ》（姫路市）などの市が繁栄しており、瀬戸内海や山陽道といった海上・陸上の交通が至便だったことは、経済発展を大いに支えた。製鉄や鋳物業、製紙（杉原紙《すぎはらがみ》）はその代表であり、それらは高砂《たかさご》（高砂市）、魚住《うおずみ》（明石市）、福泊《ふくどまり》（姫路市）などの港を通じて各地に送り届けられた。

南北朝期以降、播磨の守護を務めたのは赤松氏だった。のちに赤松氏は播磨のほか、備前《びぜん》と美作《みまさか》の守護を務め、室町幕府では侍所《さむらいどころ》の所司《しょし》を務めた。赤松氏は嘉吉元年（一四四一）の嘉吉の乱でいったん滅びるが、応仁元年（一四六七）から始まる応仁・文明の乱で再び三カ国守護に復活する。しかし、それは長く続かず、明応五年（一四九六）に赤松政則が没して以降、播磨国内の国衆《くにしゅう》が台頭し、赤松氏を脅かすことになった。播磨国内には一国を支配する大名が存在することなく、天正八年（一五八〇）に羽柴（豊臣）秀吉が三木《みき》城主の別所《べっしょ》氏らを破り、播磨国の戦国時代は終焉を迎えたのである。

但馬

但馬《たじま》国は山陰道に属する上国《じょうこく》（諸国を大・上・中・下のランクに分けたうちの二位の国）で、朝来《あさご》、養父《やぶ》、出石《いずし》、気多《けた》、城崎《きのさき》、美含《みくみ》、二方《ふたかた》、七美《しつみ》の八郡で構成されていた。国府は、気多郡（豊岡市）に置かれた。

但馬国は日本海に面しており、九世紀に渤海《ぼっかい》人が漂着するなど、中国大陸との繋がりも大きかった。平安時代末期になると、平正盛《たいらのまさもり》が但馬国司になったので、平家との繋がりが深い国でもあった。また、但馬国内にはかなりの禁裏《きんり》領が存在し、後白河院領の城崎郡木前《きのさき》（城崎）荘、同新田荘、朝来郡朝来荘、七美郡小代《おじろ》荘、同菟束《うつか》荘、二方郡久斗《くと》荘、同大庭《おおにわ》荘などはその代表といえよう。『但馬国大田文《おおたぶみ》』は、鎌倉時代における但馬国の公領・荘園別の田地面積、所有関係などを知るうえで貴重な史料である。

南北朝期の初期頃、但馬国の守護は今川、桃井《もものい》、吉良《きら》、仁木《にっき》、長《ちょう》などの諸氏が歴任したが、一四世紀後半以降は山名氏が守護を務めた。山名氏は侍所所司の家柄で、複数国の守護を兼ねていたが、明徳《めいとく》二年（一三九一）の明徳の乱で著しく衰退した。しかし、山名宗全が幕政の中心を担うようになると、山名氏は再び威勢を取り戻したが、その死後は徐々に衰退していった。天正八年（一五八〇）に羽柴（豊臣）秀吉が但馬国に侵攻すると、但馬国の戦国時代は終焉を迎えたのである。

丹　波

丹波《たんば》国は山陰道に属する上国で、もともとは桑田《くわだ》、船井《ふない》、多紀《たき》、氷上《ひかみ》、天田《あまた》、何鹿《いかるが》、加佐《かさ》、与謝《よさ》、丹波、竹野《たけの》、熊野《くまの》の十一郡で構成されていた。国府は、桑田郡（京都府亀岡市）に置かれた。和銅六年（七一三）になると、加佐以下の五郡は分割されて丹後《たんご》国になった。本書で主に取り上げるのは、兵庫県域の多紀、氷上の二郡である。丹波は山陰道の入口にもあたり、播磨や近江などと同じく畿内に隣接する国として重要な位置を占めた。東寺《とうじ》領荘園の大山《おおやま》荘（丹波篠山市）は、膨大な史料を残す荘園として有名であるが、京都にも近いので他にも禁裏領、公家領、寺社領が数多く存在した。

南北朝期の初期頃、丹波国の守護は仁木、山名、高《こう》などの諸氏が歴任したが、一四世紀の終わり頃から細川氏が守護を世襲するようになった。細川氏は管領《かんれい》として在京することが多かったので、八上《やかみ》城主の波多野《はたの》氏が守護代として実際に支配を行った。明応《めいおう》二年（一四九三）の明応の政変後、細川氏が衰退の兆しを見せると、波多野氏は事実上の守護となり、三好《みよし》氏との抗争を繰り広げた。織田信長が足利義昭《よしあき》を推戴《すいたい》して上洛すると、波多野氏は信長に従ったが、のちに離反。天正七年（一五七九）に明智光秀に攻められて波多野氏は滅亡し、丹波国の戦国時代は終焉を迎えたのである。

摂　津

摂津《せっつ》国は畿内に属する上国で、住吉《すみよし》、百済《くだら》、東成《ひがしなり》、西成《にしなり》、嶋上《しまかみ》、嶋下《しましも》、豊嶋《てしま》、河辺《かわべ》、武庫《むこ》、有馬《ありま》、菟《う》原《ばら》、八部《やたべ》、能勢《のせ》の十三郡で構成されていた。国府の所在地は、二つの説（大阪市天王寺区と中央区）がある。本書で主に取り上げるのは、兵庫県域の河辺、武庫、有馬、菟原、八部の五郡である。平安時代末期、平清盛によって大和田泊《おおわだのとまり》（神戸市兵庫区）が活用され、日宋貿易が行われた。尼崎《あまがさき》や兵庫も港湾として大いに栄えた。東大寺領猪名《いな》荘、東寺領垂水《たるみ》荘、醍醐寺領吹田《すいた》荘といった寺社領のほか、禁裏領、公家領など百十余の荘園があった。

南北朝期の初期頃、摂津国の守護は赤松氏が務め、のちに分郡守護が置かれたという説があったが、後者については否定されている。一四世紀の末期以降、細川氏が守護を世襲するようになった。明応の政変後、細川氏の弱体化が進むと、その実権は三好氏に移った。織田信長が台頭すると、兵庫県域の摂津西部の支配は、有岡《ありおか》（伊丹）城主の荒木村重《あらきむらしげ》に委ねられた。村重が信長に敗れて追放されると、その後の支配は池田恒興《いけだつねおき》に任された。豊臣秀吉の時代になると、摂津国内には太閤蔵入地《たいこうくらいりち》が設定され、有馬（神戸市北区）もその一つになったのである。

淡路　淡路《あわじ》国は南海道に属する下国《げこく》（諸国を大・上・中・下のランクに分けたうちの四位の国）で、三原《みはら》、津名《つな》の二郡で構成されていた。国府は、三原郡（南あわじ市）に置かれた。八世紀の中後期以降、淳和《じゅんな》天皇ら皇族の流刑地にもなった。古代以来、朝廷に食料を献上する国となり、御食都国《みけつくに》と称された。淡路の海人《あま》は非常に有名で、朝廷に海産物が送られていた。鎌倉時代になると、横山時広《よこやまときひろ》が淡路守護を務め、その後は佐々木経高《ささきつねたか》、横山時兼《ときかね》、長沼宗政《ながぬまむねまさ》らが歴任した。『淡路国大田文』は、鎌倉時代における淡路国の公領・荘園別の田地面積、所有関係などを知るうえで貴重な史料である。

淡路国は、本書が対象とする五カ国の中で最も史料が少ない。南北朝期以降、淡路国の守護は一貫して細川氏が務めた。細川氏の配下には、国衆の広田《ひろた》氏、菅《かん》氏、船越《ふなこし》氏らがおり、安宅《あたぎ》氏は水軍を率いていた。梶原景時《かじわらかげとき》の後裔とされる沼島《ぬしま》（南あわじ市）の梶原氏も、水軍を率いていたことで知られる。明応の変以降、淡路守護家の細川氏も衰退し、やがては三好氏の軍門に降った。織田信長の時代になると、仙石秀久《せんごくひでひさ》が淡路支配を行い、信長の死後は脇坂安治《わきざかやすはる》が洲本《すもと》城（洲本市）主となったのである。

2　応仁・文明の乱の勃発

最初に、応仁・文明の乱の前史を簡単に触れておこう。応永《おうえい》三十年（一四二三）三月、四代将軍の義持《よしもち》は将軍職を子の義量《よしかず》に譲った。しかし、二年後の応永三十二年二月、義量は不幸なことに幼くして病没した。義量の死後、義持が将軍職を代行したが、応永三十五年（一四二八）一月に亡くなった。義持は死に際しても後継者を指名しなかったので、新将軍の座をめぐって混乱が生じた。正長《しょうちょう》二年（一四二九）三月、僧籍にあった足利義教《よしのり》が籤引き《くじ》で六代将軍に選ばれた。

義教は専制的な政治を志向し、意に沿わない者を徹底して弾圧した。永享《えいきょう》十年（一四三八）十月、鎌倉公方の足利持氏《もちうじ》が関東管領《かんとうかんれい》の上杉憲実《うえすぎのりざね》を討とうとしたので、この事件をきっかけとして、義教は持氏を討った（永享の乱）。二年後の永享十二年五月、義教は意に沿わない有力守護の一色義貫《いっしきよしつら》と土岐持頼《ときもちより》を謀殺し、その後、赤松義雅《よしまさ》（満祐の弟）の所領を没収するなどしたので、人々は「次は赤松氏が討たれる」と噂したという。嘉吉元年（一四四一）六月、赤松氏の邸宅に招かれた義教は暗殺され（嘉吉の乱）、その死は「犬死」と称された。

　嘉吉の乱は、細川氏や山名氏らが赤松満祐《みつすけ》を討伐して終結した。しかし、現職の将軍が討たれた幕府の権威は著しく失墜し、同時に守護家における家督争いが顕在化した。管領家の斯波《しば》氏と畠山《はたけやま》氏は代表的な例であるが、富樫《とがし》氏など有力守護家でも家督争いが生じていた。家督の問題は、将軍家でも起こっていた。七代将軍の義勝《よしかつ》（義教の長男）の跡を継いだ義政《よしまさ》には、後継者となる男子がいなかったので、寛正五年（一四六四）に僧籍にあった弟の義視《よしみ》を還俗《げんぞく》させ、将軍職の後継者としての含みを持たせた。だが、翌年、義政に実子の義尚《よしひさ》が誕生したので、義視の将来に暗雲が立ち込めたのである。

　応仁元年（一四六七）に応仁・文明の乱が勃発した理由は、畠山義就《よしひろ》・政長《まさなが》の家督争い、斯波義廉《よしかど》・義敏《よしとし》の対立が激しくなり、その混乱に山名宗全（持豊）と細川勝元が加担したうえに、将軍家の後継者争いが複雑に絡んだことにあった。以後、それぞれの守護家が東西両軍に分かれて、十年余にわたる戦いに突入した。東軍は細川勝元を中心にして、畠山政長、武田信賢《たけだのぶかた》、京極持清《きょうごくもちきよ》、赤松政則、富樫政親《まさちか》、斯波義敏らで構成された。西軍は山名宗全を中心にして、畠山義就・義統《よしむね》、斯波義廉、六角高頼《ろっかくたかより》、一色義直《よしなお》、土岐成頼《しげより》、河野通春《こうのみちはる》、大内政弘《おおうちまさひろ》らで構成されたのである。

　以下、旧兵庫県域で守護を務めた、細川氏（摂津・丹波・淡路）、山名氏（但馬）、赤松氏（播磨）の動向を中心にして、応仁・文明の乱について述べることにしよう。

3　形成される対立構図

西軍を率いた山名宗全

山名氏は清和源氏（新田氏流）の末裔で、その本拠は上野国多胡郡山名郷（群馬県高崎市山名町）にあった。一二世紀後半の治承・寿永の内乱において、山名義範《よしのり》は源頼朝に味方し、鎌倉幕府の成立後は引付衆《ひきつけしゅう》に登用された。南北朝期になると、山名時氏《ときうじ》は足利尊氏に従っていたが、一四世紀半ばの観応《かんのう》の擾乱《じょうらん》後は南朝方に与《くみ》した。

貞治二年（一三六三）、時氏は足利義詮《よしあきら》に帰順し、丹後など五カ国の守護に補任され、幕府内で侍所所司という要職に任じられた。山名一族は畿内や山陰・山陽の十一カ国の守護職を獲得し、のちに「六分一殿《ろくぶんのいちどの》」と称されたという。こうして威勢を伸長した山名氏は、三代将軍の足利義満から警戒された。明徳二年（一三九一）、一族間の抗争と義満による守護抑制策が相俟って、勃発したのが明徳の乱である。

この乱では、幕府に挙兵した山名氏清《うじきよ》と満幸《みつゆき》が討たれ、義理《よしただ》が出家することで終結した。乱後、時熙《ときひろ》が但馬守護、氏幸《うじゆき》が伯耆守護に任じられ、残りの旧山名領国の守護職は反乱の鎮圧に功があった守護に与えられた。その結果、山名一族の威勢は衰えたといえよう。応永六年（一三九九）に応永の乱が勃発し、足利義満は周防などの守護だった大内義弘《よしひろ》を討った。戦後、功のあった時熙は備後守護、氏利《うじとし》は石見守護、満氏《みつうじ》は安芸守護に任じられ、再び往時の勢いを取り戻したのである。

永享五年（一四三三）八月、時熙から家督を譲られたのが持豊である。宝徳二年（一四五〇）、持豊は出家して「宗全」と名乗った（以下、「宗全」で表記を統一）。宗全は但馬など四カ国の守護を兼任し、侍所所司や山城国守護などの幕府の要職も歴任した。嘉吉元年（一四四一）に嘉吉の乱が勃発すると、宗全は総大将となり、一族とともに赤松満祐の追討軍を播磨に遣わした。

戦後、宗全ら山名氏一族は軍功により、赤松氏の旧領である播磨国の一部（明石・美嚢・賀東の三郡を除く）、備前国、美作国の守護職を与えられた。播磨国のうち明石・美嚢・賀東の三郡は、赤松氏一族の満政《みつまさ》に御料所《ごりょうしょ》（将軍直轄領）の代官職として与えられたが、やがて満政の三郡代官職も没収され、持豊に与えられたのである。文安元年（一四四四）、兵を挙げた満政は、一族の有馬持家《ありまもちいえ》に討ち取られた。こうして赤松氏は惣領家だけでなく、一族の多くが没落したのである。

東軍を率いた細川勝元

細川氏は清和源氏（足利氏流）の末裔で、その本拠は三河国額田郡細川郷（愛知県岡崎市細川）にあった。室町幕府を開いた足利氏と同族である。残念ながら、鎌倉時代における細川氏の動向は、ほとんど知られていない。

鎌倉時代末期、足利尊氏が倒幕の兵を挙げると、細川和氏《かずうじ》、頼春《よりはる》、師氏《もろうじ》兄弟、その従兄弟の顕氏《あきうじ》、定禅《じょうぜん》も従い、各地を転戦した。建武三年（一三三六）に尊氏が室町幕府を開幕すると、細川一族は数カ国の守護を与えられたのである。なかでも、細川清氏《きようじ》（和氏の子）は二代将軍義詮の執事（のちの管領）に登用され、幕府内で重きを置かれた。清氏は幕政の実権を掌握したが、康安元年（一三六一）に佐々木導誉《ささきどうよ》に讒言《ざんげん》され失脚した。幕府を追われた清氏は南朝に身を投じたが、一族の細川頼之《よりゆき》によって討たれたのである。

頼之の系統は、京兆《けいちょう》家と称される細川氏の宗家・嫡流である。京兆家は幕府の管領を務める家柄で、摂津・丹波・讃岐・土佐などの守護職を世襲した。「京兆」とは右京大夫《うきょうのだいぶ》の唐名《とうめい》「京兆尹《けいちょういん》」のことで、歴代の当主が右京大夫の官位に任ぜられたことにちなんでいる。頼之は三代将軍の足利義満から厚い信頼を得るが、康暦《こうりゃく》元年（一三七九）に失脚して出家し、政界から引退したのである（康暦の変）。

子のなかった頼之は、一族の頼春から養子として頼元《よりもと》を迎えた。以後、満元《みつもと》、持元《もちもと》と細川家の家督は継承された。なかでも満元は、「天下の重人なり、御政道等一方の意見者」と称されるほどで、その器量は高く評価された。持元の弟の持之《もちゆき》は、先述した嘉吉の乱の時に管領を務め、赤松氏を討伐すべく、朝廷に綸旨《りんじ》の発給を求めたことで知られている。

嘉吉二年（一四四二）に持之が亡くなると、細川家の家督を継いだのが勝元である。当時、勝元は十三歳だったので、叔父の持賢《もちかた》の後見を受けて、摂津・丹波・讃岐・土佐の守護を務めた。文安二年（一四四五）、まだ十六歳だった勝元は、畠山持国に代わって管領に就任した。以後、勝元は断続的ながら、通算二十三年も管領の座に就いたのである。

ところで、細川氏は京兆家以外にも分家があったので、以下、簡単に紹介しておこう。典厩《てんきゅう》家は、細川満元の三男の持賢《もちかた》に始まる。典厩とは、右馬頭・右馬助の唐名である。典厩家は守護職を持たなかったが、惣領家の京兆家をよく支えた。野州《やしゅう》家は、細川満元の弟の満国《みつくに》に始まる。子孫の持春《もちはる》、教春《のりはる》が下野守だったので、野州家と称されるようになったという。教春の子の勝之《かつゆき》は勝元の養子に、また政春《まさはる》の子の高国《たかくに》は政元《まさもと》の養子にそれぞれ迎えられ、京兆家との関係が深かった。

阿波守護家は、頼之の弟の詮春《あきはる》に始まり、代々にわたり阿波守護を務め、成之《しげゆき》の頃からは讃岐守護も兼ねるようになった。阿波守護家は幕府の相伴衆《しょうばんしゅう》を務めるなど、他の細川氏一門よりも家格が高かった。和泉守護家は上下に分かれ（上和泉守護家と下和泉守護家）、前者の祖が頼長《よりなが》、後者の祖が基之《もとゆき》である。

備中守護家は満之に始まり、備中守護を世襲した。淡路守護家は師氏を祖とし、代々にわたって淡路守護を務めた。その一方で、奉公衆の一番番頭を務め、将軍に近侍したことが知られている。そのほか、陸奥守を名乗り、顕氏に始まる奥州家、また遠江守を名乗り、代々にわたり土佐守護代を務めた遠州家がある。細川氏は一族が協力して強大な権力を持ち、それは「細川氏同族連合体制」と称されている。

三カ国守護を務めた赤松氏

赤松氏は村上源氏の流れを汲むといわれているが、根拠が十分でなく疑問が残る。その本拠は播磨西部にあった。鎌倉時代における赤松氏の史料は僅少で、その動向は不明な点が多い。赤松円《えん》心《しん》が南北朝の内乱期になり、突如として史上に現れたというのが実情である。当初、円心は後醍醐天皇の倒幕活動を支援したが、足利尊氏が後醍醐天皇に反旗を翻すと、尊氏に従った。室町幕府が開幕されると、円心はその功によって播磨守護に補任された。

円心の死後、家督を継いだ則祐《そくゆう》は、播磨守護に加えて備前守護に任じられた。則祐の跡を継いだ義則《よしのり》は、二つの守護に加えて美作守護に補任された。こうして、赤松氏は播磨・備前・美作の三カ国守護となった。さらに、義則とその子の満祐は、侍所所司を務め幕政の中枢を担ったのである。このほか赤松氏には、赤松下野家、赤松春日部家、有馬家などの庶流が幕臣として仕えていた。彼らは赤松氏の庶流とはいえ、将軍の直臣《じきしん》だったので、惣領家とは同格だったといえよう。

先述の通り、赤松氏は満祐の代に嘉吉の乱でいったん滅亡した。しかし、満祐の甥時勝《ときかつ》の子の政則は天隠龍澤《てんいんりゅうたく》に匿われて生き残っていた。長禄《ちょうろく》二年（一四五八）、赤松氏の旧臣は赤松氏再興を条件として、後南朝《ごなんちょう》の本拠である大和国吉野（奈良県吉野町）に赴き、嘉吉二年（一四四二）に内裏から奪われた神璽《しんじ》の奪還に成功した。

この一件により、政則は幕政への復帰を認められ、加賀国半国守護に任命された。背後で政則の復活を支援していたのは、山名氏と対立関係にあった細川勝元である。政則が復帰を果たすと、山名氏が継承した播磨・備前・美作の旧赤松氏の守護職が問題となった。政則は、三カ国守護への復帰を望んだのである。こうした対立の構図が、さらに宗全と勝元の関係を悪化させたのである。

文正の政変と山名氏・細川氏の対立構図

応仁・文明の乱のきっかけになった一つの事件が、文正《ぶんしょう》の政変である。文正元年（一四六六）九月五日、足利義政が足利義視の討伐を決意すると、その事実がただちに義視に伝わった（『大乗院寺社雑事記《だいじょういんじしゃぞうじき》』）。義政が義視の討伐を決意したのは、伊勢《いせ》貞親《さだちか》が義政に対して義視が陰謀を企てていると報告したからだった。義視は身に覚えのないことなので狼狽し、細川勝元に自身が無実であることを訴え、勝元を通して義政に申し開きを行った。その結果、「義視の陰謀」という情報は、貞親と季瓊真蘂《きけいしんずい》による讒言だったこと明らかになったのである。

翌六日、義政は勝元を通して貞親に切腹を命じると、驚いた貞親は近江国に逃走した。事件に関与したと思われる季瓊真蘂、赤松政則、斯波義敏らも、京都から脱走したのである。赤松氏が加担していたのは、季瓊真蘂が赤松氏の出身だったので、断わることができなかったと考えられる。山名宗全にすれば、敵対する貞親が失脚したので、好都合な事件だったといえよう。

貞親が義政に讒言したのには、もちろん理由があった。貞親は義政の子の義尚の乳父《めのと》だったので、後継者の有力候補義視を失脚させ、義尚を確実に義政の後継者に据えたかったのだろう。貞親が近江国に没落すると、貞親の子の貞宗《さだむね》は叔父・貞藤《さだふじ》とともに京都に残り、義尚を奉じていた。従来、日野富子《ひのとみこ》（義政の妻）が我が子の義尚を愛するがゆえ、次の将軍に就けようとし、義視を排除しようとしたとされているが、今日では誤りであると指摘されている。一連の謀略は貞親が計画したもので、大きな勇み足であった。

同時に発覚したのが、幕府の有力者・山名宗全と細川勝元の根深い対立である。宗全は畠山義就—斯波義廉—大内政弘の提携ラインを構築していたが、この顔ぶれのなかで勝元は畠山義就、斯波義廉、大内政弘とは良好な関係ではなかった。自然に両者の系列大名との対立構図が完成しており、二人の深刻な確執はもはや取り繕うことができないところまで悪化していた。こうした宗全と勝元を軸とした人的関係の悪化が、応仁・文明の乱を引き起こすことになったのである。

もう少し山名氏と細川氏の関係に絞って考えてみよう。はじめ子供に恵まれなかった勝元は宗全から養子として豊久《とよひさ》を迎え、ゆくゆくは細川家を継がせる予定だった。しかし、文正元年、勝元に子の政元が誕生すると状況は変わった。勝元は政元を後継者に定め、豊久を出家させようとした。そこで、宗全は豊久を山名家に引き取ると、還俗させたのである。宗全が勝元に敵意を抱いたのは、当然のことだった。

そもそも勝元は宗全の娘を妻に迎えており、両者の関係は安泰のはずであった。ところが、両者をめぐる政治情勢は目まぐるしく変わり、なかでも勝元がバックアップした赤松氏の幕政復帰問題は、宗全を著しく刺激した。こうして両者は系列大名を囲い込み、応仁・文明の乱という日本全国を巻き込んだ争乱に突入したのである。

4　応仁・文明の乱

勝元が率いた東軍

開戦当初、足利義政は中立の立場だったが、少しずつ東軍寄りに傾いていった。応仁元年（一四六七）五月、義政は細川勝元と宗全に停戦命令を下した。その一方、同年六月一日、勝元は義政に対して、牙旗《がき》と山名宗全討伐の綸旨を下すよう要請した。勝元は牙旗と綸旨を入手し、宗全討伐の名分を得ようとしたのである。牙旗とは天子や大将軍の陣地に立てる旗のことで、かつて中国では大将の旗が猛獣の牙で身を守るさまをかたどり、棹の先に象の牙を飾っていた。牙旗はその故事にちなみ、日本でも用いられていた。

勝元の要請に反対したのが、日野勝光《かつみつ》（富子の兄）である。勝光が反対した理由は、「牙旗は将軍に敵対する合戦で授けるものであり、私戦は該当しない」というものだった。一説によると、勝光は西軍の宗全と通じていたといわれている。牙旗も綸旨と同じく、私戦の場合は授けられなかったのである。この言葉に怒り心頭に発した勝元は、ただちに勝光邸を焼き払おうとしたという。

肝心の牙旗は戦乱で失われたとも、あるいは旗奉行の一色義直のもとにあったともいわれ、所在が不明だった。そこで同年六月三日、義政は新たに牙旗を作らせて、勝元に与えたのである。六月八日、室町殿の四足門《よつあしもん》に牙旗が立てられ、義政が東軍に与したことが知れ渡った。これにより、勝元は宗全を討つという大義名分を得たのである。この間、義政は西軍と東軍との調停に努めていたので、積極的な意味で東軍に与同したのか不明である。応仁・文明の乱が勃発した要因は、混乱を鎮められなかった義政の政治手腕のまずさにもあった。義政は東西両軍の一方の東軍に身を投じることによって、西軍に降参を呼び掛けようとしたのだろうか。

同年七月、義政は管領の斯波義廉を解任し、新たに勝元を管領に任じた。勝元は義政から牙旗を授けられ、さらに管領に任命されたので、西軍の山名宗全を討伐する正当性を獲得したと認識したに違いない。宗全討伐の綸旨が得られたのかは不明であるが、おそらく勝光の反対などにより、獲得できなかったと指摘されている。

応仁二年（一四六八）十二月、朝廷から綸旨の代わりに義視追討の院宣《いんぜん》が下された。院宣は天皇の後土御門《ごつちみかど》が発給したものではなく、後花園《ごはなぞの》上皇が発給したものだった。「応仁」の年号は、兵革（戦争）を理由として「文明」に改められた。後花園も後土御門も難を避けて御所を離れ、室町邸に仮住まいをしていた。勝元は将軍と天皇を擁することになったので、東軍が優位に立ったと考えたことだろう。

宗全が率いた西軍

東軍が優勢にことを進める一方で、山名宗全の率いる西軍も着々と態勢を整えていた。東軍は将軍と天皇を抱え込むことで正当性を獲得して有利になったが、西軍に集まった諸将は、それぞれが家督をめぐって争っていたので、素直に負けを認めるわけにはいかなかった。宗全や山名一族も、嘉吉の乱後に赤松氏から播磨など三カ国の守護を獲得したが、開戦と同時に赤松政則によって奪還されつつあった。西軍が勢力を盛り返すには、東軍に比肩するような組織作りが必要だったといえる。そのためには、東軍と同じく将軍と天皇の存在を欠かすことができなかった。

西軍における新将軍の最も有力な候補者は、かつて将軍候補だった義視である。応仁元年（一四六七）八月、義視は伊勢国に出奔したが、翌年九月には上洛していた。義視が上洛した理由は、勅書（天皇の命令を伝える文書）や義政による要請があったという。その背景には、義視を西軍に擁立されないよう、事前に抱え込もうという考えがあったのではないだろうか。

大和国では西軍方の古市《ふるいち》氏と東軍方の筒井《つつい》氏が対立しており、筒井氏が義視を連れ去れるのではないかと警戒されていた。義視が戦いのカギを握っていたのは明らかである。とはいえ、義視は洛北の北岩倉（京都市左京区）に身を置く一方で、勝元に出家を勧められるなど、不当な扱いを受けていた。応仁二年（一四六八）閏十月、義政が義視の暗殺を計画した伊勢貞親の政務復帰を決定すると、義視の不安は言い知れぬものになった。

このようにして、義政と義視の関係は悪化する一方となった。応仁二年十一月、義政が義視を討つとの噂が流れ、日野富子と日野勝光が義視を中傷することがあったので、もはや義視の居場所は東軍になかった。やがて、義視は西軍に身を投じる覚悟を決め、十一月二十三日に斯波義廉の館に入った。宗全をはじめとする西軍の諸将は、義視を歓迎したと伝わっている（『後法興院記』など）。

西軍の諸将が義視を歓迎したのは、将軍に代わる存在として担ぎ上げることにより、正当性を獲得したからだった。翌応仁三年（一四六九）一月、宗全らは年頭を祝して、義視に剣馬を献上した。こうした儀式を執り行ったのは、宗全ら西軍の諸将が義視を将軍とみなしていた証拠である。厳密に言えば、義視は朝廷から将軍宣下《せんげ》を受けていないので、正式な将軍ではなかった。しかし、宗全ら西軍の諸将は、義視が足利家の血統を受け継いでいることを重視し、将軍のような形で擁立したのである。つまり、彼らが義視を将軍とみなすことがポイントで、手続きは特に重要視されていなかったのだ。

後南朝の末裔を天皇候補に擁立

義視を将軍の代わりとして擁立した西軍には、天皇が不在だった。かつて嘉吉の乱で赤松満祐が将軍の足利義教を暗殺した際、すぐに将軍と天皇の擁立に動いた。将軍を擁立する際には、足利家の血統に連なる足利義尊《よしたか》を探し出した。天皇は南朝の後裔を奉ろうとしたが、結局、不調に終わったようである。将軍を戴くことができても、天皇が不在であれば、体制としての不備は否めなかった。こうした二十数年前のことを覚えていた西軍にとって、天皇の擁立は必須の条件だったといえる。

応仁二年（一四六八）十二月、朝廷は西軍に擁立された足利義視以下、十名余りの公家の官職を解いた。公家の一部が西軍に与した理由は不明であるが、朝廷内部においても政治路線をめぐり、東西両軍に分かれるような事態があったのかもしれない。

翌年四月には応仁から文明に改元されたが、同じ頃には西軍が別の年号を用いていたという噂が流れている（『経覚私要抄』）。年号の名称は伝わっていないが、西軍に身を寄せた公家衆によって、新年号が制定された可能性もあろう。西軍は朝廷から見放された形になったので、自ら新しい年号を制定し、天皇を迎え入れる態勢を整えていた。

西軍は新天皇の候補として、ついに南朝末裔の人物を探し出した。嘉吉の変や長禄の変後も、後南朝勢力は大和国の奥吉野で活動をしていた。新天皇の候補は、その子孫なのである。文明二年（一四七〇）五月には、南朝の皇《こう》胤《いん》が西軍に擁立されるとの風聞が流れた（『大乗院寺社雑事記』）。すでに、西軍が新天皇を擁立する準備は進んでいたようである。

西軍に属する諸大名は南朝皇胤を新天皇に擁立することに賛意を示したが、畠山義就ただ一人だけが反対した。義就は紀伊・河内の守護を務めていたが、その二カ国には後南朝の勢力が存在しており、手を焼いていたからである。南朝後胤を新天皇として迎え入れた場合、下手をすれば二つの国が「南主御領」として接収される可能性があった。義就としては、そのような事態を何とか避けたかったのだ。

奥吉野で見つかった南朝皇胤は、大和の国人《こくじん》の越智家栄《おちいえひで》の屋形に匿われていた。西軍はその功に報いるため、家栄を和泉国守護に任じたというが、それは風聞にすぎないようだ。やがて、義就は義視や西軍諸大名のたび重なる説得に応じて、南朝皇胤の擁立に同意した。公家衆には南朝皇胤に仕えようという動きがあり、興福寺の僧尋尊《じんそん》は「事実であれば、公家滅亡の基《もと》いである」と感想を漏らしている。尋尊の言葉の意味は、公家衆の見識のなさ、あるいは「天皇であれば誰でもいいのか」と嘆いてのものだろう。

南朝皇胤とは誰なのか

南朝皇胤とは、どのような人物だったのか。『大乗院寺社雑事記』を確認すると、南朝皇胤は「小倉宮御末」「岡崎前門主御息」と記されており、法体（僧侶）だったという。南朝皇胤なる人物は、嘉吉三年（一四四三）に没した小倉宮聖承《おぐらのみやせいしょう》の末裔だったと考えられる。年齢は十八歳だったと伝わっているが、「十二・三歳」とも言われており、生年や前半生すら分からない状況だった。

翌文明三年八月、南朝皇胤は「後村上院之御末」と書かれているので、後村上天皇の血を引くと認識されたようである（『大乗院寺社雑事記』）。西軍は新天皇を迎え入れようとしたが、突如として美濃守護代の斎藤妙椿《さいとうみょうちん》が南朝皇胤の上洛に反対した。その理由は、必ずしも明確ではない。妙椿は主家の土岐成頼を凌ぐ実力を持っており、いかに宗全といえども意向を無視することができなかった。

その後、義視も南朝皇胤に会ってないにもかかわらず、擁立に反対するようになった。こちらも、理由が明らかではない。他の西軍の諸大名はおおむね賛成していたのだから、反対派が続出したのは不審である。反対派が増えたのは、新天皇の素性が十分確認できなかったからであろうか。ただ文明四年正月、西軍陣営には「南主」とする人物が今出川の義視邸にいたことが判明するので（『大乗院寺社雑事記』）、紆余曲折があったものの、西軍は最終的に南朝皇胤を天皇として擁立したようだ。

西軍は南朝皇胤を新天皇に擁立すべく画策し、成功したようだが、以降の史料には姿を見せなくなる。西軍では南朝皇胤の擁立をめぐって、一部から反対意見が出た。現実問題として、南朝皇胤を擁立したとはいえ、その血統の確かさを確認するのは難しかったと推測される。尋尊ですらも風聞でしか情報を得ておらず、仮に「身元の不確かな人物」を擁立したならば、それは西軍にとっても大きな痛手になる。義視や妙椿は、そのような事態を恐れたので、あえて反対したのだろうか。

赤松政則の復活

この間、山名氏から三カ国守護を奪還すべく、東軍の一員として挙兵したのが赤松政則である。

赤松氏は、嘉吉の乱で事実上の滅亡に追い込まれたが、勝元の支援もあって幕政に復帰した。応仁・文明の乱の始まる前、すでに播磨国内では赤松氏牢人が不穏な動きを見せていた。寛正六年（一四六五）六月十二日、室町幕府は「罪科を招く播磨国の牢人衆の名前を注進せよ」と播磨守護の山名氏に命じていたのである（「伊和神社文書」）。

この事実によって、播磨国内に残る赤松氏牢人が赤松氏再興を企て、領国の治安を脅かす存在になりつつあったと推測される。つまり、播磨国領国内における山名氏への不満分子が、抵抗勢力として結集されつつあったことを示している。山名氏が播磨守護に任じられて以降、国内の諸荘園では苛烈な支配が行われ、人々は大いに困っていたという。

京都や播磨国内にいた赤松氏牢人には探索の手が伸び、見付け次第に討たれることがあった。主導したのは、山名氏であろう。赤松氏牢人は当主を失ってから、所領も召し上げられたに違いない。すべてを失った赤松氏牢人が苦境から脱するには、赤松氏が再興するより他に手がなかったのである。次に、応仁・文明の乱後における播磨国の状況を見ておこう。

応仁・文明の乱に乗じて、赤松氏が旧領播磨国に侵攻したのは、応仁元年（一四六七）五月のことである（『応仁記』）。『応仁記』は軍記物語だが、赤松勢が播磨国に乱入した際、「（赤松氏の）本国のことなので百姓・土民とも協力してくれたため、容易に手に入れることができた」と記している。二次史料の記述とはいえ、先の赤松氏牢人の動きを考慮すれば、ほぼ実態に近い記述と考えてよいだろう。

「難波文書」にも、応仁元年五月に赤松氏が播磨国を手に入れたと書かれており、『応仁記』の記述内容の信憑性を裏付けている。「広峯《ひろみね》文書」には、広峯神社（姫路市）の神官の広峯氏が赤松氏に加勢したことを記している。応仁・文明の乱が勃発すると、播磨の国人や土豪から百姓・土民に至るまで、赤松氏を支持する勢力の存在があったことが判明する。こうして赤松氏は、きわめて短期間で再び三カ国守護職として復活した。ただし、赤松氏は幕府から三カ国守護の補任状を与えられたわけではなく、実力で勝ち取ったものだった。

赤松氏は播磨など三カ国の奪還に成功したものの、一族内で家督をめぐる争いが生じていた。応仁・文明の乱の勃発後、赤松氏一族で摂津国有馬郡に本拠を置く有馬氏が惣領家の座を狙って叛旗を翻したのである（『大乗院寺社雑事記』など）。有馬氏は挙兵後すぐに討ち取られたが、赤松氏には大きな不安が残った。それは、赤松氏の一族であるならば、惣領家を継ぐ資格があったので、油断できなかったということになろう。事実、以後の赤松氏は、一族との内紛に悩まされることになったのである。

応仁・文明の乱の長期化

当初こそ応仁・文明の乱は洛中で戦闘が繰り広げられたが、やがて戦線は地方へと拡大していった。この間、戦いが終息する気配はなく、ますます泥沼化していった。西軍を率いる宗全、東軍を率いる勝元にも、疲労感や閉塞感があったに違いない。文明四年（一四七二）になると、山名宗全が亡くなったとか、同じ西軍の大内政弘が降参したとの噂が流れていた（『大乗院寺社雑事記』）。文明四年一月十五日になると、戦いが膠着した状況において、にわかに和睦の話が持ち上がったのである。

和睦の席には、西方（西軍）の代表として宗全だけでなく、「南主（南朝皇胤）」と「公家之輩」が加わっていた（『大乗院寺社雑事記』）。和睦はたんに武家同士で締結するのではなく、西軍に加わった南朝皇胤や公家の処遇も焦点になったのだろう。西軍の大内政弘と畠山義就は和睦に賛意を示したが、東軍の赤松政則が唯一反対を表明した。赤松氏は開戦と同時に三カ国（播磨・備前・美作）守護を山名氏から実力で奪還したが、和睦後そのまま守護として処遇されるのか不安だったのだろう。

同年五月、東西両軍が和睦交渉を進める最中、勝元・勝之父子とその配下の者が突然髻《もとどり》を切るという行為に及んだ（『大乗院寺社雑事記』）。髻を切ったことは出家を意味しなかったようで、その後は頭に布を巻いていたという。宗全に至っては切腹しようとして、家人に制止されたと伝わっている。なかなか和睦がまとまらなかったので、両者ともにかなり精神的に参っていたのだろう。

勝元も宗全もギリギリの交渉を続けたようだが、結局、和睦は決裂した。その理由は、勝元の妻（宗全の養女）に聡明丸（のちの政元）が誕生したことにあった。宗全は養女たる娘が子を産んだので、勝元の後継者候補だった勝之（実父は細川教春）に代えて、政元を後継者に据えるよう要求したという。しかし、勝元はこの条件を受け入れず、先の髻を切るという行為に及んだといわれている。

それも和睦が決裂した理由かもしれないが、決してそれだけではないだろう。宗全は和睦に際して、配下の垣屋《かきや》氏ら五名を使者として西軍諸将のもとに遣わし、意見を聴取していた。西軍諸将にとって、和睦の焦点は家督をめぐる紛争が円滑に解決するか否かだった。それは西軍諸将だけではなく、東軍諸将も同じ考えだったに違いない。東軍の赤松氏が和睦を拒んだのも同じ理由であり、守護の座に留まれるかが問題だった。東西両軍の諸将は、自身の利益が保持できるかに注意を払っていたに違いない。

和睦交渉が決裂したのは、それぞれが属する諸将の家督や所領問題が複雑だったので、調整が困難だったからだろう。なかでも赤松氏の問題は、大きな比重を占めていたと推測される。細川氏は赤松氏と緊密な関係を結んでおり、容易に見捨てることができなかった。山名氏は三カ国（播磨・備前・美作）の守護に執着しており、何とかして再び奪い返したかったに違いない。その温度差を埋めるのは、決して容易ではなかった。

将軍家の和睦

東西両軍の和睦と同時に持ち上がったのが、義政と義視の和睦問題である。文明六年（一四七四）四月、西軍の大内政弘は今後の義視の身を案じて、義政との和睦を重視していた（『大乗院寺社雑事記』）。もし、二人の和睦が実現しない場合、政弘は東西両軍の和睦を受け入れないとの態度を示したのである。万が一、義視が罪に問われるようなことがあれば、自身もなんらかの不利益を受けることを懸念していたように思える。しかし、義政と義視の和睦は、これ以上進展しなかった。

再び和睦交渉に至るまでには、さらに二年の年月を要した。和睦交渉の気運が生じたのは、文明八年（一四七六）九月のことである。足利義政は御内書《ごないしょ》を大内政弘に遣わし、義視との和睦を求めた（『古文書』）。文明八年十二月二十日付の義政書状（義視宛）によると、冒頭に「別心無しに就き、子細承り候」とあるので、義視の方から先に詫びを入れたようである（『古文書』）。一気に和睦が進展した背景には、政弘による義視への強い説得があったと推測される。

これより以前、義政への和睦の仲介を行ったのが、妻の日野富子だった。文明九年（一四七七）五月、富子は和睦を斡旋した謝礼として、義視から三〇〇〇疋、政弘から五〇〇〇疋の礼銭を受け取っていた。同年七月、義政は義視の娘を猶子《ゆうし》とし、曇華院《どんげいん》元揉の弟子とした（『親長卿記』など）。こうした動きにも富子は絡んでおり、礼銭は義政と義視との和睦の証とされたに違いない。

文明九年十月、大内政弘は周防・長門・豊前・筑前四カ国の守護職を義政に安堵された（『大乗院寺社雑事記』など）。さらに、従四位下に叙され、改めて左京大夫《さきょうのだいぶ》に任じられたのである。（『兼顕卿記』など）。政弘が叙位・任官された理由は、東軍の「御方《（味方）》に参るゆえ」だった。当初、朝廷は政弘の叙位・任官の要望に対して、日頃から幕府の命に応じないため拒否する姿勢を見せた。ところが、最終的に政弘の叙位・任官は受け入れられ、承認されたのである。

この間の事情も複雑だった。政弘は文明元年に左京大夫の官途《かんと》を獲得していたので、叙位・任官と守護職の安堵を条件として、和睦交渉に臨んだことは明らかである。実質的に政弘は義視を見捨てており、叙位・任官と守護職の安堵と引き換えにして、東軍に与同したようなものだった。義政にしても和睦交渉を進展させるため、水面下で政弘に好条件を示したと考えられる。二人とも、実にしたたかだったといえよう。

5　三カ国守護に返り咲いた赤松氏

赤松氏と加賀国半国守護

文明九年に応仁・文明の乱は終結したが、各守護のなかには、和睦に賛成できない事情があったのも事実である。赤松政則も和睦に反対した一人であるが、なぜ和睦に賛成しなかったのか考えてみよう。

もともと嘉吉元年（一四四一）、赤松満祐は将軍足利義教を暗殺したため、山名宗全らの幕府軍により討伐された（嘉吉の乱）。宗全ら山名氏一族には、恩賞として播磨の一部（のちにすべて）、美作、備前の守護職が与えられた。これにより赤松氏は滅亡したかのように思われたが、政則が生き残っていたこともあり、復活のチャンスが巡ってきた。

長禄二年（一四五八）、赤松氏旧臣は後南朝から神璽を奪還した（長禄の変）。神璽は嘉吉二年（一四四二）の禁闕《きんけつ》の変により、後南朝に奪われていたものだった。赤松政則はその功により、翌年になって加賀国半国守護職を与えられ、念願の幕政への復帰を果たしたのである（『蔭凉軒日録』）。

ところが、問題はこれであっさり解決したわけではない。もともと富樫氏一族は加賀の守護職をめぐって、激しく争っていたのである。当時、加賀北半国の守護は富樫成春《しげはる》で、加賀南半国の守護は富樫泰高《やすたか》が務めていた。政則が与えられたのは、成春が保持していた加賀北半国の守護だった。そのような事情もあり、そう簡単に政則は加賀北半国に入部《にゅうぶ》できなかったのである。

長禄三年（一四五九）九月、政則らの家臣は加賀国に向かったが、入部は決して容易ではなかった。現地では、富樫氏家臣の岩室《いわむろ》氏が政則の守護職拝領を認めず、赤松氏家臣の入部を拒んだ（『蔭凉軒日録』）。政則は幕府から正式に加賀国半国の守護職を拝領したが、在地の人々はそれを許さず抵抗したのである。

政則が幕府から与えられた守護職は確実に保証されたものでなく、武力行使により獲得しなくてはならなかった。たちまち両者は武力衝突に突入したが、政則はすぐに交戦に及んだのではない。政則が主張したのは、将軍から加賀国半国の守護職を拝領したという正当性だった。したがって、入部を拒否する岩室氏に非があり、自身にはなんら落ち度がないと考えていた。

政則は当事者間での交渉に期待できなかったので、伊勢兵庫助を通して上意（将軍）の判断を仰ごうとした（『蔭涼軒日録』）。任免権者である将軍の判断を仰ぐことは、正しい選択といえるだろう。ところが、将軍だった義政の判断はなんら示されることなく、問題が解決しないまま時間だけが過ぎていった。もはや、任免権者の将軍すら無力だった。

結局、赤松氏は富樫氏の家臣との戦いに挑んでこれを退け、少しずつ加賀国半国に実効支配を展開した。その中心となったのは、赤松氏の有力家臣の小寺《こでら》氏である。小寺氏は長禄の変の功労者でもあり、加賀に入部して勢力基盤を築き上げた。そして、もう一人の重要人物が浦上則宗《うらがみのりむね》である。則宗は在京する赤松政則を補佐し、加えて幕政に関与することによって、赤松氏の復権に貢献したのである。

赤松氏の三カ国守護への復帰

赤松政則は加賀国半国の守護になったものの、本心としては播磨・備前・美作の三カ国の守護に返り咲きたいと考えたはずである。応仁元年（一四六七）五月、一族の赤松政秀《まさひで》の率いる軍勢が播磨に攻め込み、たちまち播磨全土を制圧すると、やがて備前・美作の両国も支配下に収めた。赤松氏は実力行使で三カ国守護に返り咲いたものの、そこに正当性があったのかという問題が残る。

赤松氏が幕府から三カ国の守護職を与えられたとの史料はなく、幕府から公式に認められた可能性は低い。しかし、赤松氏は三カ国で実効支配を行うことにより、守護としての既成事実を積み上げていった。その際、強力に政則をサポートしたのが、配下の浦上則宗だった。

赤松氏が幕政に復帰する過程において、浦上則宗の功績は非常に大きかった。自治体史などを一読すると、則宗は守護代であったと記されることが多く、最も通説的な理解とされている。同時代には、斎藤妙椿（美濃国守護の土岐氏の家臣）や多賀《たが》高忠《たかただ》（近江国守護の京極氏の家臣）が権勢を振るっていた。彼らの地位もまた、守護代として取り上げられることが多い。

のちに浦上氏は守護代として権限を掌握し、主家である赤松氏を打倒した。後述する通り、浦上村宗《むらむね》は赤松義村《よしむら》を殺害し、このことが下剋上の典型として知られるようになった。現在では、則宗を守護代と考えるのは、いささか単純に過ぎるようである。本来、守護代とは守護の代官を意味するものであり、守護が在京している間、現地で領国支配を代わりに行うことが職務だった。しかし、則宗の役割を見る限り、決して守護代の枠に収まらなかったのは明らかである。

浦上則宗の役割

ここで浦上則宗の役割について考えてみよう。則宗は守護の赤松政則を補佐するとともに、各国守護代に当主の命令を下す立場にあった。一方で、則宗は幕府とも密接に繋がって幕政に参画していたので、単なる守護代とみなすのは、正しい理解といえないだろう。それは、先述した斎藤妙椿や多賀高忠らも同じである。

それゆえ、則宗の立場については、その多様なあり方から現在も検討が続いている。則宗が政則から重用されたのは、赤松氏との古くからの主従関係にあった。浦上氏の一族は嘉吉の乱以前から、守護家内部で備前守護代や守護奉行人として重用されており、実務官僚として訴訟裁定などに加わっていた。浦上氏は実務を掌握することにより、赤松氏の家中で台頭することになった。守護膝下《しっか》で実務官僚を務めた浦上氏をはじめとする奉行人は、やがて領国の守護代よりも相対的に地位を高めたのである。

則宗は赤松氏が再興する過程で大いに貢献しただけでなく、実務官僚として欠かすことができない人材であった。のちに、政則が侍所所司を務めると、則宗は侍所所司代として支えた。侍所所司は山城守護を兼務するので、則宗は山城守護代を務めた。実現はしなかったが、則宗は山城守護への就任を打診されたこともあった。

則宗は赤松氏の領国支配を支えるだけに止まらず、室町幕府からも信頼される存在だった。則宗が赤松氏の家中で大きな権勢を誇ったのは、個人としての高い資質に加え、実務を押さえていた浦上氏歴代の経歴が関係していたからだったといえよう。くわえて、則宗は軍事にも優れた才覚を見せていた。

長禄の変以降、則宗は中央政界での活躍が顕著になった。寛正三年（一四六二）十月、山城国で土一揆が勃発すると、則宗を中心とする赤松軍はこれを制圧し、大きな戦功を上げたのである。また、寛正六年（一四六五）十一月の山城西岡《にしのおか》の土一揆においても、則宗は多賀高忠とともに出陣し鎮圧に貢献した。一連の貢献により、則宗の名声は高まったといえよう。室町幕府は、則宗を含む有力な守護被官が守護を凌ぐ勢力と認識し、彼らの力を頼っていたのである。

6　山名氏の播磨侵攻

赤松氏と山名氏との抗争　応仁・文明の乱後、山名氏は播磨など三カ国の守護職を奪還すべく、虎視眈々とその機会をうかがっていた。政則が守護職を保持する播磨など三カ国の守護職は、嘉吉の乱から応仁・文明の乱に至るまで、山名氏が一族で保持していた。したがって、山名氏からすれば、赤松氏から三カ国守護職を奪われたという意識があったかもしれない。とはいえ、山名氏が播磨侵攻を目論んだのは、単に領土拡大のためだけではなかった。以下、その理由を具体的に考えてみよう。

まず、山名氏の領国である因幡国においては、国人の毛利次郎が強大な勢力を持ち、守護の山名豊氏《とようじ》を脅かす存在となっていた。実は、その背後で毛利氏を支援していたのが赤松氏であるとの風聞が流れていた。同じく山名氏の領国である伯耆国では、山名豊氏の弟の元之《もとゆき》が守護に任じられていた。ところが、豊氏の子の政之《まさゆき》が伯耆守護の地位を望み、元之の追放を企てていた。この策謀を背後で支援したのが、やはり赤松氏だったといわれている。赤松氏は背後から山名氏を脅かす存在となっていたので、山名氏は赤松氏を強く警戒するようになったのである。

赤松氏と山名氏との戦いは、文明十五年（一四八三）十二月未明、播磨国と但馬国の国境付近の真弓《まゆみ》峠（朝来市）

で勃発した。垣屋越前守の率いる山名軍は、赤松軍を一気に打ち破ると、そのままの勢いで播磨国に侵攻したという。一方、大敗を喫した政則は家臣らと姫路を目指したが、途中で行方知れずとなった。その後の政則の動静については、堺（大阪府堺市）に逃れたなどさまざまな風聞が飛び交った。政則が逃亡したことは、当主としてあるまじき行為であり、大失態だったといえよう。

この敗報を聞いて激怒したのが、政則を支えていた重臣の浦上則宗である。この事態を重く見た則宗は、他の有力家臣の明石《あかし》・依藤《よりふじ》・中村・小寺の各氏らとともに、政則を当主の座から引きずり下ろした。そして、則宗は赤松氏家臣の総意として、政則の代わりに、赤松氏一族の有馬慶寿丸（のちの澄則）を播磨など三カ国守護に就けることを幕府に願い出たのである（「蜷川家文書」）。

一連の動きにより、政則の権力基盤が有力家臣らの支持の上に成り立つ、きわめて脆弱なものだったことが分かる。逆に言えば、有力家臣らの支持なくして、政則は播磨など三カ国守護たりえなかったのである。しかし、則宗が絶大な権勢を保持していても、自らが政則に成り代わって守護になることは不可能だった。そこには、家格という問題が横たわっており、超えることができない限界があった。則宗は赤松氏の一族の慶寿丸を守護に擁立し、傀儡としてコントロールすることしかできなかったのである。

しばらくすると、幕府は政則を廃したことは無効であるとした。赤松氏の家臣らの一方的な幕府への通告は、受け入れられなかったのである。とはいえ、政則が失脚したという情報は、赤松氏の一族や家臣らの分裂と反乱を招いた。赤松氏一族の有馬右馬助は山名氏と同心し、また赤松氏一族の在田《ありた》氏・広岡氏は「新赤松」を擁立するなど、それぞれが赤松氏惣領の座を狙っていた。赤松氏一族にとって、赤松氏と山名氏との抗争、そして政則の失脚は、惣領家に取って代わる大きなチャンスだったのである。

山名氏の播磨支配

山名氏は播磨国を制圧すると、赤松氏の勢力を国内から一掃し、着々と独自の支配を進めていった。

文明十六年（一四八四）四月、政豊は金蓮寺《こんれんじ》（京都市北区）に故持豊の寄進の旨に任せて、飾東《しきとう》郡国衙《こくが》内二十石の寺納が不要であると伝えている（「金蓮寺文書」）。この通達は、政豊が播磨国守護職に返り咲いたことを意志表示したものと解されよう。また、大徳寺の侍衣《じえ》禅師には、播磨国入国に際して青銅三百疋を贈っている（「大徳寺文書」）。山名氏は赤松氏に代わって守護に就任した証として、寺社に寺領安堵の懐柔策を採用し、迅速な支配体制の構築を目論んだのである。

一方、山名氏の勢力は、在地に厳しい措置を行いつつ支配を進めた。たとえば、三条西家《さんじょうにし》領大山荘《おおやま》（神河町）は、代官の安丸氏が没落し、山名四天王の一人である太田垣《おおたがき》氏が新たに代官を務めることになった。安丸氏は、赤松氏と関わりのある人物であった。また、山名氏の家臣・垣屋平右衛門尉孝知《たかとも》のごとく、地下人《じげにん》に折檻を加える者もあった（「三宝院文書」）。山名氏が懐柔策で支配を行う一方で、在地では苛烈な支配が進められた様子をうかがうことができる。

山名氏は戦功のあった家臣・国人に対し、次々に新たな給分地を与えるか、所領の安堵を行った。まず、牧田孫三郎には、「播磨国賀西郡道山村地頭方内切米、多可郡松井荘右方半分」などの給分地が安堵されている（「牧田文書」）。他にも、山内豊成らに対して給分を宛て行ったことが確認できる。いずれも播磨国内であり、山名氏の播磨侵攻がかなり浸透していたことが分かる。

こうして、山名氏は家臣らに新しく給分地を与えることにより、自らへの求心性を高めることで播磨支配を展開した。守護としての器量を示し、播磨国支配をより有利に展開するための手法である。一方の山名氏の家臣らは、新たな給分地を失わぬよう、播磨国駐留に積極的だったのである。

激化する戦い　山名氏は播磨支配を着々と進めたが、一方の赤松政則はのちに東播磨守護代になる別所則治《のりはる》に救われ、再び赤松氏の当主として復活した。これを機にして、赤松氏が反転攻勢に出たので、両者の争いは泥沼化していった。

文明十六年（一四八四）二月、浦上則宗は太山寺《たいさんじ》（神戸市西区）に三カ国の奪還を祈願した（「太山寺文書」）。しかし、則宗の祈願にもかかわらず、その後の戦局はあまり芳しくなかった。文明十七年（一四八五）二月、則宗は備前福岡（岡山県瀬戸内市）で山名氏と戦い敗北を喫した（「田総文書」）。この合戦では、赤松氏に与した松田氏や菅氏が多くの兵を失ったのである。

敗戦を受けて、則宗は陣中祈禱のため餘慶寺《よけいじ》（瀬戸内市）に寄進を行ったが、以後も赤松氏の戦況は好転することがなかった。その一カ月後には、砥石城《といし》（瀬戸内市）で一族の浦上則国が山名氏に敗れ、戦死したのである（「蔗軒日録」）。則宗はいったん当主の政則を排斥し、新たな体制を築き上げようとしたが、和解後は苦戦を強いられることになった。

山名氏と赤松氏が雌雄を決したのは、蔭木《かげき》城合戦である。蔭木城の場所そのものは確定されておらず、現在もいくつかの説がある。文明十七年閏三月、播磨・但馬国境の真弓峠で赤松氏と山名氏は交戦状態に入った。赤松氏は蔭木城合戦で勝利し、山名氏の有力部将の垣屋氏も討ち取った。この勝利は、赤松氏にとって大きな転機になったのである。

以降、赤松氏は攻勢に転じ、山名氏との戦いを有利に進めることになった。政則は同年六月の片島（たつの市）の合戦において、島津氏といった有力な部将を失うが（『蔭凉軒日録』）、文明十八年（一四八六）一月の英賀《あが》（姫路市）の合戦では再び勝利し、同年四月の坂本《さかもと》（姫路市）の合戦でも山名氏を打ち破った（『蔭凉軒日録』）。

窮地に陥った政豊は、細川政元に援軍の派遣を依頼したが、それは断られた（『蔭凉軒日録』）。細川氏は赤松氏との連携を深めていたので、むしろそれは当然のことだった。政豊のなりふり構わぬ援軍の依頼は、たび重なる敗戦と合戦の長期化に伴い、焦りの色が色濃く滲んだ証拠といえよう。

赤松氏の快進撃は止まるところを知らず、政豊は赤松氏による坂本城（姫路市）の攻撃に敗北し、ついに行方知れずとなった（『蔭凉軒日録』）。政則はその後も攻撃の手を緩めることなく、政豊は長享二年（一四八八）七月に播磨からの撤退を余儀なくされたのである（『蔭凉軒日録』）。しかし、政豊が播磨国から撤退するに際しては、備後衆を説得する必要があった。なぜなら、山内氏のように播磨国に給分地を与えられた者は、山名氏が播磨国守護だったので領有が可能だった。つまり、山名氏が播磨国を撤退するということは、与えられた給分地を放棄することを意味したのである。

撤退後の山名氏　長享二年（一四八八）、山名政豊は赤松氏に敗北したので、但馬国へと戻らざるをえなくなった。敗北の痛手はあまりに大きく、政豊から離反する者が続出した。

政豊は重臣の田公《たぎみ》氏を除く「諸侍」「備後衆」から叛旗を翻され、但馬は守護代の垣屋氏によって掌握されたのである。新しい守護には、俊豊《としとよ》（政豊の嫡男）が擁立された。俊豊は有力な家臣を引き連れると、幕府に出仕したのである。以後、政豊・俊豊父子は主導権を掌握すべく、戦うことになった。つまり、政豊は敗北によって器量がないと家臣から判断され、当主として認められなくなった。家臣は子の俊豊を山名家の家督に据え、守護として推戴したのである。

山名氏の家督や守護としての地位は、家臣の意向が無視できず、幕府の守護補任権は半ば喪失したようなありさまだった。政豊が家督や守護の地位を失ったのは、赤松氏に敗北を喫することにより、家臣らに与えた播磨国内の知行地の維持が困難になったからだった。つまり、政豊は当主としての器量に欠けたので、家臣らの支持を得られなくなったのである。先述した赤松政則のケースも同じことだった。以後、政豊と俊豊はそれぞれに与する家臣を率い、互いに交戦状態に入ったのである。

以上の山名氏の状況を要約すると、一五世紀末期以降、山名氏の家督や守護の地位は家臣らの意向に左右されるようになり、幕府による守護補任権は実効性を担保しえなくなった。こうした傾向は山名氏だけではなく、先述した赤松政則の例にも見られる。家臣が家督継承者を選ぶ最も重要な基準は、国を統治する器量や軍事力だったのである。

政豊は播磨の侵攻に成功し、赤松氏に勝利すると、家臣や寺社の知行地を播磨国内に設定した。しかし、それらは山名氏の但馬国撤退に伴って失われたのは自明のことである。政豊のように器量のない当主は、家臣から排斥される運命にあった。とはいえ、有力な家臣が山名氏に成り代わるわけにはいかないので、山名氏の中から後継者候補を選び、当主・守護として擁立したのである。

山名氏権力は、基本的に家臣らによって規定されたものであって、一種の共同支配的な要素を色濃く持っていたといえよう。山名氏は守護家として高い家格を持っていたので、必然的に家臣から推戴される存在だった。一四世紀後半になると、守護の任免は世襲となり、かつてのように頻繁に交代することがなくなった。もはや一種の既得権と化していた。応仁・文明の乱以降、戦乱が激しくなると、幕府による守護の任免が困難となり、家臣らの意向が無視できなくなったのである。

❖　❖　❖

応仁・文明の乱が戦国時代の始まりだったことは、もはや言うまでもないだろう。それまで、室町幕府が守護を任命していたが、それすらも機能しなくなった。赤松氏は武力でもって播磨など三カ国守護に復帰したが、幕府から守護に任命された形跡はない。山名氏は播磨の守護でなかったにもかかわらず、攻め込んで実力行使により播磨支配を行った。まさしく、これこそが戦国時代の幕開けにふさわしい動きだった。

その一方で、山名氏であれ赤松氏であれ、当主（守護）の座は決して安定したものではなく、幕府による保証もなかった。守護代や国衆は、当主に力量があるからこそ支持したが、合戦に敗れるなどし、危機を迎えた場合は当主の排斥を平気で行った。当主の座は、自らの力量と国衆の支持が必要不可欠だったのである。こうした動きは従来からあったが、応仁・文明の乱以降はいっそう加速したといえよう。

第二章　畿内の政界再編と赤松氏の衰退

管領家の細川勝元の亡き後、家督を継承したのが子の政元《まさもと》である。政元は奇行が目立つ人物で、ついに結婚することなく、後継者たる男子もいなかった。そこで政元は澄元《すみもと》、澄之《すみゆき》、高国《たかくに》と三人も養子を迎えたので、これが大きな政治的混乱の原因となった。同時に将軍家の後継者争いもあって、畿内の政治はいっそう混迷を深めたのである。こうして勃発したのが明応《めいおう》の政変である。すでに応仁・文明の乱で幕府の権威は地に落ちていたが、将軍を支える大名がいたので滅亡はしなかった。しかし、明応の政変により、幕府の権力は著しく衰退した。

赤松氏は政則の死後、養子の義村《よしむら》が後継者となった。義村は配下の守護代らが幕府に申請したことにより、播磨などの三カ国守護になったことが明らかになっている。義村は守護に就任した時点で幼く、政則の妻だった洞《とう》松院尼《しょういんに》の後見が必要だった。女人《にょにん》政治の始まりである。しかし、但馬から山名氏が、出雲から尼子氏がそれぞれ播磨に侵攻し、赤松氏の弱体化は免れなかったのである。

1　細川政元によるクーデター

細川政元と三人の養子　文明五年（一四七三）五月、細川勝元が亡くなったので、子の政元（幼名は聡明丸）があとを継いだ。当時、政元はまだ八歳だったので、典厩家の政国《まさくに》が後見することになった。政元は丹波・摂津などの守護に就任し、何度かにわたって管領を務めた。文明十年（一四七八）七月、政元は足利義政の偏諱《へんき》を拝領し、政元と名乗ったのである。

特筆すべきは、政元は妻を娶ることなく、生涯を独身で通したことである。一説によると、政元は男色《なんしょく》を好んでいたといわれている。修験道や山岳信仰に熱を入れた政元は、天狗の術を会得すべく修行に打ち込み、突然、放浪の旅に出ることもあった。また、政元は烏帽子《えぼし》の着用を嫌うなど、奇行が目立ったといわれている。当時、烏帽子を被《かぶ》らない者は、低い身分の者とみなされたが、時にそうした行動が幕政を混乱に陥れることがあった。たとえば、後柏原《ごかしわばら》天皇は即位式を行うべく、政元に要請していたが、それは無意味であると拒否した一件である。

なかでも大きな問題となったのは、将来的な政元の後継者が不在になることだった。政元には妻がいなかったので、当然、予想されることだった。延徳三年（一四九一）二月、政元は九条政基《くじょうまさもと》の二歳だった次男を養子として迎え、聡明丸（のちの澄之）と名乗らせた。明応四年（一四九五）七月、澄之は細川家の家督に定められ、文亀元年（一五〇一）五月に政元から家督を譲られたのである。

ところが、政元は澄之との関係が必ずしも良くなく、家臣からも公家出身の澄之への反発もあった。文亀三年（一五〇三）五月、政元は澄之を廃嫡とし、代わりに細川義春《よしはる》の子の六郎（のちの澄元）を養子として迎えた。その後、正確な時期は不詳であるが、政元は三人目の養子として、細川政春の子の六郎（のちの高国）を迎えた。三人の養子を迎えることで、のちに細川京兆《けいちょう》家は家督をめぐって大混乱になる。

政界再編の動き

文明五年（一四七三）、足利義政は将軍職を子の義尚《よしひさ》に譲り、以後は隠棲生活を送った。義尚は政治への強い意欲を示したが、父の義政や政務を後見した母の富子に翻弄されるなど、十分に力を発揮できなかった。長享元年（一四八七）、義尚は自ら近江守護の六角高頼を討伐すべく出陣したが、不摂生が災いし、長享三年（一四八九）三月に鈎《まがり》の陣（滋賀県栗東市）で病没した。義政はわが子の死に悲嘆に暮れ、あとを追うようにして翌年一月に病没した。

義尚と義政の死後、征夷大将軍に任じられたのが義視（義政の弟）の子の義材《よしき》（のちに義尹、義稙と改名）である。応仁・文明の乱後、義視・義材父子は長期にわたり京都を離れて美濃国に在住しており、政権との関わりは皆無に等しかった。義尚没後、その配下の有力者は次々と政権を離脱しており、義材の権力基盤はきわめて脆弱なものだった。義視・義材父子は不安定な政権運営を打開すべく、畠山政長《まさなが》と結ぶことにしたのである。当時、政長は従兄の義就《よしひろ》と争っていた。

延徳二年（一四九〇）五月頃、義視・義材父子は富子との関係が破綻し、富子は政元に急接近しつつあった。義視・義材父子が政長に接近したのは、そうした危機感への表れであった。政元は義就そして義就没後にその子基家《もといえ》と結ぶことによって、義視・義材父子へ対抗することになった。同年八月、幕府は興福寺に対し、義就を討伐すべく、政長の味方につくよう命じた（『大乗院寺社雑事記』）。義視・義材父子は、政長の意を汲んで義就の討伐を決意したのである。

このような事態を受けて、政界再編ともいうべき連携関係が一気に進んだ。このとき赤松氏家中では、浦上氏が別所氏と対立していた。細川京兆家内部においても、家臣の上原《うえはら》氏と安富《やすとみ》氏との対立が明瞭となっていた。細川政元はいっそう赤松氏との関係を強化するため、姉の洞松院尼と政則との婚儀を画策した。政元の配下の上原賢家《かたいえ》・元秀《もとひで》父子はこれを強力に推進し、浦上氏は安富氏の子を養子に迎えることで、結束を深めたのである。こうして、別所―上原ライン、浦上―安富ラインが形成された。

上原父子は赤松政則だけでなく、畠山基家（義就の子）、朝倉貞景《あさくらさだかげ》との連携を模索し、彼らを味方に引き入れることに成功した。むろん彼らが政元に協力したのは、置かれた不利な立場を打開するためだった。基家の例はすでに見た通りであるが、朝倉氏は主家の斯波氏と越前国守護職をめぐる争いが再燃していた。こうした政界再編の流れは、明応の政変の引き金になったのである。

政則は、なぜ政元と連携をしたのだろうか。明応二年（一四九三）四月、政則は政元の姉の洞松院尼と結婚し、両者の関係を強固なものにした（『蔭凉軒日録』）。両者の婚姻が成立した背景には、上原元秀の策略があった。同年三月、元秀は赤松氏重臣の別所則治と面会し、政則と洞松院尼の婚姻を取りまとめていた（『大乗院寺社雑事記』）。元秀が則治と面会したのには、もちろん理由があった。

当時、赤松氏家中では、重臣の浦上則宗が権勢を誇っていた。別所則治は則宗と対抗関係にあり、水面下で暗闘を繰り広げていた。つまり、則治は則宗を牽制するため、早急に政則と洞松院尼との結婚を進めたと考えられる。明応の政変において、政則は義材に従って河内国に参陣していたので、洞松院尼との結婚は政元に敵対する義材からの離反を意味した。

義材の挙兵と明応の政変

将軍義材と細川政元との関係は、徐々に悪化していった。ともに与党を形成し、水面下で暗闘を繰り広げていたが、ついに義材が行動を起こした。明応二年（一四九三）二月十五日、義材は畠山政長以下、斯波義寛や赤松政則らを率い、河内国誉田《こんだ》城（大阪府羽曳野市）の畠山基家の討伐に向かったのである（『後法興院記』）。その際、義材は朝廷の許しを得て、初代将軍の尊氏の佩刀《はかし》を得るなどし、自らの正統性をアピールした。

出陣から九日後の二月二十四日、義材は河内国正覚寺《しょうがくじ》（大阪市平野区）に着陣し、基家が籠もる誉田城に迫っていた。細川政元によるクーデターが起こったのは、その約二カ月後の四月二十二日のことだった。政元はかねて対立関係にあった義材に背き、当時十四歳の香厳院清晃《せいこう》（後の義澄）を突如として擁立したのである（『後法興院記』）。このとき、大内義興《よしおき》や赤松政則は義材を裏切って政元のもとに馳せ参じ、義材の側近や奉公衆は逆に逃亡する有様だった。そして、河内国内では、畠山政長・尚順《ひさのぶ》父子が紀伊国に逃亡した。結局、将軍義材は政元の配下の上原元秀に投降し、捕らわれの身になった。この一連の政元のクーデターが明応の政変である。

同年四月二十八日、還俗した清晃は細川政元邸で名を義遐《よしとお》と改め、従五位下に除された（『公卿補任』など）。翌月の五月六日には、義材から将軍家重代の具足が義遐に譲られた（『後法興院記』）。さらに、六月十三日には義遐から義高《よしたか》へと名を改め（『大乗院寺社雑事記』など）、七月二十二日には読書始《どくしょはじめ》を行った。このようにして、義高は新将軍として擁立されたのである。

翌明応三年（一四九四）十一月二十四日、義高が過去の将軍の例にならって、正五位下・左馬頭《さまのかみ》に叙位・任官された（『親長卿記』）。この叙位・任官によって、義高が新将軍と認識されたのである。この時点で、義高がクーデターで新将軍に擁立されてから一年半以上が経過していたが、政元は義高の元服式で奇妙な行動を起こした。

同年十二月二十日、義高は来るべき将軍宣下に備え、元服式に臨むことになった。このとき過去の例にならって、政元は管領となり武蔵守に任じられた（『後法興院記』など）。しかし、政元の「迷惑・難儀」という理由によって、にわかに元服式が中止になったのである。周囲の者は政元を説得したが、ついに受け入れられなかったという。将軍宣下は、元服式の一週間後に決まっていたので、予定が大幅に狂った。

同年十二月二十七日、義高の元服式と将軍宣下が執り行われ（『後法興院記』など）、同時に御評定始、御沙汰始、御判始も行われた。一連の儀式によって、義高は名実ともに晴れて征夷大将軍になったのである。

2　台頭する浦上村宗

明応の政変後の赤松氏

明応の政変後、赤松氏や山名氏がどのような動きを見せたのか確認することにしよう。明応五年（一四九六）閏二月、播磨坂田荘の長円寺《ちょうえんじ》（加西市）で赤松政則が没すると、次の三カ国守護には赤松義村が就任した。義村は政則の実子ではなく、赤松七条家の流れを汲む政資《まさすけ》の子だった。義村の守護就任に際しては、赤松氏の有力家臣や守護代が室町幕府に許可を求めていた（『書写山縁起附録』）。その際、義村の三カ国守護職への就任を幕府に要望したのは、浦上則宗、別所則治、赤松則貞《のりさだ》、小寺則職《のりもと》、薬師寺貴能《やくしじたかよし》の五名である。

小寺・薬師寺の両氏は、御着納所《ごちゃくなっしょ》として領国支配の一環を担っており、赤松氏家中の有力な存在だった。別所則治と赤松則貞は、それぞれ東西の守護代を務めていた。浦上則宗は、赤松氏の再興後に政則を支えた有力な家臣である。新しい守護は幕府から一方的に任命されるのではなく、家臣らの支持を得なければならなかった。この事実は、すでに幕府権力が形骸化していた事情を物語っている。

同じ頃、権勢を誇っていた浦上則宗は、東播磨守護代の別所則治と抗争をくりひろげていた。『大乗院寺社雑事記』明応八年（一四九九）五月十九日条には、浦上氏が義村を擁立し、別所氏が洞松院尼を味方にしたと記す。これは、いわゆる「東西取合《とりあい》」と称された浦上氏と別所氏の対立構造である。

このような複雑な過程を経て、義村の守護職就任は実現した。しかし、文亀二年（一五〇二）に浦上則宗が没すると、浦上氏の勢いにも陰りが見えた。同年には、西播磨守護代の赤松政秀も亡くなった。相次ぐ赤松氏の重臣の死により、まだ若年の義村の将来が不安視された。代わりに義村の後見として台頭したのは、政則の後妻の洞松院尼である。

洞松院尼の力量

洞松院尼は、文正元年（一四六六）に生まれた（『後法興院記』など）。一説によると、洞松院尼は容姿に恵まれなかったようで、日記や後世の軍記物語にまでその不器量さが指摘されている（『蔭涼軒日録』など）。このため、赤松政則が洞松院尼を細川政元のもとに追い返したという風説が流れたほどだった。政則と洞松院尼との婚儀は政略結婚だったが、政則の没後、洞松院尼の役割は重要な意味を持った。

『赤松記』には、政則没後における政務の取り扱いについて「義村が幼少のうちは国の成敗は洞松院尼が行い、何事も印判状《いんばんじょう》で行うが、この間に訴訟があった場合は裁決を引き延ばし、義村の治世になるまで待つ」と書かれている。洞松院尼が守護の代理のような形で領国支配を担ったことは間違いないが、あくまで義村が成長するまでの中継ぎ役と解すべきであろう。

永正年間には、洞松院尼の発給文書が何点か存在し、その形態にはいくつかの共通点が認められる。まず、すべての文書が黒印《こくいん》を捺《お》した印判状であるという点であり、黒印には「釈」という文字が刻まれている。女性が黒印を使用するケースはきわめて稀であり、駿河今川氏の寿桂尼《じゅけいに》（今川氏親の妻）の例があるくらいである。

第二に、文言中に「松泉院殿（＝政則）さまの御判のすじめ《筋目》にまかせ」と記されているように政則の先例を追認しており、結びは「おほせ《仰》いだ《出》され候、かしく」という奉書《ほうしょ》文言である。洞松院尼は、あくまで守護の意を奉じる姿勢を取っていたことが分かる。洞松院尼が領国支配に参画したのは事実であるが、義村が成長するまでの繋ぎ役と認識すべきで、そうした政治への姿勢は、政則時代の政策を継承する旨を意味する文言や奉書文言に表れている。

洞松院尼の守護裁判としては、鵤《いかるが》荘（太子町）における裁判が知られている（『鵤庄引付』）。永正十一年（一五一四）、鵤荘と小宅《おやけ》荘（たつの市）との間に、用水をめぐって相論《そうろん》が持ち上がった。このとき義村は召文《めしぶみ》を立て、両荘園の百姓を守護所の置塩城《おしお》（姫路市）に招集したが、その結果は裁許が難しいという理由で、裁判は延期されることになり、年老衆《ねんろう》が出仕した際に再度審理を行うことになった。裁判の延期による百姓の不満を和らげるため、洞松院尼は文書を発給したのである。

訴訟の裁定は、洞松院尼の独断専行で決めたのではなく、あくまでの守護の意向を尊重しつつ、正当な手続を踏む必要があった。永正十二年（一五一五）には、鵤荘における罪人の件については、「御屋形様（＝義村）によって成敗されるべきである」と『鵤庄引付』に記されている。いかに洞松院尼であっても、守護の専権事項を犯すことはできず、その権限には限界があると考えるべきであろう。

それでも、洞松院尼の政治的役割はきわめて大きかった。永正八年（一五一一）七月、阿波国に逃れていた細川澄元は細川高国を討つべく、細川政賢《まさかた》や細川尚春《ひさはる》と結託し、摂津に上陸すると京都へ攻め込んだ。赤松義村は澄元に協力し、高国方の瓦林政頼《かわらばやしまさより》が籠もる鷹尾城《たかお》（芦屋市）を落すと、その勢いで伊丹城《いたみ》を攻囲した。しかし、高国と大内義興の連合軍は、澄元軍を京都の船岡山《ふなおかやま》合戦で破ると、畿内近国での実権を握った。高国方の反撃により、澄元方に味方した義村は窮地に陥ったのである。

このとき、細川氏の出身だった洞松院尼は、すぐに高国と和解を交渉し、義村の赦免手続を進めた。その結果、永正九年（一五一二）には、義村を赦免する旨を要請した御内書が細川高国と大内義興宛に発給され、同年六月、摂津尼崎（尼崎市）で高国と義村との間で和議が結ばれた。その後、高国は洞松院尼を宿所に招き、猿楽《さるがく》を催したのである（『後法成寺尚通公記』）。政治的な重要場面で、洞松院尼が細川氏の人脈を生かし、赤松家の危機を救った好例といえよう。

山名宗全の死と長期化する和睦交渉

文明四年（一四七二）六月には山名宗全が引退し、子の政豊《まさとよ》が山名家の家督を継承した。すでに宗全は、六十九歳になっていた。応仁・文明の乱が開戦して五年が経過し、主役たちも交代の時期に来ていたのである。さらに、山名氏の一族では、伯耆・備前の守護を務めていた山名教之《のりゆき》が文明五年（一四七三）正月に没し、嫡子の豊之《とよゆき》が家督を継いでいた。

文明五年正月、義政のもとで暗躍した伊勢貞親は、若狭国で亡くなった。文正の政変後、義政は貞親を追放したが、応仁・文明の乱の開戦後には呼び戻していた。しかし、文明三年（一四七一）、貞親は万里小路春房《までのこうじはるふさ》とともに出家・遁世し、若狭国に出奔したのである。貞親の評価は「天下大乱、根元一方」と指弾されている通り、乱の主役級だったといえるだろう（『大乗院寺社雑事記』）。

文明五年三月には山名宗全が、同年五月には細川勝元が、それぞれ和睦の実現を見ることなく、相次いでこの世を去った。勝元の没後、政元が後継者となった。宗全の訃報を耳にした甘露寺親長《かんろじちかなが》は、「天下乱逆、件《くだん》の禅門（山名宗全）と管領勝元張行《ちょうぎょう》歟《か》」と記している（『親長卿記』）。応仁・文明の乱の張本人は、まさしくこの二人であるという認識があった。

親長は勝元の訃報に接した時には、葬儀の際に雷が鳴ったことに触れ、「不審」と記している。実は、宗全の葬儀の際にも雷鳴が轟《とどろ》いていたが、あえて触れていなかったので、暗に勝元を非難したのかもしれない。『大乗院日記目録』には、勝元が寺社領の違乱を行った天罰であると厳しく非難した記事が見られる。

和睦交渉が行われたのは文明五年四月十三日のことだったが、このときは畠山義就が応じなかった。家督継承問題が尾を引いていたのだろう。翌文明六年（一四七四）四月、再び和睦交渉が行われた。西軍の政豊と東軍の政元は、それぞれ五人の家臣を引き連れて交渉に臨んだのである。ところが、相変わらず東軍の赤松政則と西軍の畠山義就は反対しており、やむを得ず山名・細川の単独講和という形を取らざるを得なかった。同年四月十五日、山名政豊の子の俊豊《としとよ》は、将軍足利義尚に対面し、将軍への出仕を開始した。このときをもって、西軍・東軍の和睦が実質的に締結されたのである。

三カ国守護となった赤松義村

赤松政則の跡を継いだ義村の生年は、系図や軍記物語等の記載によるしかない。それぞれ文明四年（一四七二）、延徳二年（一四九〇）、明応三年（一四九四）誕生の各説が唱えられている。仮名《けみょう》を名乗った時期を考慮すれば、少なくとも文明四年（一四七二）誕生説は退けるべきである。

義村の幼名は「道祖松丸《さえまつまる》」といい、赤松氏歴代当主が名乗ったものと同じである。その後、同じく赤松氏歴代当主が名乗った仮名の「二郎」を名乗った。永正九年（一五一二）六月、浦上村宗と別所則治は、義村の「御字」と「官途」を拝領するため上洛した（『鵤庄引付』）。このとき義村は、将軍より「義」の字と官途「兵部少輔」を与えられ、その翌年から「兵部少輔」と呼ばれた（『後鑑』）。

義村の幼少期には、洞松院尼が赤松家の政務を代行しており、義村が本格的に支配体制を築くには、いくつかの段階が必要だった。

その画期は永正九年であり、同年は赤松氏と細川高国が和睦した年だったが、それ以外にも理由がある。義村は政則と同じく、赤松氏歴代当主の官途「兵部少輔」を名乗ったことにより、赤松氏当主であることを内外に強く知らしめた。将軍の義尹（のちの義稙）から「義」の字を与えられたことも同じことで、義村が幕府・朝廷という公権力から認知されたことを意味する。

永正十三年（一五一六）、義村は椀飯《おうばん》（饗応）のお礼として、馬一頭を幕府に献上した。同年六月には斑鳩寺《いかるがでら》（太子町）の修造に伴い、その奉加《ほうが》を義村の御判により沙汰を行った（『鵤庄引付』）。奉加という行為を通じて、義村は守護としての務めを果たすことにより、領内に存在を強くにアピールしたのである。永正十四年（一五一七）、義村は御代継目の御判を発給し、本格的な領国支配を展開した（『鵤庄引付』）。

義村は単独で文書を発給するだけでなく、膝下に奉行人を配置し、訴訟などを担当する官僚機構を整備した。その初期には、三奉行人の一人として、相川阿波守の名前が見え、その使者として河原氏がいたことを確認できる。永正十四年十二月以降になると、志水清実《しみずきよざね》、衣笠朝親《ともちか》、櫛橋則高《くしはしのりたか》の三人が連署する奉行人奉書が発給されるようになった。この頃になると、洞松院尼の姿は見えなくなる。

志水氏と衣笠氏に関しては、その事蹟が詳しく分かってない。櫛橋氏は南北朝期以降、歴代赤松氏当主に仕えた生え抜きの奉行人だった。志水・衣笠両氏は、義村の代になって新たに登用された奉行人である。この年を境にして、義村は強力なリーダーシップを発揮したと考えられる。

義村と浦上村宗との争乱

赤松義村が本格的な支配を始めた頃、浦上則宗の跡を継いだ村宗が台頭してきた。村宗にとって義村は名目的な存在にすぎなかったが、義村が守護としての権限を行使するようになったので、脅威と考えたに違いない。逆に、義村にとって村宗は、自らの権勢を強化拡大するうえで煙たい存在だったといえる。永正十年（一五一三）には、東播磨守護代の別所則治が没したこともあり、両者の対決姿勢はますます深まっていった。このような状況下で、ついに両者の戦いは避けられなくなったのである。

永正十五年（一五一八）十一月、置塩城（姫路市）から出陣した義村は、村宗を討伐すべく三石城《みついし》（岡山県備前市）を目指した。しかし、義村は三石城の堅い守りを破ることができず、同年十二月に置塩城に引き返したのである（『鵤庄引付』）。翌永正十六年（一五一九）、義村は計略をめぐらし、村宗の弟の宗久《むねひさ》を味方に引き入れることに成功した。

義村の作戦は、宗久に命じて居城の香登城《かがと》（岡山県備前市）から三石城の背後を攻撃させるものだった。ところが、この作戦は香々登城内にいた宇喜多能家《うきたよしいえ》に察知されて失敗し、敗れた宗久は備中国に逃れた。そこで義村は、同年十一月に再び三石城に攻め込んだが、落とすことができず退陣したのである（『実隆公記』）。

たび重なる敗戦により、義村は作戦を変更し、美作国へ攻め込むことにした。永正十七年（一五二〇）夏、義村は配下の小寺則職に対し、村宗の配下の中村氏が籠もる岩屋城《いわや》（岡山県津山市）の攻撃を命じた。ところが、岩屋城には、三石城からすでに援軍が派遣されていた。中村氏と交戦した小寺氏はあえなく敗死し、残りの軍勢は伯耆・因幡へ落ち延びるという無残な結果に終わったのである（『鵤庄引付』）。

義村は、有力家臣の小寺氏を失うという大打撃を受けたが、何よりも守護としての権威を失墜させたことが大きな痛手となった。逆に、村宗の権勢はますます高まり、すでに義村を凌ぐほどになっていた。永正十七年、岩屋城の戦勝で勢いに乗る村宗は、播磨国に攻め込み義村に戦いを挑んだ。勝ち目がないと判断した義村は降参し、剃髪して「性因《しょういん》」と名乗り、子の政村《まさむら》（のちの晴政）に家督を譲ったのである。

その後、義村は養育していた将軍家の義晴《よしはる》（義澄の子）とともに置塩城を脱出すると、櫨谷《はせたに》（明石市）に至り、同地の領主で奉行人でもあった衣笠氏を頼った。永正十八年（一五二一）正月、再び義村は村宗を討伐するため、義晴を奉じて御着城（姫路市）に着陣したのである。その際、赤松村秀《むらひで》や広岡氏が太田城《おおた》（太子町）まで出陣し、義村を支援した。ところが、広岡氏が突如として義村を裏切り、村宗方に寝返ったので、義村は再び無残な敗北を喫したのである。

同年四月、義村は村宗と和睦を結んだ。義村は義晴とともに英賀の今在家《いまざいけ》遊清院（姫路市）に入り、のちに片島の長福寺（たつの市）に移った。その一方で、中央政界では、新しい将軍を擁立する動きが進んでいた。永正十八年、将軍の義稙《よしたね》は管領の細川高国を嫌って京都から出奔し、堺から淡路に逃亡していた。将軍が不在になったので、高国は新しい将軍の擁立を検討し、播磨に滞在していた義晴を候補としたのである。

義村は播磨における実権を喪失しており、交渉はすべて村宗が義村を説得する形で進められた。大永元年（一五二一）十二月、村宗の斡旋は実を結び、帰京した義晴は将軍の座に就いたのである。皮肉なことに、義晴が新将軍に就任したことは、義村に災いをもたらした。大永元年九月十七日、村宗は長福寺にいた義村を室津《むろつ》（たつの市）へ移すと、家臣に命じて暗殺させたのである。こうして村宗は、守護ではなかったものの、三カ国における実権を掌握したのである。

赤松政村と浦上氏、山名氏との抗争

赤松義村の没後、家督を継いだのが子の政村である。政村は初名であり、天文八年（一五三九）に晴政《はるまさ》と名を改めた。政村の生年については諸説ある。『赤松諸家大系図』には明応四年（一四九五）に誕生し、永禄八年（一五六五）正月十七日に七十一歳で没したと書かれている。『赤松盛衰記』は永正十二年（一五一五）、『備前軍記』は永正九年（一五一二）、『赤松記』は永正十一年（一五一四）をそれぞれ政村の生年とする。生年だけでも十七年もの開きがある。

いずれの説が正しいのか確証はないが、少なくとも明応四年説は、義村の生年と齟齬をきたしており、誤りとすべきであろう。政村の生年は永正九年から同十二年の範囲が妥当であると考えられる。一方、政村の没年に関しては、各種赤松氏系図などの記述が一致しており、永禄八年（一五六五）正月十六日とみてよいだろう。「上月文書」

の「赤松氏系図」の奥書には、同年に政村が病死したことを記載する。
家督を継承したとはいえ、政村が三カ国守護に復帰するまでには、浦上村宗が立ちはだかったので前途多難だった。村宗が実権を握り、三カ国の支配を行っていたのだから当然のことだった。一方で、赤松氏の家臣の中には、村宗の専横を阻止すべく、政村を擁立して村宗に対抗する動きを見せる者もいた。以下、彼らを政村派家臣と呼ぶことにしよう。

大永二年（一五二二）九月、それまで淡路国に逃れていた小寺氏ら政村派家臣は、村宗を討伐するため福泊《ふくどまり》（姫路市）に上陸すると、そのまま大貫《おおぬき》（福崎町）を経て高峰山《たかみね》（宍粟市）に陣取った。政村派家臣の面々は、御着（姫路市）に本拠を置く小寺藤兵衛（村職）、龍野《たつの》赤松氏の一族の宇野《うの》中務少輔（村景）、浦上村国などのほか、東播磨の守護代の別所則治の子も加わっていた。村国は村宗と同じ一族であるが、仲違いしていたのだろう。村宗に対抗した政村派家臣は、播磨国内の有力な面々ばかりだった。

政村派家臣の挙兵に対して、村宗は坂本（姫路市）へ出陣し、双方睨み合いの状況が続いた。先に動いたのは村宗で、別所館（三木市）を攻撃したが、あえなく敗北を喫した。村宗が敗北したので、別所・小寺両氏は播磨国内の牢人衆三〇〇〇人を率い、反転攻勢に出た。劣勢となった村宗は、本拠の三石城（岡山県備前市）へ逃れ、再起を期すことになったのである。村宗は窮地に陥ったが、味方の細川高国の支配下にあった摂津・丹波・四国の勢力が救援に乗り出したので、戦況は政村派家臣に不利となった。

一方、こうした播磨国内の混乱に乗じて、但馬守護の山名誠豊《のぶとよ》（政豊の次男）は密かに播磨国侵攻を企てていた。大永二年六月、誠豊は播磨国出陣を立願していた（「日光院文書」）。誠豊による播磨への出陣の呼び掛けは但馬国内の面々だけでなく、備後国の上山《かみやま》氏にも同年十月十六日に播州へ発向することを伝えていた（『萩藩閥閲録』）。注目すべきは、誠豊が村国・村景と通じていたことで、彼らは密かに連絡を取り合い、村宗を討とうとしていたことが明らかである（『鵤庄引付』）。戦いに山名氏が加わることで、いっそう混迷を深めた。

山名誠豊の播磨侵攻

ここで、但馬守護だった山名氏の歴代当主について振り返っておこう。山名宗全が応仁・文明の乱の最中に亡くなったのは、文明五年（一四七三）のことである。その前年、宗全の生きているうちに山名家の家督を継承したのが政豊である。その後、政豊が子の俊豊と家督をめぐって争ったのは、前述した通りである。政豊は俊豊を廃嫡とし、致豊《むねとよ》を後継者としたのである。

永正九年（一五一二）、致豊は家督を弟の誠豊に譲ったというが、その後も知行を宛がうなどしているので疑わしい。誠豊も同時期に知行を宛がった状況がうかがえる。致豊が亡くなったのは、天文五年（一五三六）のことである。誠豊には実子がいなかったので、致豊の子を養子に迎え、祐豊《すけとよ》（初名は韶熙）と名乗らせた。誠豊は山名家の家督を継ぐ一方で、虎視眈々と播磨への侵攻を目論んでいた。

大永二年（一五二二）十月十六日に但馬を出発した誠豊は、同二十四日に播磨国法楽寺《ほうらくじ》（神河町）に到着すると、十一月十一日には広峯山（姫路市）に着陣した。山名氏は播磨に侵攻すると、「当国（播磨国衆）衆ハ悉く以って退散しおわんぬ」と記されているように、激しい攻撃で播磨衆を蹴散らした。さらに、山名氏は寺社などが保有する土地を給人に割当て、兵糧米の供出を命じると、たちまち播磨を占領下に収めたのである。

山名氏の播磨侵攻に、政村を支える家臣らは動揺した。政村の家臣は山名氏を討伐すべく、急遽、敵対していた村宗と和睦を結んだのである。その後、村国が和睦を破棄して村宗を攻撃したのは、先に触れた誠豊との密約が影響していた可能性があろう。一年後の大永三年（一五二三）十月、小寺氏を中心とする政村の家臣は、書写山《しょしゃざん》（姫路市）の合戦で山名氏を打ち破った。山名氏は播磨支配を断念し、但馬へ戻ったのである。

山名氏の但馬帰還後、播磨国は平穏になったが、政村の威勢は思ったほど広まらなかった。大永六年（一五二六）十一月、将軍足利義晴は細川尹賢《ただかた》を討伐すべく、政村に加えて村宗ら播磨の有力国人に入京を命じた。村宗以外に出陣を命じられた国人は、赤松又次郎、赤松下野守、別所小三郎、明石修理亮の四名である。さらに翌大永七年（一五二七）五月、政村は義晴の求めに応じて、再び堺へと出陣した。

当時、政村は守護の座にあったものの、有力国人の台頭が著しかったことが分かる。つまり、政村と有力国人の勢力は拮抗していたということになろう。なかでも村宗の力は群を抜いており、その後も有力国人を交えた争乱が再燃した。

混迷を深めた播磨

群雄が割拠する播磨国内では、再び争乱が勃発してもおかしくない状況になっていた。享禄元年（一五二八）、播磨国内では有力な国人間で争乱が起こったが、将軍義晴の斡旋により収束した。義晴が発した御内書には、「播磨東西和与」とあるので、播磨国を東西に二分する争いだったのは事実である。御内書の宛名には、別所・在田・小寺・櫛橋といった、播磨の有力者の名前が挙がっている。残念ながら、この争乱に関しては関連史料を欠くため、詳細は不明である。

享禄二年（一五二九）には、浦上村宗と北播磨に勢力基盤を持つ在田氏が合戦に及んだ（「朽木文書」）。同年十月には「三木《みき》西口出張口合戦」が勃発し、美作国の江見《えみ》氏が赤松村秀から感状《かんじょう》を与えられている（「江見文書」）。三木西口とは三木城（三木市）のことで、別所氏が村宗と村秀の軍勢と交戦したものと考えられる。先の争乱と併せて検討すると、東西に分裂した状況とは、浦上村宗派と政村に与した別所・在田・小寺・櫛橋らの諸氏が対立していたと考えるべきであろう。

享禄三年（一五三〇）になると、播磨国内の戦乱はますます激しくなった。同年六月、三木城主の別所氏は依藤氏を討伐するため、波多野氏の一族の柳本賢治《やなぎもとかたはる》に協力を要請した。依藤氏は北播磨に勢力基盤を置いており、別所氏と敵対していた。しかし、賢治は高国と対立していたので、高国与党の村宗から刺客を送り込まれ、六月二十九日の夜半に暗殺されたのである。

この混乱に乗じて、勢いに乗った村宗は小寺氏の居城の庄山《しょうやま》城（姫路市）・三木城・在田氏の居城の在田城（加西市）を次々と攻撃した。この戦いにより、小寺村職《むらもと》は庄山城で討ち死にし、戦死者が一〇〇〇人余りに上ったと伝わっている。播磨の争乱は複雑な畿内政治と連動しつつ、ますます混迷の度合いを深めていったが、この複雑な政治的状況にようやく決着をつける時がきた。

3　尼子氏と三好氏の播磨侵攻

細川一族の内訌

永正四年（一五〇七）に細川政元が亡くなると、家督を継いだのは養子の澄元《すみもと》である。同じ頃、周防の大内義興は前将軍の足利義尹を推戴して上洛したので、高国はこの動きに対応した。翌年、京都に攻め込んだ高国は澄元と将軍の義澄《よしずみ》を放逐し、義稙を新将軍に据えると、管領を務めることになった。摂津・丹波の国衆の面々は、そのほとんどが高国に従うようになったのである。以降、義澄を擁する澄元は、義稙を擁する高国と長期にわたり交戦した。

義澄は永正八年（一五一一）に亡くなったが、なお澄元は高国に対抗した。同年、澄元は、一族の細川政賢、同尚春とともに京都に出陣した。赤松政村は義晴（義澄の遺児）を庇護していたので、澄元方として出陣すると、高国派の鷹尾城（芦屋市）を落とし、伊丹城（伊丹市）を攻囲した。しかし、同年八月の船岡山（京都市北区）合戦で澄元が敗れたので、義村も退陣したのである。八年後、澄元は摂津兵庫（神戸市）に上陸すると、高国もこれに対抗し、摂津の各地で戦いが繰り広げられた。

永正十七年（一五二〇）、高国が摂津で澄元に敗れると、義稙は寝返って澄元のもとへと走った。高国は反撃に出て澄元を敗走せしめると、まもなくして澄元は阿波で病没した。翌年、義稙が阿波に出奔したので、高国は義澄の遺児の義晴を新将軍に据えた。大永六年（一五二六）、高国は讒言を信じて重臣の香西元盛《こうざいもともり》を謀殺したので、元盛の兄弟の波多野元清《もときよ》・柳本賢治らが丹波で高国に対して挙兵した。波多野氏らの勢力には、澄元の遺児の晴元が加わって高国に対抗したのである。

翌年二月、柳本氏らの軍勢が京都に攻め込むと、敗北した高国は義晴とともに近江坂本（滋賀県大津市）に逃亡した。その後、晴元は堺（大阪府堺市）を本拠とし、義維《よしつな》（義晴の弟）を擁立したのである。義維は将軍宣下を受けていなかったが、将軍とみなされた（堺幕府）。晴元を支えた一人には、阿波の三好元長《みよしもとなが》がいた。元長の子が、のちに畿内に覇を唱えた長慶《ながよし》である。ところが、元長は柳本賢治らと対立し、晴元との関係も悪化したので、享禄二年（一五二九）に阿波へ帰国したのである。

その一方で、高国は浦上村宗と結ぶことで、復権を目指そうとした。その直後に起こったのが、先述した柳本賢治の殺害事件である。賢治の死後、高国と村宗は摂津へと攻め込み、晴元らを窮地に陥れた。結果、摂津の大半は高国の支配下に収まり、京都も同様の事態となった。そこで、晴元は元長との関係を回復し、高国に対抗しようとしたのである。この頃には、高国派と晴元派との対立に加え、赤松氏家中では村宗派と反村宗派の対立が先鋭化していた。そして、両者は摂津尼崎（尼崎市）で雌雄を決したのである。

浦上村宗の最期

享禄四年（一五三一）五月、細川晴元は阿波国の細川持隆《もちたか》の助力を得て、摂津国天王寺（大阪市天王寺区）に陣を置く細川高国を攻撃した。この戦いには高国方として赤松政村・浦上村宗の二人が参戦していたが、意外にも勝敗を決したのは政村の行動だった。

この戦いでは、政村が父の義村の仇を討つため、突如として味方の村宗に攻撃を仕掛けたのである。むろん、村宗は予想していなかったので、呆気なく討たれてしまった。合戦前、すでに政村は晴元と内通しており、村宗側の軍勢は、その多数が政村側に寝返ったといわれている。政村の裏切りで頼みの村宗が討たれたので、高国方はたちまち総崩れとなり、敗北を喫した（大物《だいもつ》崩れ）。高国は敗戦により尼崎に逃れたが、のちに捕らえられ、広徳寺《こうとくじ》（尼崎市）で自害させられたのである。

政村の復讐劇は成功に終わったものの、播磨国内の状況は相変わらず混乱していた。享禄四年七月、村宗を討った政村は、早々に報恩寺《ほうおんじ》（加古川市）に寺領安堵を行うなどし、領国の安定化を図った。ところが、この年には浦上氏の残党が播磨で蜂起したので（『二水記』）、再び争乱状態に陥ったのである。

赤松氏関係者は京都に滞在していたが、ただちに播磨国に帰国し、対応せざるを得なくなった。その後、政村は浦上氏残党との戦いに苦戦を強いられ、おおむね天文三年（一五三四）頃まで合戦が続き、以降は膠着状態になった。とはいえ、やがて政村が浦上氏残党を制圧し、再び三カ国守護の座に返り咲いたのは事実である。

このような争乱状態が続いたことは、政村が村宗に勝利したとはいえ、即座に復権できなかった事情を示している。すでに播磨国内では、浦上氏だけでなく、別所氏や小寺氏ら国衆が自立化の様相を見せていた。かつてのように、彼らは現地の守護代や奉行人などとして、守護赤松氏の完全なコントロール下にはなかった。浦上氏残党が抵抗しえたのは、播磨国内に浦上氏を支持する勢力が残っており、徹底的に殲滅されていないからだった。以降、政村は三カ国守護になったものの、これまで以上に国衆らとの協調が求められることになったのである。

尼子氏の播磨侵攻

享禄四年（一五三一）、赤松政村は配下の浦上村宗を討伐して復活したが、その後も国内で浦上氏残党との抗争を繰り広げた。浦上氏残党との抗争が収束すると、次に播磨国へ攻め込んできたのが出雲に本拠を置く尼子《あまご》晴久《はるひさ》だった。当時、尼子氏は領土拡大策を採っており、赤松氏領国の播磨・備前・美作にも食指を伸ばしていた。

尼子晴久の播磨国侵攻は、天文六年（一五三七）十二月から密かに行われたが、翌年正月には深い雪に進路を阻まれ、いったんは退却を余儀なくされた。しばらく時間を置いて、晴久は山名氏を頼って播磨国に侵攻し、その軍を一気に播磨国中央部へと進めた。晴久が城山城《きのやま》（たつの市）を本拠としたことは、『鵤庄引付』にも見える。

尼子氏の播磨国侵攻により、政村は流浪生活を強いられることになった。『赤松記』などによると、天文七年（一五三八）に尼子氏が播磨に攻め込むと、政村は居城の置塩城（姫路市）を脱出し、高砂城《たかさご》（高砂市）主の梶原氏を頼ることにした。しかし、政村が頼みとした梶原氏の籠もる高砂城は、尼子方に寝返った小寺・明石の両氏に攻撃されたので、やむなく政村は高砂から逃亡し、淡路国郡家《ぐんげ》（淡路市）の田村能登守のもとへ逃れたのである。政村は、ことごとく配下の国衆に裏切られた。

『赤松記』によると、「弘《(広)》岡どのをはじめ、国衆少々尼子に一味し」とあるように、播磨国の国衆で尼子方に味方する者もいた。広岡氏は赤松氏の庶流であるが、他にも龍野赤松氏の村秀が尼子氏に与同した。政村には、一族すら味方しなかったのである。播磨国で尼子氏に抵抗したのは、三木城主の別所村治《むらはる》だった。村治は三木城で尼子氏を相手にして孤軍奮闘し、淡路国に逃れていた政村とも連絡を取っていた。

翌年、政村は反撃へと転じ、播磨など三カ国支配の回復を目指した。天文八年（一五三九）八月、政村は阿波国の細川氏・三好氏の援助を受けて明石（明石市）に上陸すると、尼子方に与した明石氏が城主を務める明石城（明石市）を攻撃した。さらに、政村は神吉《かんき》の常楽寺《じょうらくじ》（加古川市）に着陣したのである。

政村は北播磨に基盤を置く在田氏の援助を受けつつ、尼子氏を国外へ放逐しようとした。ところが、播磨の国衆の多くは晴久に与しており、頼りの別所氏も尼子氏と内通しているとの噂が飛び交った。同年十一月二十五日、別所氏の動きに疑心を抱いた政村は、播磨国を出奔して堺へ逃亡したのである。

政村の秘策

赤松政村は苦境に陥ったこともあり、起死回生の手段に打って出た。天文八年（一五三九）十一月、政村は幕府に申し出て、「左京大夫」という官途を与えられた。「政村」という名前も、時の将軍義晴の一字を拝領し、「晴政」と改名したのである。政村は官途を与えられたお礼として、幕府に太刀一腰と馬一頭を進上した（「赤松春日部家文書」）。むろん、官途授与と改名には、大きな意味があった。

左京大夫という官途は、祖父の政則と同じものだった。当時、政則は公卿となる従三位に叙されたので、周囲を驚かせたほどである。また、左京大夫は侍所所司に関係する官途だったので、赤松氏にとっては大きな意味があった。政村の官途授与と改名は、幕府の権威にすがったという点で、尼子氏に対抗しうる手段だったのである。つまり、幕府から正統性を認められたということになろう。

しかし、政村は天文三年（一五三四）段階において、すでに左京大夫を名乗っていたことが判明する（「西仙寺文書」）。『証如上人日記』なども、政村を指して左京大夫と称していた。つまり、以前から政村は左京大夫を僭称していたが、尼子氏の播磨侵攻を機会にして、正式な任官を幕府に要請したと考えてよいだろう。これにより、播磨国内の諸勢力からの求心性を高めようとした可能性がある。

政村の官途授与や改名は、どれくらいの効果があったのか。かつては、官途授与による効果があったという説が有力視されたが、史料によって裏付けられたものではない。播磨国内の諸勢力がこれを機にして政村に従ったとも明確には言えない。ましてや、敵の尼子晴久も将軍義晴から一字を与えられているのだから、かえって効果に疑問さえ生じる。以後、政村は尼子氏の動静を逐一幕府に報告するなどし、結局は尼子氏側の事情もあったのか、やがて播磨から退却したのである。

三好氏の播磨侵攻

細川氏の弱体化が進む中で、畿内に勢力を伸長したのが三好氏である。三好氏は信濃の小笠原氏の末裔であり、南北朝期に細川氏に付いて阿波に下った。その中興の祖が之長《ゆきなが》である。之長は、細川政元の養子となった澄元を支え、その配下として権勢を誇ることになった。しかし、細川高国により澄元が放逐されると威勢を失い、永正十七年（一五二〇）の等持院の戦い（京都市北区）に敗れて処刑されたのである。之長には長秀《ながひで》という子がいたが、永正六年（一五〇九）に自害していたので、その子の元長《もとなが》が家督を継承した。大永六年（一五二六）、元長は細川晴元（澄元の遺児）を擁立すると、細川高国に対して挙兵した。翌年、元長らが高国に勝利すると、足利義維を擁立して堺（大阪府堺市）に本拠を置いた。その後、元長は晴元と仲違いし、いったんは阿波へ帰国した。享禄四年（一五三一）には晴元の要請を受けて摂津に出陣し、敵対する高国を打ち破った。ところが、晴元との関係は改善されず、天文元年（一五三二）に晴元が煽動した一向一揆に攻撃され、元長は自害して果てたのである。

元長の死後、三好家の家督を継いだのが長慶《ながよし》である。天文二年（一五三三）、まだ十二歳にすぎなかった長慶は、晴元と本願寺との和睦を仲介し、その後は晴元に従うようになった。いったん、長慶は晴元から離反することもあったが、同じ晴元の配下にあった木沢長政《きざわながまさ》が亡くなると、たちまち晴元の配下として重用されるようになった。天文十八年（一五四九）、長慶は再び袂を分かった晴元を江口《えぐち》の戦い（大阪市東淀川区）で破って入京すると、その四年後には将軍義輝《よしてる》を擁する晴元に勝利したのである。

こうして長慶は権力を掌中に収め、山城・丹波・摂津・和泉・淡路・讃岐・阿波の七カ国を支配したのである。永禄元年（一五五八）に義輝と和睦を結ぶと、本拠を摂津芥川《あくたがわ》（大阪府高槻市）から河内飯盛山《いいもりやま》（同大東市）に移した。しかし、その後の長慶は配下の松永久秀《まつながひさひで》の台頭を許すと、嫡男の義興《よしおき》を亡くしたこともあり、義輝との関係にも苦慮した。長慶が病没したのは、永禄七年（一五六四）のことである。

天文二十三年（一五五四）、長慶の軍勢が突如として東播磨へ攻め込んだ。同年九月には合戦があり、三好勢が別所氏と戦ったことが判明する（『細川両家記』）。ほぼ時を同じくして、明石氏は長慶と結んでおり、早々に長慶は播磨へ影響力を及ぼすようになった。同年十一月に三好実休《じっきゅう》の禁制《きんぜい》が明石郡の太山寺（神戸市西区）に与えられたのは、その証左となろう。

弘治三年（一五五七）十二月には、長慶から加東《かとう》郡の清水寺《きよみずでら》（加東市）に禁制が与えられた（「清水寺文書」）。こうして三好氏は、おおむね東播磨を中心に影響力を及ぼしたと考えられる。別所氏は東播磨における有力な存在だったが、三好氏の圧倒的な軍事力の前に屈することになった。三好氏の威勢は、ついに東播磨にまで及んだのである。

この間、赤松氏惣領家の弱体ぶりは、いっそう進むところとなった。天文二十一年（一五五二）四月、幕府は備前・美作など六カ国の守護職を尼子晴久に与えた（「佐々木文書」）。むろん、このことで尼子氏が備前・美作の二カ国における実効支配を幕府から完全に保証されたわけではない。とはいえ、尼子氏は幕府の権威をバックにしていたので、赤松氏は不利な立場になった。

諸史料を踏まえて検討すると、晴政は弘治元年（一五五五）閏十月から弘治三年（一五五七）十月の間に、出家をしたことが確認できる。この間に、晴政は剃髪して「性煕《しょうき》」と号した（以下も「晴政」で統一）。晴政が出家した理由は判然としないが、尼子氏や三好氏の播磨侵攻とは決して無関係ではないだろう。赤松氏は弱体化により、播磨国における権威がますます低下した。

晴政の失脚と最期

このような状況下で、ついに赤松晴政はクーデターにより失脚した。永禄元年（一五五八）、赤松氏は家中で騒動が起こり、晴政が同族の赤松下野守政秀のもとで庇護された（「上月文書」）。晴政が政秀に身を寄せたのは、晴政の嫡女が政秀の妻だったからだろう。家中騒動の具体的な内容などは、関連史料を欠くので不明である。別の史料は、晴政が嫡男の義祐《よしすけ》と不和だったと記している。

晴政は政秀に庇護されるに至り、大胆に路線転換を図っていた。これ以前の天文二十三年（一五五四）八月、政秀は毛利元就に脇差を贈っていた。脇差を贈った意図は、三好氏の播磨侵攻に対抗すべく、毛利氏と厚誼を結ぼうとしたからだと推測される。そのこともあり、晴政は政秀と協力し、毛利氏に接近しようとした。晴政は、敵対した子の義祐を強く意識していたに違いない。

永禄二年（一五五九）十一月、晴政は小早川《こばやかわ》氏に書状を送り助力を乞うた（『増補三原志稿』所収文書）。さらに永禄五年（一五六二）六月、晴政は毛利氏に対して同様に助力を頼んでいる（「臼井家文書」）。この助力とは、義祐から播磨を奪還するため、毛利氏の支援を依頼したということだろう。永禄二年は、毛利氏が石見小笠原氏を屈服させた年であり、永禄五年は毛利氏が石見国を平定した年である。晴政は勢いのある毛利氏に支援を依頼したが、実際に支援を得られたのか否かは不明である。

永禄年間には、性熈と署名した発給文書が少なからず残っているが、それらは美作地域に偏っているのが特徴である。晴政は、美作の豊福氏や廣戸氏の家督安堵を行った。義祐の勢力範囲が西播磨だったので、晴政は美作など競合しない地域へと勢力を広げようとしたと考えられる。その際、強力な庇護者を必要としたため、先述の通り毛利氏と誼《よしみ》を通じようとしたのであろう。

義祐と決裂した晴政は、三カ国支配の本意を遂げることなく、永禄八年（一五六五）正月十六日に病没した。同年二月六日、晴政の遺骸は置塩城下の宝殊寺に運ばれ、仁如和尚を迎えて葬礼が行われた。晴政の子の義祐は、関係する史料が乏しいものの、かつての赤松氏の栄光を取り戻したわけではない。義祐が亡くなったのは天正四年（一五七六）のことで、その死後に家督を継いだのは子の則房《のりふさ》である。なお、晴政と義祐の墓は、松安寺跡（姫路市）にある。

4　丹波と淡路の国衆

丹波赤井氏の勃興

丹波の有力な国人としては、赤井直正《あかいなおまさ》が知られている。直正といえば、『甲陽軍鑑《こうようぐんかん》』に「名高キ武士」として徳川家康、長宗我部元親《ちょうそかべもとちか》、松永久秀らと並んで名が挙がっている。『甲陽軍鑑』は近世に成った書であるが、直正を名だたる武将の一人として認識していたことは特筆に値する。しかし直正は、現在は世間的にあまり知られていない人物である。以下、その出自や動向について、詳しく取り上げることにしよう。

赤井氏は、信濃を本拠とする清和源氏頼季《よりすえ》流井上氏の流れを汲んでいた。保元三年（一一五八）、井上家光は丹波国芦田《あしだ》荘（丹波市）に配流となった。その後、井上氏は芦田という地名にちなんで、姓を芦田氏に改めたという（異説もある）。

文治元年（一一八五）、源頼朝が平家一門を滅ぼし、やがて鎌倉幕府を開いた。同じ頃、井上道家（家光の子）は丹波氷上《ひかみ》郡をはじめ天田《あまた》・何鹿《いかるが》・船井《ふない》郡へ勢力を徐々に拡大し、丹波半国の押領使《おうりょうし》（諸国の凶徒鎮圧のために置かれた職）に任じられた。この井上氏こそが、赤井氏の源流なのである。

その後、芦田氏は丹波に勢力基盤を築き、道家、忠家、政家の三代にわたって丹波半国の押領使を務めた。転機となったのは、為家（政家の孫）のときである。建保三年（一二一五）、為家は父の朝家から赤井野（丹波市）の地を与えられた。為家は赤井野の地にちなんで、姓を赤井氏に改称した。同時に付近の後屋《ごや》城（丹波市）を築き、本拠としたのである。なお、為家の弟・重家は朝日村（丹波市）に移住し、荻野《おぎの》に姓を改めた。

直正が時家の次男として誕生したのは、享禄二年（一五二九）のことである。時家の嫡男は家清《いえきよ》で、合戦のたびに大いに軍功を挙げたという。嫡男が家督を継ぐのが習わしだったので、直正は同族で黒井《くろい》城（丹波市）主の荻野氏の養子となった。以降、直正は荻野を姓とする。直正の妻は、同じ丹波の国衆・波多野元秀《もとひで》の娘だったという。直正は元秀の娘と死別すると、近衛前久《このえさきひさ》の妹を後妻として迎えたというが、近衛家とは家の格が違いすぎるので大いに疑問が残る。

その後、外叔父で黒井城主の荻野秋清《あききよ》が反逆を企てたので、直正はこれを討って黒井城を奪取した。以後、直正は「悪右衛門《あくえもん》」と称され、「丹波の赤鬼」と恐れられるようになったのである。「悪」には文字通り「悪い」という意味もあるが、性質、能力、行動などがあまりに優れているのを恐れていう意味もある。こうして直正は、荻野氏の盟主となった。

弘治三年（一五五七）二月、兄の家清は甲良《こうら》合戦（三好氏家臣・松永長頼《ながより》との戦い。丹波市）で受けた傷が原因で亡くなった。家清の後継者は、幼かった子の忠家《ただいえ》だった。そこで、直正は忠家の後見役を務め、丹波奥三郡（氷上郡、天田郡、何鹿郡）の支配を行ったのである。実質的に直正が赤井氏を動かしていたのだ。やがて直正は、敵対する丹波の荒木《あらき》氏、塩見氏、内藤氏ら諸勢力を討伐し、丹波に確固たる勢力基盤を築き上げたのである。

直正の丹波支配に関わった史料は、いくつか残っている。永禄七年（一五六四）七月二十一日、直正は父の時家と連署して、丹波の土豪・味間氏の所領を安堵した。当時、直正は三十代半ばの壮年に達していたが、父と共同で統治に臨んでいた様子がうかがえる。年未詳ながら父子で連署して、丹波の土豪・安村氏に対して、戦死した父の跡職を与えたことも確認できる。

淡路の守護・国衆　中世全般を通して淡路の史料は少ないので、ここでは淡路の守護・国衆をまとめて取り上げることにしよう。

寛正六年（一四六五）、淡路守護の細川持親の死により、家督を継承したのが子の成春《しげはる》である。応仁・文明の乱が勃発すると、成春は細川勝元の東軍に属した。成春が亡くなったのは、文明十七年（一四八五）のことである。成春の死後、その家督を継いだのは子の尚春《ひさはる》で、京兆家の政元に従った。

永正二年（一五〇五）、尚春は政元の命により、同族で阿波・讃岐の守護を務める細川成之と戦うべく讃岐に侵攻した。しかし、成之の配下にあった三好之長の奮戦などもあり、敗北を喫したのである。永正四年（一五〇七）に政元が謀殺されると、尚春は政元の養子の高国らに与し、同じ政元の養子の澄之を討った。その後、尚春は政元から離反したのである。

永正八年（一五一一）、政元の養子の澄元が高国に対して兵を挙げると、尚春は澄元に味方して摂津国に攻め込んだが、敗北を喫して淡路に撤退。尚春は高国に屈して、家督を子の彦四郎に譲る条件で降伏したのである。こうして尚春が威勢を失うと、永正十四年（一五一七）に之長が淡路に攻め込み、敗れた尚春は堺に脱出した。その二年後、尚春は之長に殺害された。尚春の死後、家督は子の彦四郎が継いでいたものの、その後の動向が判然とせず、ここに淡路守護の細川氏は滅亡したのである。

淡路の国衆については、安宅《あたぎ》氏を取り上げることにしよう。安宅氏は本姓が橘氏で、紀伊国安宅荘（和歌山県白浜町）を本拠とする熊野水軍の頭目だった。熊野八荘司の一人でもある。南北朝期に橘頼藤が淡路の海賊を討伐すべく、由良《ゆら》（洲本市）に本拠を構えたという。淡路国の地誌『味地草《みちぐさ》』には「安宅文書」の写しを載せるが、文書の文言、形式や内容に不審な点があるので、偽文書であると指摘されている。安宅氏は由良のほか、洲本、安呼《あいが》、炬口《たけのくち》（以上、洲本市）、湊《みなと》（南あわじ市）にも庶流が存在した。

のちになって、三好長慶は弟の冬康《ふゆやす》に安宅家を継がせた。安宅氏が淡路国内で水軍を率いる有力な国衆だったので、配下に収めたかったのだろう。冬康は長慶の命に従い、淡路水軍を率いて各地を転戦したのである。

このほか淡路には、「淡路十人衆」と称される有力な国衆が存在した。先の安宅氏だけで五家あり、残りの五家は郡家（淡路市）の田村氏、山田（同上）の島氏、志知《しち》（南あわじ市）の野口氏、阿那賀《あなが》（同上）の武田氏、沼島《ぬしま》（同上）の梶原氏である。田村氏は先述した通り、播磨を出奔した赤松晴政を助けた人物である。梶原氏は梶原景時の子孫と言われ、播磨高砂で水軍を率いていた梶原氏の同族と考えられる。

❖　❖　❖

明応の政変による政界再編は、畿内政治だけでなく播磨などの周辺諸国にも大いに影響した。とりわけ播磨は、赤松氏の弱体化により諸勢力の侵攻を許すことになった。やがて、赤松氏は歴代当主の権力が徐々に衰退し、かつて配下にあった守護代ら国衆が台頭した。彼らは、それぞれが本拠とする地域権力となった。それは、赤松氏が播磨に君臨する守護ではなく、彼らと同じく一地域権力に成り下がったことを意味した。

それは、細川一族も同様で、領国の丹波は守護代の波多野氏が事実上の守護として支配することになった。同時に、荻野氏の台頭により、丹波国内もまた地域権力が形成されたのである。淡路も細川氏領国だったが、一六世紀初頭にはその存在が有名無実になった。代わりに台頭したのは、かつて配下にあった三好氏である。こうして、伝統的な権力の守護家は凋落し、配下にあった国衆の台頭を許したのである。

第三章　織田信長の中国計略

永禄十一年（一五六八）に織田信長が足利義昭《よしあき》を推戴して上洛すると、畿内の周辺諸国も大いに影響を受けた。播磨の赤松氏、別所《べっしょ》氏、小寺《こでら》氏、丹波の波多野《はたの》氏らは上洛し、信長と誼《よしみ》を通じた。天正元年（一五七三）、信長と義昭が決裂すると、諸大名はその帰趨を問われた。義昭は毛利輝元《てるもと》を頼り、全国の諸大名に味方になるよう書状を送った。その結果、丹波の波多野氏、播磨の別所氏らは信長に反旗を翻して、義昭らの味方になったのである。

信長は波多野氏を討つべく、ただちに丹波に明智光秀を送り込んだ。別所氏の離反後、信長は羽柴（豊臣）秀吉にその討伐を命じた。その間、腹心の荒木村重《あらきむらしげ》が裏切ったので、信長は窮地に追い込まれたが、杞憂にすぎなかった。光秀は波多野氏の討伐に成功し、秀吉は播磨を見事に制圧した。村重は、信長自身が討伐した。その後、信長の命を受けた秀吉は、余勢をかって但馬・淡路を平定したのである。

1　織田信長の登場と中国計略

永禄十一年（一五六八）九月、織田信長は足利義昭を奉じて入京した。天正元年（一五七三）、朝倉氏・浅井氏の連合軍を打ち破った信長は、天正三年（一五七五）には長篠の戦いで甲斐の武田勝頼《かつより》に勝利した（武田氏の滅亡は七年後）。しかし、中国地方の毛利氏、四国地方の長宗我部氏、北陸地方の上杉氏、関東地方の北条氏など、信長の天下統一を阻む戦国大名が数多く存在したのも事実である。

なかでも信長が手を焼いたのは、毛利輝元と輝元を支える小早川隆景《たかかげ》・吉川元春《きっかわもとはる》だった。とはいえ、信長と毛利氏は最初から関係が悪かったわけではない。毛利氏は備前の浦上宗景の対応に苦慮していたが、信長と協力することで事態が好転していた。天正三年、その浦上氏が宇喜多直家《なおいえ》に放逐されたものの、天正四年に足利義昭が毛利氏を頼って備後鞆《とも》（広島県福山市）を訪れると、信長と毛利氏との関係が破綻した。とりわけ義昭は、打倒信長に執念を燃やしていた。信長は必然的に毛利氏と対決姿勢を深め、中国計略を決意する。

天正五年（一五七七）、信長は、羽柴秀吉に中国計略を命じた。同年十月二十三日、秀吉は播磨国に出陣すると「夜を日に継いで懸けまわり」という獅子奮迅の活躍を見せた。同年十一月十日には、早くも播磨国内の領主層から人質を供出させて配下に収めた。秀吉はそれだけに飽き足らず、さらに但馬国に侵攻し、朝来郡《あさご》の岩洲城《いわす》（朝来市）そして太田垣氏が籠もる竹田城《たけだ》（朝来市）を攻略したのである。それより以前の天正三年、信長は光秀に丹波攻略を命じていたので、その経緯を確認しよう。

2　明智光秀の丹波攻略

波多野秀治の裏切り　天正三年（一五七五）八月、明智光秀は織田信長の命により、抵抗する荻野氏、宇津《うつ》氏らを討伐すべく丹波計略に着手した。当初、戦いを有利に進めた光秀であったが、天正四年（一五七六）一月に八上城《やかみ》（丹波篠山市）主の波多野秀治《ひではる》の裏切りによって敗北した（『兼見卿記』）。秀治が裏切った理由は判然としないが、同年二月に足利義昭が毛利輝元を頼って備後鞆に移ったこと、同年四月に信長と大坂本願寺との戦いが再開されたことを考慮する必要があるだろう。

光秀による丹波計略はいったん中止に追い込まれ、以降は信長の命によって天正四年四月の大坂本願寺攻め、天正五年三月の紀州雑賀《さいか》衆攻め、同年十月の大和の松永久秀攻めに奔走する。そして、同年十月に至り、籾井館《もみい》（丹波篠山市）を攻撃し、ようやく丹波計略を再開した（『兼見卿記』）。十一月十七日付光秀の書状によると（「熊本三宅文書」）、光秀は籾井城のほか十一カ所の敵城を攻略し、残る敵は荒木氏綱《うじつな》と波多野秀治だけになった。彼らの家中には調略をしたので、ほどなく落城する状況だったという。

天正六年四月十日、氏綱は光秀らの攻撃を受けて降参したので（『信長公記』）、光秀は城に軍勢を入れ置いた。本格的に光秀による丹波攻略が再開されたのは、天正六年九月のことである（「坂本箕山『明智光秀』所収文書」）。

天正三年十一月の時点において、光秀は荻野直正が籠もる黒井城を十二、三の付城《つけじろ》を築いて攻囲し、丹波の国衆の過半を味方にするなど戦いを有利に進めていた（「吉川家文書」）。翌年には、落城も間近だったという。遡って元亀四年（一五七三）一月の時点で、荻野氏は織田信長と対立した足利義昭を支援すべく、上洛する予定だったという（『顕如上人御書札案留』）。当時、荻野氏は丹波の氷上郡、天田郡、何鹿郡を支配下に収めていた。

図3－1　波多野秀治画像（東京大学史料編纂所所蔵模写）

結局、荻野氏の上洛は実現しなかったが、反信長の立場だったのは明らかである。天正元年に比定される義昭の御内書が荻野氏に送られているので、間違いないと考えられる（「赤井文書」）。また、赤井氏は同じく信長と対立する武田勝頼と通じ、反信長の姿勢を明確にしていたことも分かっている（「赤井文書」）。荻野氏は毛利氏との協力を希望しており、吉川元春に書状を送った（「吉川家文書」）。その切迫した文面や当時の情勢を勘案する限り、天正四年に比定すべきものと考える。

波多野氏が信長を裏切った背景には、大坂本願寺、毛利氏、足利氏が結託して反信長勢力を形成したことにあった。波多野氏は、彼らの説得に応じて信長の配下から離脱したと考えられる。天正四年一月の波多野氏の信長への裏切り以降、荻野氏は吉川氏や大坂本願寺と綿密なやり取りを行っているので、同様の理由から信長に叛旗を翻したのだろう。

同年一月に丹波から退却した光秀だったが、決して丹波における影響力を失ったわけではない。同年に比定される一月二十九日の信長書状は、丹波国桑田《くわだ》郡・船井郡に基盤を置く川勝《かわかつ》氏に対して、丹波での情勢が不利ななかで忠節を尽くしたことを賞している（「古文書　二」）。使者を務めたのは、光秀だった。同年二月、光秀は黒井城の戦いで働きがあった荒木藤内に感状を送った（「泉正寺文書」）。丹波国内の勢力は、信長派と反信長派に二分されていたのである。

八上城攻撃の開始

　天正四年（一五七六）二月、光秀は再び丹波へ下向した（『兼見卿記』）。同年二月十八日に丹波に向かった光秀は、黒井城のある氷上郡に攻め込んだことが分かる（「『思文閣墨蹟資料目録　六〇』所収文書」）。この戦いが功を奏したのか、戦後、荻野氏は「詫言《わびごと》」（謝罪）を入れてきたので、信長は赦免することにし（「兵庫県立歴史博物館所蔵文書」）、結果的に荻野氏をはじめ一味した諸氏についても当知行《とうちぎょう》を安堵した。同時に信長は、荻野氏に光秀への協力を求めたのである。

　この時点で荻野氏の件は、一件落着したことになろう。荻野氏は吉川氏らの援軍を得られず、信長に屈したと推測される。信長にすれば、丹波平定は喫緊の課題だったので、荻野氏の降参を認めざるを得なかったと考えられる。いったん荻野氏は降伏を受け入れたようであるが、天正四年には石河繁なる人物が足利義昭を擁立した吉川氏を支援すべく、荻野氏と協力するよう吉川元春に伝えた。

　同じく同年五月には、下間頼廉《しもつまらいれん》（大坂本願寺の坊官）が荻野氏に書状を送り、義昭の入洛が近いこと、丹波のほか丹後、出雲、伯耆の有力な諸氏や吉川氏の軍事行動に期待していることなどを報告していた（「吉川家文書」など）。荻野氏は信長に詫びを入れたとはいえ、その後も水面下で大坂本願寺、毛利氏、足利義昭との連携を模索していたのである。

　天正六年（一五七八）二月、三木城主の別所長治《ながはる》が信長に叛旗を翻した。ここから約二年にわたる三木合戦が始まった。この動きも、足利義昭、毛利輝元、大坂本願寺、そして波多野秀治の反信長の動きに連動したものと考えられる。長治の裏切りにより、信長は窮地に立たされた。

　光秀も安穏としておられず、別所氏討伐の軍に加わった（『信長公記』）。光秀は天正六年七月十五日の神吉城（加古川市）攻めに出陣しており、木俣氏に軍功を賞して感状を発給した（「木俣清左衛門家文書」）。光秀は三木合戦以外にも各地に出兵することがあり、八上城（丹波篠山市）攻撃に専念できる状況にはなかった。光秀の八上城攻撃が本格化するのは、同年九月以降のことである。

別所長治が反旗を翻した直後の天正六年三月、信長は細川藤孝《ふじたか》に書状を送り（「細川家文書」）、丹波への出陣を命じた。それだけでなく、奥郡（氷上、天田、何鹿の三郡）と多紀《たき》郡へ二筋、三筋という広い道の普請を命じ、三月二十日までに完成させよと厳命したのである。丹波に大軍を送り込むとも書かれているので、信長は波多野氏の討滅に全力を傾けようとした様子をうかがえる。ただし、実際に藤孝が奥郡と多紀郡に通じる広い道を普請したか否かは不明である。

同年八月、大和の筒井順慶《じゅんけい》が播磨から丹波を経て、大和の国へ戻った（『多聞院日記』）。同年九月、吉田兼見《よしだかねみ》が見舞いとして坂本（滋賀県大津市）の光秀のもとに菓子を持参して訪ねた。兼見は光秀の求めに応じて、自身が所持する茶碗を与えたという。その日の夜、光秀から兼見に書状が遣わされ、すぐに丹波に下向するという情報がもたらされた（『兼見卿記』）。

その直後、光秀は津田加賀守に書状を送り、九月十四日に亀山（京都府亀岡市）に至ること、同月十六日に津田氏の到着を待っていること、同月十八日に八上城の後山に陣を取る旨が記され、できるだけ多くの軍勢を率いてほしいと依頼した（「坂本箕山『明智光秀』所収文書」）。

同年九月、光秀は円通寺《えんつうじ》（丹波市）の求めに応じて三カ条にわたる禁制を発給した（「円通寺文書」）。内容は、当手軍勢（光秀の軍勢）、甲乙人の乱暴狼藉の禁止、陣取、放火の禁止、竹木伐採の禁止である。他の寺社などにも発給されたと考えられるが、光秀の禁制はこれ一通しか残っていない。この禁制は、円通寺が光秀軍の来襲を予想して、下付を願ったものである。

荒木村重の謀反

天正六年（一五七八）十月、突如として有岡《ありおか》城の荒木村重が信長に叛旗を翻した。同年十一月、光秀は小畠《こばたけ》氏に書状を送り、百人分の兵糧を準備して和田次大夫に託したことを伝えた（「小畠文書」）。通常、出陣する兵たちの兵糧は自弁だったが、この場合は長期にわたる戦いになると予想されたから光秀が準備したのだろう。さらに、光秀は付城を堅固にすることを命じ、九月の八上城への着陣以降、着々と八上城を攻囲しつつ付城を築いていたことが判明する。付城の構築は攻城戦におけるセオリーであり、敵を包囲して長期戦に臨むと同時に交通路を遮断し、敵城への兵糧や武器の搬入を妨害する役割も担っていた。

くわえて、荒木村重の弟・重堅《しげかた》が三田（三田市）にいるので、「山越」に来ることがあっても、向かうことがあってはならないとしている。重堅が村重に属していたかについては諸説あるが、この時点では村重方と認識されていた。そして、いずれの取出（砦）であっても落とした場合は連絡をするように伝え、まず明智秀満《ひでみつ》を亀山に向かわせて、光秀自身も一両日中に八上城に行くと記されている。

同年十一月三日、光秀は家臣の佐竹出羽守に書状を送り、来る十一月十二日に信長が出馬をするため、亀山城の普請が延期になったことを伝えた（「尊経閣文庫所蔵文書」）。そして、大坂本願寺を攻囲する森河内《もりがわち》の砦（大阪府東大阪市）に十一月十二日を期限として、鉄砲、楯、柵、縄、俵を送るように命じた。光秀自身も十一月十一日に森河内に行くことを伝えているので、八上城の攻撃には参加できなかったのである。光秀は大坂本願寺や有岡城対策に忙殺されたので、実際に八上城の現地で差配していたのは小畠氏だった。

光秀による小畠氏への指示

天正六年（一五七八）十一月十五日、光秀は再び小畠氏に書状を送った（「宇野茶道美術館所蔵文書」）。昨日（十一月十四日）、敵が攻撃を仕掛けてきたが、小畠氏は指示通りに動かなかった。光秀は自身の留守を狙って攻めたことは笑止とし、軍勢も必要であろうから、亀山城（京都府亀岡市）の近くに陣を置いたことを知らせたのである。

この時点で光秀は、亀山城付近まで出陣していた。敵の誘いには乗らず、徹底した籠城戦で臨んだことが分かる。光秀は自身が本格的に八上城の攻城戦に臨むまで、小畠氏に自重を望んでいた。小畠氏が敗北した場合、丹波の土豪らに与える悪影響が少なくないと考えたのだろう。同年十一月十九日、光秀は小畠氏に書状を送った（「小畠文書」）。内容は四カ条にわたっている。一カ条目は、金山《きんざん》（丹波篠山市）、国領《こくりょう》（丹波市）を視察し、いずれも堅固だったこととの報告を受け、これを賞したものである。

二カ条目は、有岡城の攻城戦の件で、利根山と池田古城の普請が首尾よく完了したことを報告している。三カ条も同様で、高槻《たかつき》の高山右近《たかやまうこん》が信長に与し、高槻と茨木《いばらき》はおおむね平定したことが書かれており、有岡城は鹿垣《ししがき》で攻囲したとある。以上を踏まえて、光秀は今月中に八上城に向かいたいと連絡したのである。

この間の波多野氏の動向と思しき史料は、わずか一通だけが確認できる（「能勢文書」）。秀治は赤井氏からの返札《へんさつ》（返事の書状）を披見し、「滝峰出雲」が退城したことに気遣いを見せると、加勢の件は秀治の家臣「渋隠・青民」におっしゃってほしいと結んでいる。滝峰は京都府亀岡市の滝峰城（滝ヶ嶺城）であり、出雲は同じく亀岡市の出雲城（御影山城）のことだろう。この史料には年次もなく、年代を比定する手掛かりにも乏しいが、とりあえず天正六年と考えておきたい。

ようやく光秀が八上城に出陣したのは、同年十二月のことだった（『信長公記』）。光秀は自らの手勢で四方三里の範囲にわたり、八上城を攻囲した。八上城の周囲に堀を掘ると、塀や柵を幾重にも隙間なく廻らし、塀の際には兵卒に小屋をかけさせた。警固は厳重で、獣が通うことすらできなかったという。

同年十二月二十日、光秀は黒田孝高《くろだよしたか》の家臣・小寺休夢斎《きゅうむさい》に書状を送り、三田城（三田市）の付城を四カ所築いたことを報告した（「中島寛一郎氏所蔵文書」）。書状には油井口（丹波篠山市）から吉川谷（三木市）にかけて、繋ぎの城を普請すると記されている。繋ぎの城とは、城の間の情報や物資を繋ぐ城のことである。油井口は八上城に繋がり、吉川谷は三木城に繋がっていた。八上城、三木城の籠城戦は連動しており、両城間での連絡や情報などを遮断することにより、波多野氏と別所氏の孤立化を進めようとしたと考えられる。

同年十二月二十二日、光秀は奥村源内に書状を送った（「御霊神社文書」）。内容は有岡城の攻防が信長の思い通りに進んでいること、光秀は有馬郡に向かって三田城に付城四カ所を築いて手が空いたので、昨日（十二月二十日）に多紀郡に移動をしたことを記し、天王寺方面で在番を務める奥村氏の労をねぎらった。

光秀は八上城に在陣して戦いに専念したのではなく、相変わらず各地を転戦していたのである。ただし、三田城は有岡城と八上城の中間にあり、それぞれの城の間の連絡や情報を断つことは、八上城の攻撃に有効だったと考えられる。

本格化した八上城攻撃

天正七年（一五七九）一月、籠山で戦闘があり、小畠永明《ながあき》が戦死した（「泉正寺文書」）。同年二月以降、光秀による八上城攻撃は本格化する。同年二月、光秀は関氏に書状を送り、八上城の周囲に隙間なく付城を築いたこと、通路を塞いだことを知らせ、八上城の落城が近いであろうと述べている（「楠匡央家文書」）。通路を防ぐのは、籠城戦や兵糧攻めのセオリーで、食糧や武器を運ぶ商人の通行を禁じることも意味した。

同年二月二十八日、光秀は近江坂本を出発して亀山に向かい、三月十六日に着陣したことを確認できる（『兼見卿記』）。戦いが本格化するなかで、波多野氏は兵庫や（屋）惣兵衛に書状を送った（「大阪城天守閣所蔵文書」）。宛先の兵庫や（屋）惣兵衛は、おそらく摂津兵庫（神戸市兵庫区）に本拠を置いた商人であると考えられる。籠城戦が厳しい局面を迎え、兵庫や（屋）に三カ条にわたる免除を申し渡した。秀治は兵庫や（屋）に商人としての特権を認めることにより、円滑に兵糧を城内に運び込もうとしたのだろう。それは、先述した光秀が通路を防いだことに対する、対抗措置だった。

同年三月三日には岩伏《いわぶし》で戦闘があり、大芋《おくも》氏は光秀から感状を与えられた（「『丹波志』所収文書」）。同年三月十三日に光秀は小畠氏に対し、来る三月二十七日に出兵

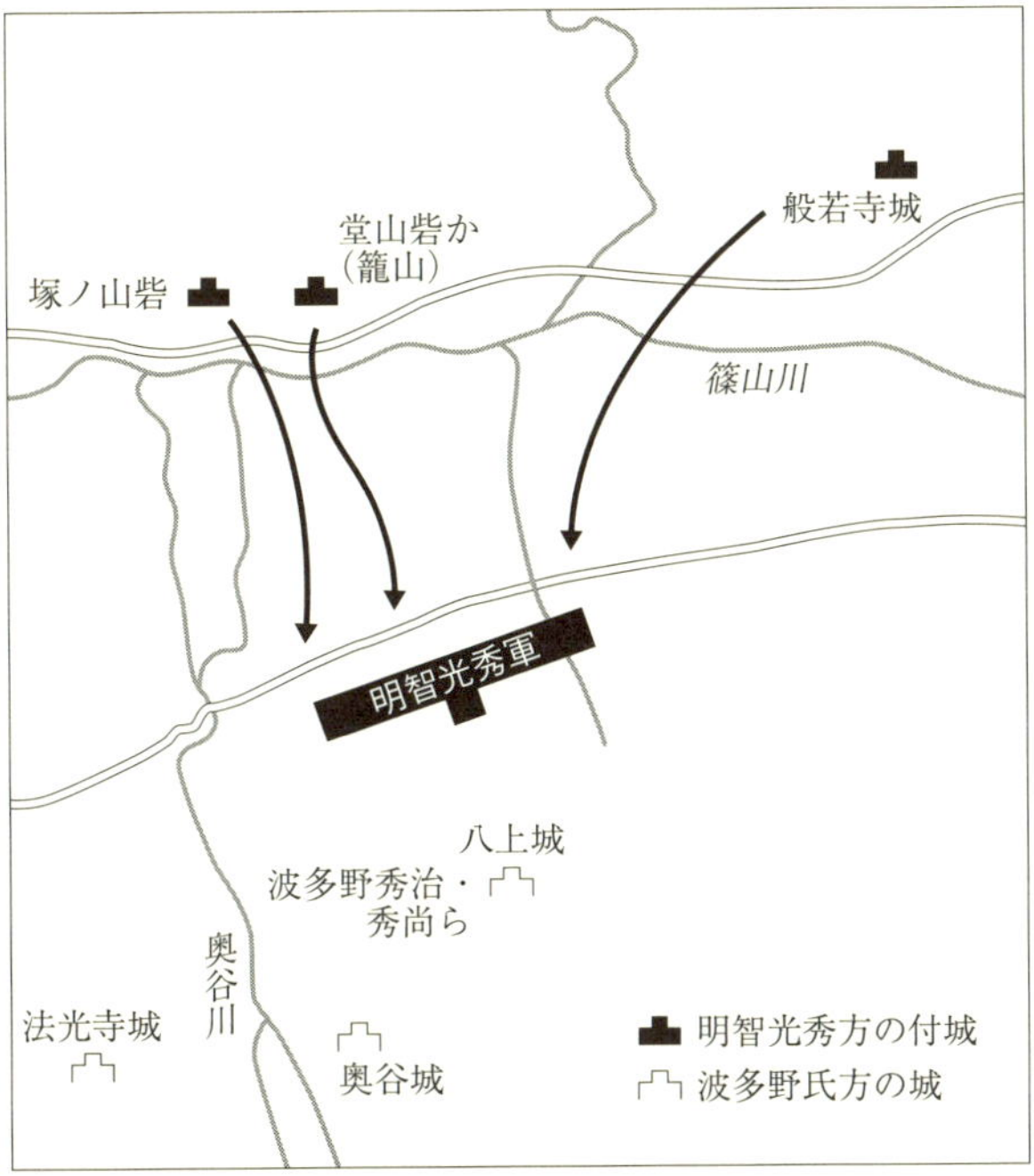

図3－2　八上城の戦い（渡邊大門編著『地理と地形で読み解く戦国の城攻め』光文社知恵の森文庫、2017年、に加筆）

するように要請しているので、戦いはかなり佳境に入っていたと考えられる（「蜂須賀文書」）。

天正七年四月になると、もはや八上城が落城寸前だったことが判明する。次に、光秀が和田弥十郎に宛てた書状を要約しておきたい（「下条文書」）。

(1)八上城内から助命と退城について、懇望してきたこと。

(2)籠城衆のうち四・五百人が餓死し、城を出て来た者の顔は青く腫れており、人間の顔をしていなかったこと。

(3)五日、十日のうちに必ず八上城を落城させ、一人も討ち漏らしてはならないこと。

(4)要害、塀、柵、逆茂木《さかもぎ》を幾重に廻らし、落城を待つこと。

光秀は以上のことを述べたうえで、追って吉報を報告するので、八上城が落城後は、すぐに丹後国に向かうと結んでいる。右の惨状については、『信長公記』も記している。同書には、籠城した者ははじめ木の葉を食べていたが、のちには牛馬を口にし、城から逃げ出した者は容赦なく斬り捨てられたと書かれている。

天正七年五月、波多野氏の敗勢はさらに濃くなった。光秀の書状によると、城中への調略を行って功を奏したのか、ついに本丸は焼き崩れたという（「大阪青山歴史博物館所蔵文書」）。光秀は積極的に城を攻めず、空腹に耐えかねて城内から逃げ出す者たちを斬り捨てた。乱取りは敵を討ち漏らす原因になるので固く禁止し、敵の首を討ち取った分だけ、褒美を与えるとも明記している。敵の自滅を待ちつつも、降参をいっさい許さず、逃げる敵でさえも片っ端から討ち取った様子がうかがえる。同年五月十八日の段階で、八上城は近いうちに落城するだろうと予想されていた（『兼見卿記』）。

八上城が落城したのは、同年五月下旬のことだろう。八上城が落城した際、四百余人が討ち死にした（『兼見卿記』）。波多野秀治ら三兄弟は捕縛され、光秀の居城・亀山城に連行された。数日間の攻防で、城内の兵糧が尽きたことが原因であるという。八上城の攻防は長期間にわたったが、実際に戦いが本格化したのは、光秀が積極的に参戦した同年二月以降であると考えられる。それ以前は、光秀が小畠氏に命じたように、敵との交戦を避けたと推測される。

光秀による丹波平定

八上城の落城後、波多野秀治ら三兄弟は安土城（滋賀県近江八幡市）に連行され、城下において磔刑《たっけい》にされた（『信長公記』）。光秀は波多野秀治を滅ぼしたが、丹波には宇津氏などの信長に抵抗する諸勢力が残っていた。その後の経過を確認しておこう。

『信長公記』によると、光秀は天正七年（一五七九）七月十九日に宇津氏が退いた宇津構（京都市右京区）を攻撃し、残った軍勢を数多く討ち取ると、その首を安土城の信長に進上した。それから、光秀は鬼ヶ城（京都府福知山市）に移動して近辺を放火し、付城を構築した。鬼ヶ城主は、荻野氏だったといわれている。

右の状況については、光秀が小畠氏に送った書状により明らかである（「小畠文書」）。光秀は同年七月二十六日に宇津方面へ出陣するため、小畠氏に桐野河内《きりのこうち》（京都府南丹市）に着陣するよう命じた。くわえて、出陣の際には鍬《くわ》・鋤《すき》などの普請道具を用意するようにし、杣は鉞《まさかり》を持参のうえで来るようにと書かれている。雨が降れば二十七日に延期するが、少しの雨なら予定通りと記す。『信長公記』の記述と一週間のずれがある。

その後の宇津氏のことは、信長の書状に詳しい（「溝口文書」）。宇津氏は信長への逆心を抱いていたので、調略を行ったところ、同年七月二十四日の夜に逃亡した。宇津氏は若狭へ逃がれ、そこから西国へ逃れようとしていたので、信長は現地の者に探し出すように命じた。宇津氏が若狭から船で西国に逃げることを聞いたら、その浦で成敗するよう命じている。ただし、以降の宇津氏の動きについては、詳しく分かっていない。

同年八月九日には、赤井氏の籠もる黒井城への攻撃が行われた（『信長公記』）。光秀と戦った赤井氏は降参し、これにより光秀は信長から大いに称賛された。なお、赤井忠家は遠江二俣《ふたまた》（静岡県浜松市）に逃れたという。同年八月二十四日、光秀は愛宕山威徳院《いとくいん》（京都市右京区）に対し、柏原（丹波市）において二〇〇石を寄進した（「安土城考古博物館所蔵文書」）。

この書状によると、光秀は高見《たかみ》城（丹波市）を取り詰めており、近々に落城するであろうこと、自身は久下（同上）に陣を置いており、一両日中に和田（丹波篠山市・丹波市）へ行くことを記している。この時点では、まだ赤井氏の残党がいたようである。

3　苦境に立つ羽柴秀吉

上月城の戦いの始まり　天正五年（一五七七）十月、織田信長の命を受けた羽柴秀吉は播磨に向って進発したのは先述したが、敵は毛利氏だけでなく、備前・美作を領する宇喜多直家とも関係が悪化していた。別所氏や小寺氏といった播磨の有力な諸大名は、おおむね信長に従っていたが、上月城《こうづき》（佐用町）主の赤松氏は毛利方に属していた。上月城は播磨の西端に位置し、宇喜多氏と領国を接していたので、毛利方に与したのだろう。なお、上月城主の赤松氏に関しては、その事蹟に不明な点が多く、実名すら分かっていない。

一連の中国計略で秀吉を支援したのが、黒田官兵衛（孝高）・竹中重治《たけなかしげはる》である。西国方面の攻略に際して秀吉が最も力を入れたのは、播磨国の有力な領主から人質を取ることだった。官兵衛・重治は秀吉の期待に応え、播磨・美作の有力領主から人質を取り、味方へと引き入れることに成功したのである。

同年十一月二十七日、官兵衛らの活躍により、播磨と美作の国境付近に位置する福原城《ふくはら》（佐用町）は落城した。福原城は南北朝期に赤松氏の支族である佐用《さよう》氏が築城したといわれ、その後、同じ赤松氏の支族・福原氏が守ったという。福原城は北播磨において、上月城、利神《りかん》城、高倉《たかくら》城（以上、佐用町）とともに支城ネットワーク群を形成していた。利神城は別所氏によって築かれたといわれ、標高約三七三メートルに位置する連郭《れんかく》式山城であった。

この戦いで先遣隊として活躍したのが、先述した官兵衛と重治である。二人は福原城下で、数多くの敵兵を討ち取った。このとき、毛利方で戦った宇喜多直家は、秀吉の軍勢と交戦して散々に打ち負かされ、敗走中に自軍の兵の首が六一九も取られたという。こうして、福原城から約一里（四キロ）離れた上月城に、秀吉の軍勢は迫ったのである。上月城を攻略することは、美作・備前へ侵攻するための第一歩となったので、その支城の福原城を落とした意義は大きかった。

宇喜多勢を打ち破った秀吉は、その余勢をかって上月城に迫り、さらに激しい攻撃を行った。秀吉の率いる軍勢が水の手を断ったところ、上月城から降参の申し出はあったが、それは拒否したという（「下村文書」）。山城を攻略する際、最初に水の手を断つことはセオリー通りの戦い方である。攻城戦では、帰猪垣《かえりししがき》を三重にして城外への逃亡を防ぎ、諸口から攻撃を仕掛け、同年十二月三日に上月城を落とした。秀吉は敵兵の首を悉く刎ねるよう命じると、その上に敵方への見せしめとして、女・子供二百人余を播磨・美作・備前の境目（国境）で子供を串刺しにし、女を磔《はりつけ》にして並べ置いたのである。

秀吉の態度は強硬であり、城兵たちの命乞いを受け入れなかった。逆に逃げられないように柵を廻らすと、次々と敵兵の首を刎ねたのである。さらに見せしめとして、女・子供をそれぞれ串刺しにし、国境付近で磔にして晒し者にするなど残虐の限りを尽くした。非戦闘員が残酷な形で処刑される例は、そう多くはない。国境に晒したのは、備前・美作を領する宇喜多直家を意識してのことであろう。

ちなみに上月城の水の手を断ったのは、生駒親正《いこまちかまさ》であった（「生駒家宝簡集」）。親正はその功によって、近江国山田郷の内に二六〇石を与えられた。

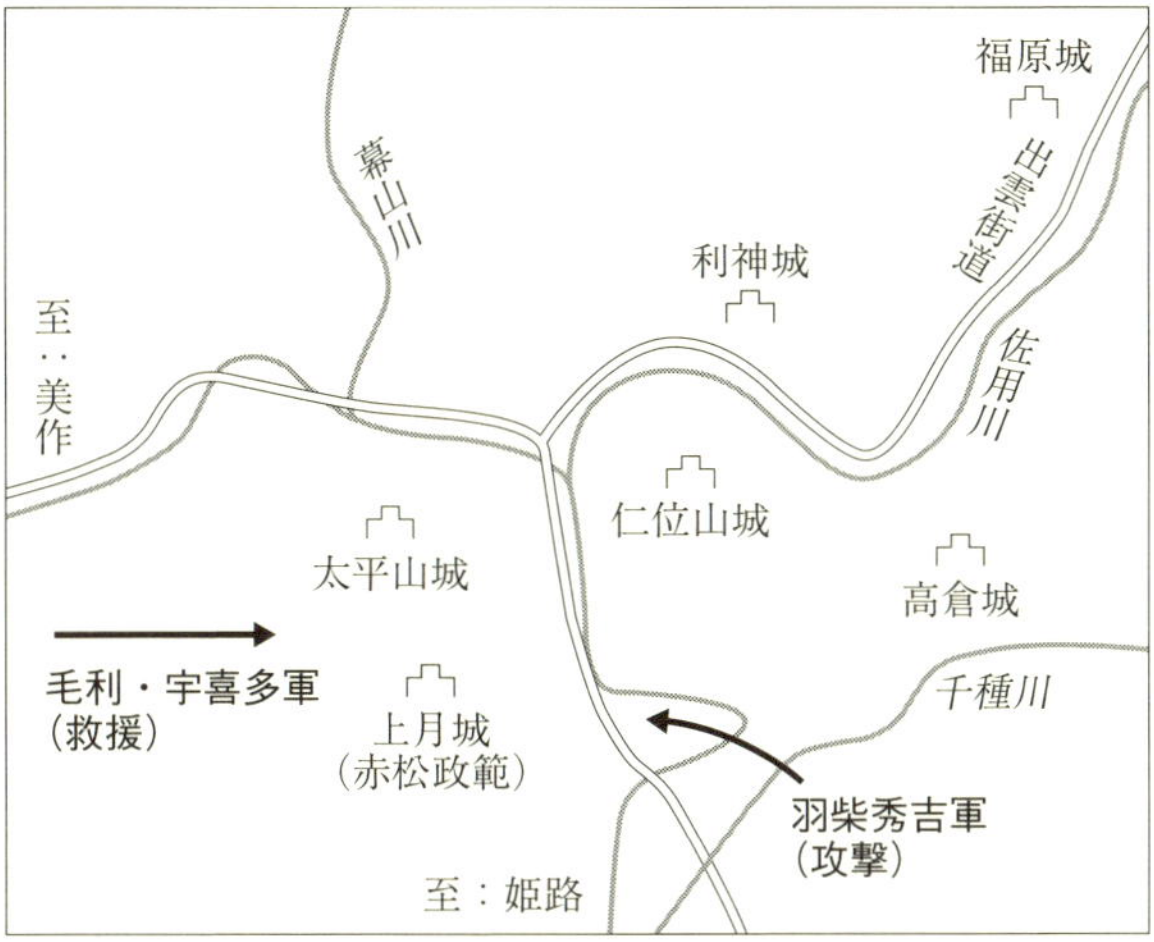

図3－3　第一次上月城の戦い（渡邊大門編著『地理と地形で読み解く　戦国の城攻め』に加筆）

上月城に入った尼子氏残党

戦後、秀吉は尼子勝久《かつひさ》や山中鹿介《やまなかしかのすけ》ら尼子氏残党に上月城の守備を任せた。永禄九年（一五六六）、尼子氏は毛利氏に屈して事実上滅亡したが、その後も復権を目指し、山中鹿介が尼子勝久を擁して織田信長を頼った。上月城の戦いでは秀吉に従って勝利し、城の守備を任されたので復権への第一歩となったが、これは同時に尼子氏にとって悲劇の序章でもあった。

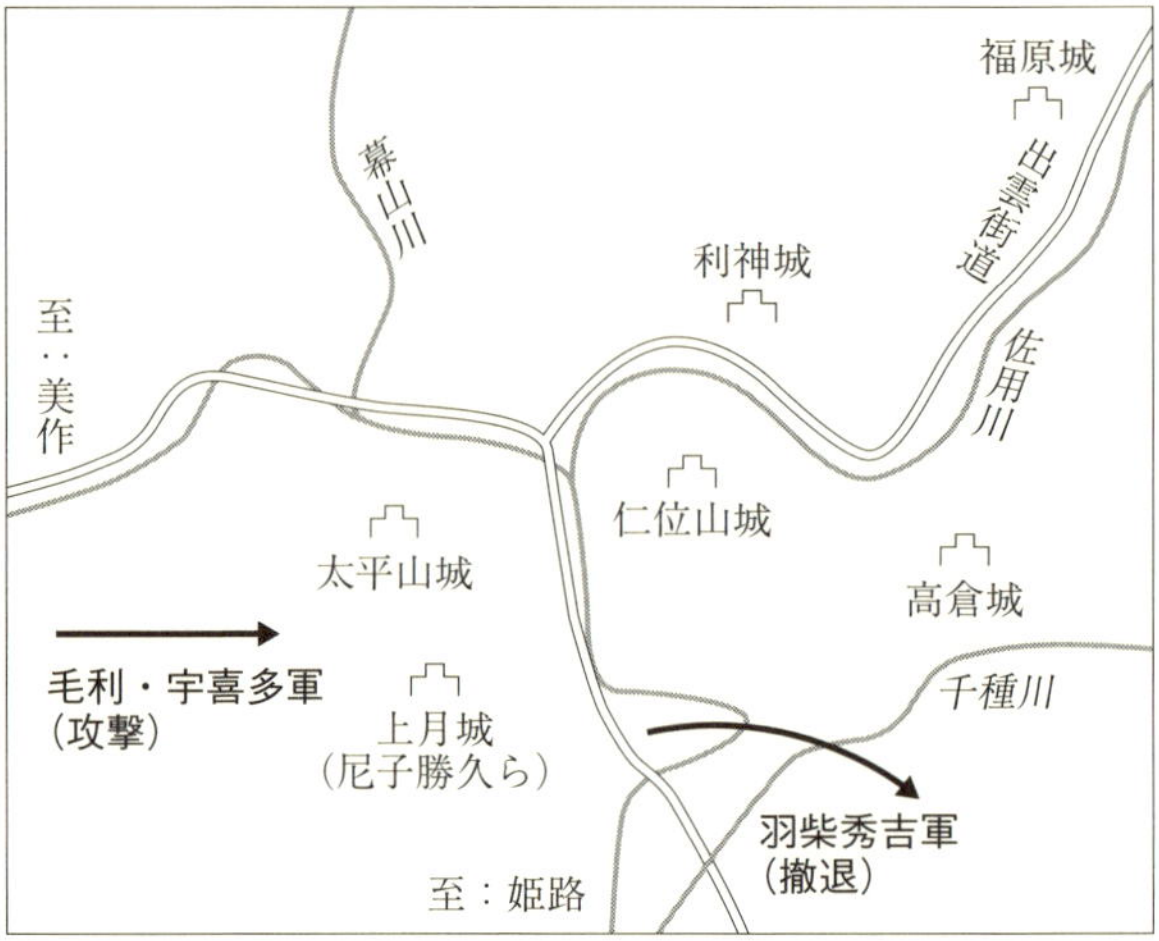

図3－4　第二次上月城の戦い（渡邊大門編著『地球と地形で読み解く戦国の城攻め』に加筆）

天正六年（一五七八）三月、以前から信長に従っていた三木城主・別所長治が突如として離反し毛利方に与した。相前後して、丹波・波多野秀治（天正四年一月）、摂津・荒木村重（天正六年十月）が同じ行動に出たので、共同して「信長包囲網」に協力したことになろう。長治の離反は、上月城の攻防に大きく影響した。

同年四月、吉川元春の軍勢が上月城を取り囲んだが、上月城に籠もっていたのは、勝久や鹿介のほか出雲・伯耆・因幡・美作の牢人衆である。毛利勢は、上月城の周囲を帰鹿垣で三重・四重に包囲しており、まさしく蟻が一匹も這い出る隙間がないほどだった。翌月、本願寺の顕如《けんにょ》は毛利氏の要請に応じて、配下の紀州門徒に対し、雑賀鉄砲衆の播磨出陣を要請した。

同じ頃、秀吉と荒木村重は、後巻《うしろまき》として高倉山（佐用町）に陣を置いた。後巻とは、上月城を取り囲む毛利勢をさらに後から取り囲むことである。その後、明智光秀も応援に駆け付け、書写山（姫路市）に陣を敷くと、さらに滝川一《たきがわかず》益《ます》らも秀吉の支援に馳せ参じた。ところが、戦いは秀吉側が劣勢に追い込まれており、同年六月二十一日の高倉山麓の戦いでは毛利方が勝利したのである。

上月城の落城

『信長公記』によると、天正六年（一五七八）六月十六日、秀吉は上洛して信長と面会した。信長は秀吉に対して高倉山の陣営を引き払い、神吉と志方（以上、加古川市）へ攻め込むよう指示し、そのうえで三木城の別所氏を攻撃するよう命じた。信長は播磨の東西で同時期に合戦が起こったため、三木城の攻撃を優先し、尼子氏の籠もる上月城を見捨てたのである。先に触れた六月二十一日における秀吉の敗北は、信長の指示後のことであり、上月城から撤退する判断材料になったのだろう。

こうして同年七月五日、上月城は落城した。上月城内の兵糧は乏しくなっていたが、秀吉に見捨てられたので城兵は士気を喪失したに違いない。毛利方は上月城に立て籠もった城兵を助ける条件を示したうえで、尼子勝久に切腹を命じた。山名鹿介らは備中松山（岡山県高梁市）の輝元の陣所へと送られ、その直後に殺害された。尼子氏は一族の義久が生き残ったものの、大名家としては事実上滅亡したのである。

上月城を落とした毛利軍は、黒沢山《くろさわやま》（赤穂市）に陣を置いた。ここは備前と播磨の境目の地域であり、宇喜多氏領国の備前にも接していた。以降、毛利氏は三木城の別所氏を支援すべく力を尽くした。この時点で優勢だったのは毛利氏であり、上月城を落城に追い込んだ意義は大きかったといえよう。

荒木村重と織田信長

丹波と播磨で次々と「反信長」の狼煙が上がると、信長が重用していた荒木村重も反旗を翻した。村重とは、いかなる人物なのだろうか。

荒木氏の出自は謎が多いが、丹波国多紀郡に本拠を持った波多野氏の一族の出自という説がある。父は高村または義村とされているが、定かではない。村重は、もともと摂津の池田勝正《かつまさ》に仕えていた。永禄十一年（一五六八）九月、織田信長が足利義昭を奉じて入京すると、三好三人衆に与していた勝正は降伏した。以後、村重は勝正とともに信長の配下に収まった。それから村重は各地に出陣し活躍するが、主家である池田氏は内訌により弱体化した。この隙を突いて、村重は池田氏の有力家臣の中から台頭し、やがて池田氏に取って代わったのである。

天正元年（一五七三）、茨木城（大阪府茨木市）主となった村重は、対立関係にあった和田惟政を高槻城（同高槻市）から追放し、摂津国を支配下に収めたのである。同年七月、義昭が槇島《まきしま》城（京都府宇治市）で信長に叛旗を翻すと、村重は信長に与して戦った。天正二年（一五七四）に勝正を高野山（和歌山県高野町）に放逐すると、さらに伊丹城（伊丹市）主の伊丹忠親《ただちか》を滅亡に追い込んだ。村重は伊丹城を接収して有岡城と改名すると、新たに居城としたのである。

この軍功により、村重は摂津一国の支配を信長から任されたのである。これがいわゆる「一職支配《いっしきしはい》」と称されるものであった。従来、信長から村重に与えられた「一職支配」は、守護権に由来する権限として理解されてきた。しかし、現在では幕府や守護の機構に基づかないとされ、三好政権下における松永久秀の「一職支配」を前提としたものと考えられている。ちなみに、信長は「守護」という言葉を盛んに用いるが、当時終焉を迎えつつあった室町幕府の支配下における「守護」と同義ではない。当該地域を支配するという意味で、便宜的に用いられているにすぎないのである。

摂津国内には、塩川《しおかわ》氏などの自立性の強い国人が存在したことにも留意すべきであろう。「一職支配」といいつつも、実態を伴っていなかったのである。村重は信長の厚い信任を得たこともあり、以後も数々の合戦に出陣した。とりわけ、摂津に本拠を構えたこともあって、大坂本願寺との戦いに出陣を命じられた。

天正三年（一五七五）以降、村重は中国方面での軍事行動に従事した。特に、播磨方面では浦上宗景を支援して端城《はじろ》（出城）に入城させると、その翌年には大坂本願寺に備えて、尼崎の海上警備を務めた。天正五年（一五七七）には紀伊雑賀（和歌山市）攻めに出陣し、その翌年には羽柴秀吉の後巻きとして、上月城（佐用町）に籠もる尼子勝久への支援を行った。村重が秀吉の支援に回ったことによって、その立場が低下したとみなす見解もあるが、そうとはいえない。逆に、重要な毛利氏との対決に動員されたのだから、信長は村重に信頼を寄せていたと考えられる。

村重の謀反

天正六年（一五七八）十月、ついに荒木村重が信長に謀反を起こした。村重が謀反を起こした理由は、村重が敵に通じていると信長から嫌疑を掛けられたからだといわれている。嫌疑の一つ目は本願寺を攻撃した際、村重の家臣が密かに兵糧を売ったことである。そして嫌疑の二つ目は天正六年三月に始まった三木合戦で神吉城が落城した際、敵である城主の神吉大夫を勝手に助命したことである。

このほか、明智光秀は自身が考えていた謀反計画の中で、邪魔になる村重に謀反を起こさせ、葬り去ろうとしたという説がある。いずれの説も、『陰徳太平記』などの二次史料などに載せられたものであり、まったく信を置くことができない。特に光秀が村重に謀反を起こさせたなどは、あまりに荒唐無稽な話である。

むしろ、村重は信長に従うよりも、毛利氏に与した方が自分を生かせると判断し、一か八かの賭けに出たという説が有力視されている。本願寺顕如が村重・村次《むらつぐ》父子に宛てた起請文《きしょうもん》によると、村重の新しい知行については、毛利氏に庇護されている将軍の足利義昭に従うよう述べている（『京都大学所蔵文書』）。村重は早い段階から謀反を考えており、織田氏・毛利氏との間でいずれに与するか二股を掛けていた。村重が謀反を起こした理由は、大坂方面指令官の地位を佐久間信盛《さくまのぶもり》に、同じく中国方面指令官の地位も羽柴秀吉にそれぞれ奪われたので、自らの将来に悲観して謀反に踏み切ったというが、先述の通り信長は村重を信頼していたので、当たらないと考えられる。

摂津下郡で支配を展開する村重は、村重に反した牢人衆（村重に没落させられた国人・土豪）などが脅威の存在だった。各地で一向一揆が頻発する中で、百姓が大坂本願寺と結び付き、一揆を起こすことが懸念材料となった。それは、仮に信長が滅亡したとしても、である。追い詰められた村重は信長と袂を分かち、大坂本願寺や百姓らと連携する道を選択したとの指摘がある。これは当然、毛利氏や足利義昭と結ぶことを意味した。

さらに、高槻城（大阪府高槻市）主の高山右近や茨木城（同茨木市）主の中川清秀《なかがわきよひで》ら村重の与力《よりき》大名は、当初の段階では村重に従う意向を示していた。大坂本願寺・毛利氏・足利将軍家に加えて、二人の助力を得られることから、村重は謀反を決意したと考えられる。つまり、村重の謀反は突発的なものではなく、十分な事前準備と総合的な判断に基づいていたということになろう。

苦しくなった信長

改めて荒木村重が謀反を起こした経過を辿ってみよう。村重の謀反発覚は、天正六年（一五七八）十月二十一日のこととされるが、実際にはそれ以前から動きがあった。同年九月下旬から十月中旬にかけて、福富秀勝《ふくずみひでかつ》、佐久間信盛、堀秀政《ほりひでまさ》、矢部《やべ》兼定が説得のために村重を訪れたが、応じることがなかった（『立入左京亮入道隆佐記』）。のちには黒田孝高も村重の説得に訪れたが捕らえられ、有岡城で一年余りの幽閉生活を送ったのは事実であるが、その場所が土牢だったというのは誤りである。

同年十月二十一日に至って、村重の逆心が方々から信長の耳に入った（『信長公記』）。おかしいと思った信長は、「不足があるならば申してみよ、村重に考えがあるならばそのように申し付けよう」と述べ、松井友閑《まついゆうかん》、明智光秀、万見重元《まんみしげもと》を村重のもとに遣わせた。そのとき村重は「野心などございません」と返答したので、信長は人質として村重の母を差し出すこと条件にして、これまで通りの出仕を認めることにしたのである。しかし、村重の謀反の気持ちは変わらず、再び信長に出仕することはなかった。

信長が村重の謀反を止めさせようと考えたのには、大きな理由があった。村重の謀反は、対応に苦慮していた本願寺、毛利氏、足利義昭の勢力に弾みを付けさせることになり、かつ村重に従う摂津の与力衆の存在があった。もし与力衆が謀反に応じると、まずい状況になる。また、三木城主の別所長治との戦いも始まったばかりでもあり、その後の苦戦が憂慮された。端的に理由を言うならば、村重の謀反は畿内から中国方面の勢力図を大きく塗り替える可能性があったということになる。

村重の心が揺るぎないことを知った信長は、同年十一月三日に上洛して朝廷に大坂本願寺との和睦の仲介を申し入れた（『晴豊記』）。ところが、大坂本願寺は単独での和睦を拒否し、綸旨を毛利輝元に下すように回答した。仮に和睦を結ぶならば、大坂本願寺は毛利氏の意向を踏まえなくてはならなかったのである。このように、信長はきわどい交渉を続けていたが、突如として毛利氏への勅使派遣を取り消した。その理由は、これまでの状況が変わったからである。

理由の一つは、高槻城主の高山右近、茨木城主の中川清秀が信長に帰順したからである。もう一つの理由は、同年十一月六日の木津川沖海戦において、織田方が大坂本願寺、毛利氏を撃破したからだった。信長は戦いを有利に進めたので、いまさら村重と講和を結ぶ必要はないと考え直した。それまでの信長は非常に焦っていたが、逆に村重の討伐を固く誓ったのである。

有岡城の落城

天正六年（一五七八）十一月中旬頃から、村重が籠もる有岡城への攻撃が激しくなった。総大将を務めた織田信忠《のぶただ》の攻撃は長期間に及び、村重ら城兵の籠城は十カ月に及んだ。翌天正七年（一五七九）九月、密かに村重は有岡城を脱出して尼崎城（尼崎市）に逃れた。一説によると、村重は逃亡したのではなく、大坂本願寺との連携を模索して、大阪湾に近い尼崎城に移ったにすぎないという。

有岡城は同年十一月に落城し、村重の妻子ら三十余人が信長に捕らえられた。村重は降伏するように説得されるが、ついに受け入れることがなかった。激怒した信長は、京都で村重の妻子三十六人を斬殺し、家臣およびその妻女六百人余を磔刑、火刑という極刑に処し、見せしめとしたのである。

その後の状況を確認しておこう。村重は尼崎城を離れ、花隈《はなくま》城（神戸市中央区）へ逃亡した。妻子が悲惨な目に遭いながらも、しぶとく抵抗し続けたのである。天正八年（一五八〇）七月に花隈城が落城すると、村重は毛利氏のもとに逃げ込んだ。天正十年（一五八二）六月の本能寺の変後、村重は堺で千利休から茶を学んだ。のちに村重

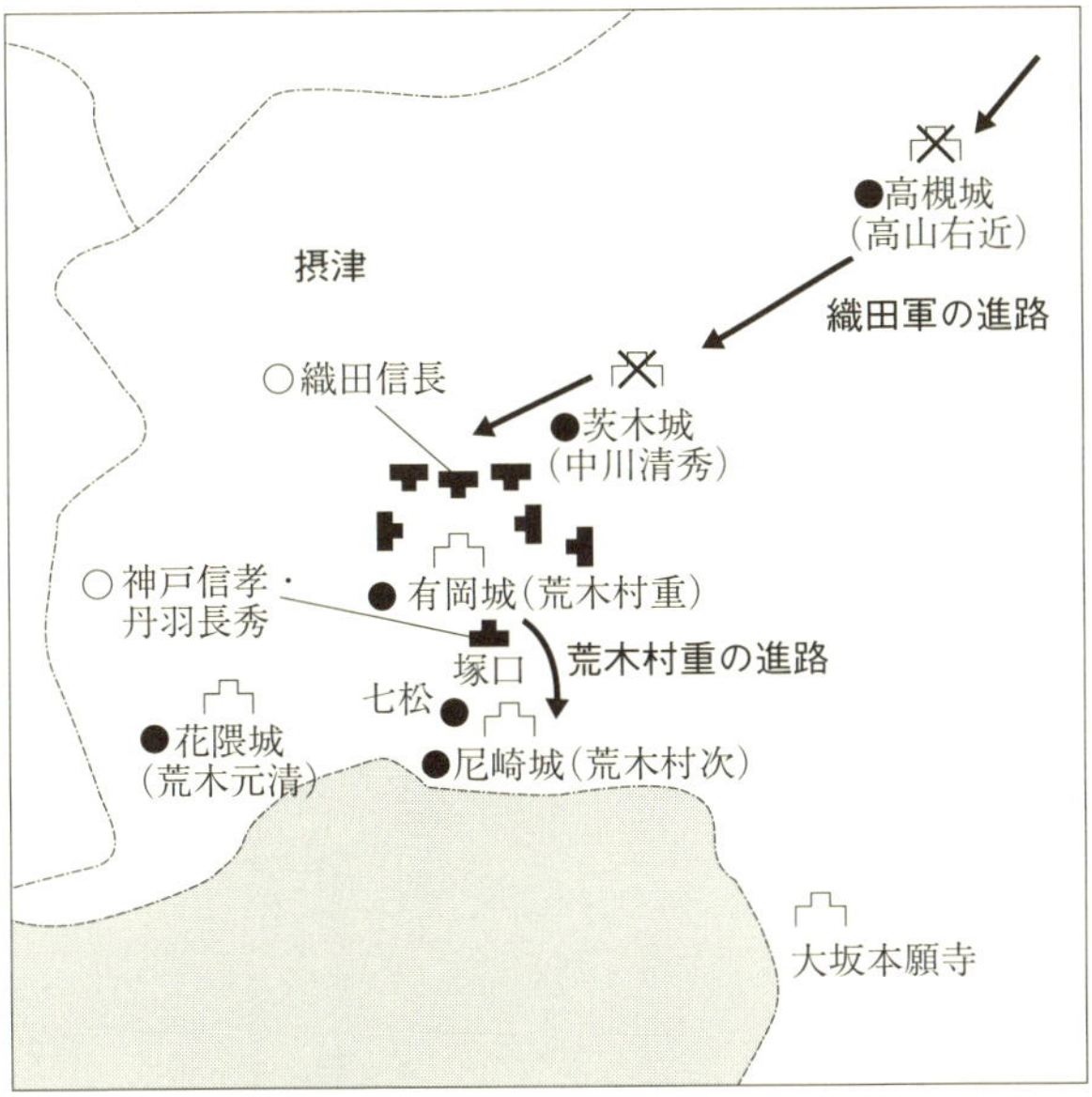

図3－5　有岡城の戦い（渡邊大門編著『地理と地形で読み解く 戦国の城攻め』に加筆）

図3－6　有岡城（伊丹城）跡主郭部（伊丹市伊丹）（伊丹市提供）

は茶の宗匠として、秀吉に起用されるという皮肉な運命を辿ったのである。村重が亡くなったのは、天正十四年（一五八六）のことだった。

村重が信長に叛旗を翻した背景には、総合的に情勢を検討した結果に導かれた、合理的な判断が根底にあったといえよう。少なくとも信長は村重を貴重な戦力と考えており、それなりの処遇をしてきた。謀反をしないなら村重を許すという判断は、そうした考えの表れであり、ある意味で興味深いものがある。このようにみると、彼らの行動原理には緻密な情勢分析に基づく合理的判断があったと考えられ、後世に伝わるような俗説には注意を要しなくてはならない。

4　別所氏と三木合戦

三木合戦が始まった理由

秀吉が中国計略を進めるうえで、最も頼りにした武将が三木城主の別所長治《ながはる》である。別所氏は播磨国守護赤松氏の流れを汲む名族といわれ、三木城に本拠を置いていた。一五世紀後半、則治が赤松氏のもとで東播磨八郡守護代を務め、以来播磨では一目置かれる存在となった。天文初年以降に活躍したのが、長治の祖父・村治《むらはる》である。村治は一貫として、当時、播磨国守護を務めた赤松晴政を支えた。

天文七年（一五三八）に出雲国の尼子晴久が播磨国に侵攻した際、播磨の有力な諸勢力は晴政のもとを離れた。晴政は村治を頼りにしていたが、やがて疑心暗鬼を抱き、身を寄せていた三木城をあとにする。以降、村治は自立的な様相を強め、三木城を拠点として、周辺地域を支配領域とする地域権力へと変貌を遂げた。永禄六年（一五六三）に村治が没すると、跡を継承したのが安治《やすはる》である。残念なことに、安治に関する史料は乏しく、その動向ははっきりとしないことが多い。

安治の没年は元亀元年（一五七〇）と推測されるが、その跡を継いだのが長治である。当時、長治はまだ十二・三歳の少年にすぎなかった。そうした事情から、長治を支えたのが二人の叔父の吉親《よしちか》（賀相《よしすけ》、以下「賀相」で統一）

と重棟《しげむね》（重宗）である。混乱する畿内や西国の状況を受け、別所氏も諸勢力の動向を意識せざるを得なかった。先述の通り、永禄十一年以降、長治や多くの播磨衆が頼りにしたのが信長である。少なくとも翌永禄十二年以降、別所氏は信長に従っていた（「今井宗久書札留」）。

天正三年（一五七五）以降、長治は上洛して信長との面会をほぼ毎年のように行っていた（『信長公記』）。天正四年には、信長に太刀などを贈り、そのお礼の書状を受け取っている（「秦文書」）。一説によると、長治の「長」字は、信長から偏諱を授与されたといわれている。

別所長治が離反した理由

別所氏が信長を裏切った理由は、古くから多くの説が提示されてきた。その多くは『別所長治記』などの軍記物語に拠るものが多い。たとえば、「加古川評定」で別所氏の家臣が提案した作戦が秀吉に受け入れられず、険悪な関係になったという説がある（『播州三木別所記』など）。秀吉は別所氏をたんなる先鋒としてしか見ていなかった。播磨の地理に明るい別所氏にとって、作戦が秀吉に受け入れられなかったのは、大いに屈辱的だったということになろう。

別所氏は赤松氏出身という名門意識が強く、出自の卑しい秀吉の麾下に入ることを快く思わなかったという説もある。その際、長治の叔父の賀相が秀吉への謀反を進言したという説も興味深い。三木合戦に関する軍記物語は、別所氏よりの在地性の濃いもの（『別所記』など）、秀吉の御伽衆《おとぎしゅう》・大村由己《おおむらゆうこ》の手になるもの（『播州御征伐之事』など）の二系統に分かれている。前者は裏切り者の重棟に辛口で、逆に後者は長治に挙兵を促したとされる賀相の評価が手厳しいといえる。

こうした説は誠に興味深いが、基本的に俗説として退けるべきであり、改めて一次史料から洗い出すべきであろう。天正五年（一五七七）十二月、秀吉は別所重棟（長治の伯父）の娘と黒田官兵衛の子・長政《ながまさ》との縁談を勧めている（「黒田家文書」）。秀吉には実子がいなかったので、別所氏と配下の黒田氏との縁談を通じて関係強化を図ったのであろう。ただ、実際に両者の縁談がまとまったのかは不明である。近年になって発見された史料によると、秀吉と別所氏との間にトラブルがあったことが判明した。その点については、今後の研究の進展を待ちたい。

三木合戦が始まると、重棟は長治のもとを去り、秀吉に味方している。その間の事情は詳らかではないが、別所氏家中において織田方に与するべきか、毛利方に与するべきか家中を二分した可能性がある。仮に、この推測が正しいとするならば、この段階で秀吉は別所氏内部での家中の混乱を見抜き、先述した黒田家との婚姻を通して重棟を味方に引き入れたと推測されよう。

当時、秀吉が有利に戦いを進めていたとはいえ、毛利、足利、本願寺の諸勢力は粘り強く抗戦し、予断を許さない状況にあった。別所氏は信長に従属しつつも、絶えず毛利氏らの動向に注意を払いつつ、情勢判断を行っていたのである。

毛利方に与した別所氏

以下、一次史料に即して、別所氏が毛利方に与した事情を検討してみよう。天正六年（一五七八）三月八日、本願寺は別所氏をはじめ、高砂の梶原氏、明石の明石氏以下、播磨国内の有力な国衆が信長のもとから離反したことを把握している（「鷺森別院文書」）。別所氏は単独の判断ではなく、周辺の有力な領主とも十分に情報交換を行い、意思決定を行っていた。

その事実を裏付けるかのごとく、同年三月十一日付の顕如の書状には、秀吉は播磨に着陣したものの、播磨衆がことごとく心変わりしたので難儀していると書かれている（『顕如上人文案』）。おそらく、これ以前から毛利方は播磨衆を寝返らせるため、積極的に調略戦を行っていたと考えられる。同年三月、足利義昭は離反工作が成功し、別所氏ら播磨衆が味方になったことを喜んでいた（「吉川家文書」）。史料中に「三木（別所長治）以下」と見えており、別所氏が播磨国内の勢力の代表格と捉えられていたことが分かる。

『信長公記』天正六年二月二十三日条以下には、秀吉の軍勢が加古川の糟屋《かすや》氏の居城を借りて進駐したこと、秀吉は書写山に城を築いて陣を置いたと記されている。その間、別所氏は「存分《ぞんぶん》」を申し立て、三木城に籠もったとあるだけで、反旗を翻した具体的な理由などは何も書かれていない。

天正六年三月の信長の書状にも長治が秀吉に「存分」を言い、敵つまり毛利氏に同意したとあるが、「存分」の中身は不明である。「存分」には、「考え」「恨み」などの意味があるが、長治は秀吉に対してなんらかの不信感を抱いたのであり、それゆえ毛利方の誘いに応じたと考えられる。参考までに言うと、天正四年一月に信長に反旗を翻した八上城主・波多野秀治の娘は、長治の妻であったといわれている。秀治は天正七年六月に処刑されたが、こうした血縁関係も寝返りの理由として考慮する必要があるだろう。

このように、別所氏の信長離反劇については、(1)別所氏が当時の情勢を冷静に判断した結果であること、(2)長治が秀吉に対してなんらかの不信感を抱いたこと、(3)義昭による熱心な離反工作があったこと、が大きな要因であった。別所氏は、毛利方が有利であると意思決定をしたのである。

相次ぐ信長からの離反

別所氏が叛旗を翻すと、秀吉はたちまち苦境に陥った。天正六年（一五七八）には、先述の通り毛利氏の勢力が上月城に攻め込んできた。上月城内には、尼子氏残党の出雲、伯耆、因幡などの牢人衆しかおらず、やがて兵糧に事欠く状況に陥った。

秀吉の軍勢は播磨国に在陣していたが、上月城に兵力を割く余裕はなかった。同年六月、信長は秀吉に上月城から撤退するように命じ、神吉・志方（加古川市）方面から三木城を攻撃するよう指示した。見殺しにされた上月城は、翌七月に落城した。こうして尼子氏は滅亡したのである。同時に、毛利氏は荒木村重への調略を開始し、味方に引き入れようとした。村重は十月に毛利方に寝返って、信長を驚かせた。

三木城をめぐる攻防は注目されるが、開戦当初は付近の諸城でも戦いが行われた。天正六年四月、毛利氏は海路から加古郡別府《べふ》（加古川市）から侵入を試みようとし、阿閉城《あえ》（播磨町）で別所重棟と戦った。秀吉は黒田官兵衛の軍勢を重棟のもとに遣わし、これを撃退した。ほぼ同じ頃、野口城主の長井氏は秀吉軍と交戦したが、やがて降伏した。長井氏は秀吉に許されて、その麾下に入ったという。同年七月には神吉城主の神吉氏が、同じく志方城主の櫛橋氏が、それぞれ秀吉に降参した。

現在の加古川市付近の城を次々と落とされたので、別所氏は苦しい立場に追い込まれた。加古川付近は海上から三木へ通じるルートであり、毛利方の援軍はもとより兵糧搬入も期待されたが、もはや期待できなくなった。海上から三木への経路を断たれた毛利氏は、ただ指をくわえて見るしかなかったのである。同年七月、秀吉は三木城を

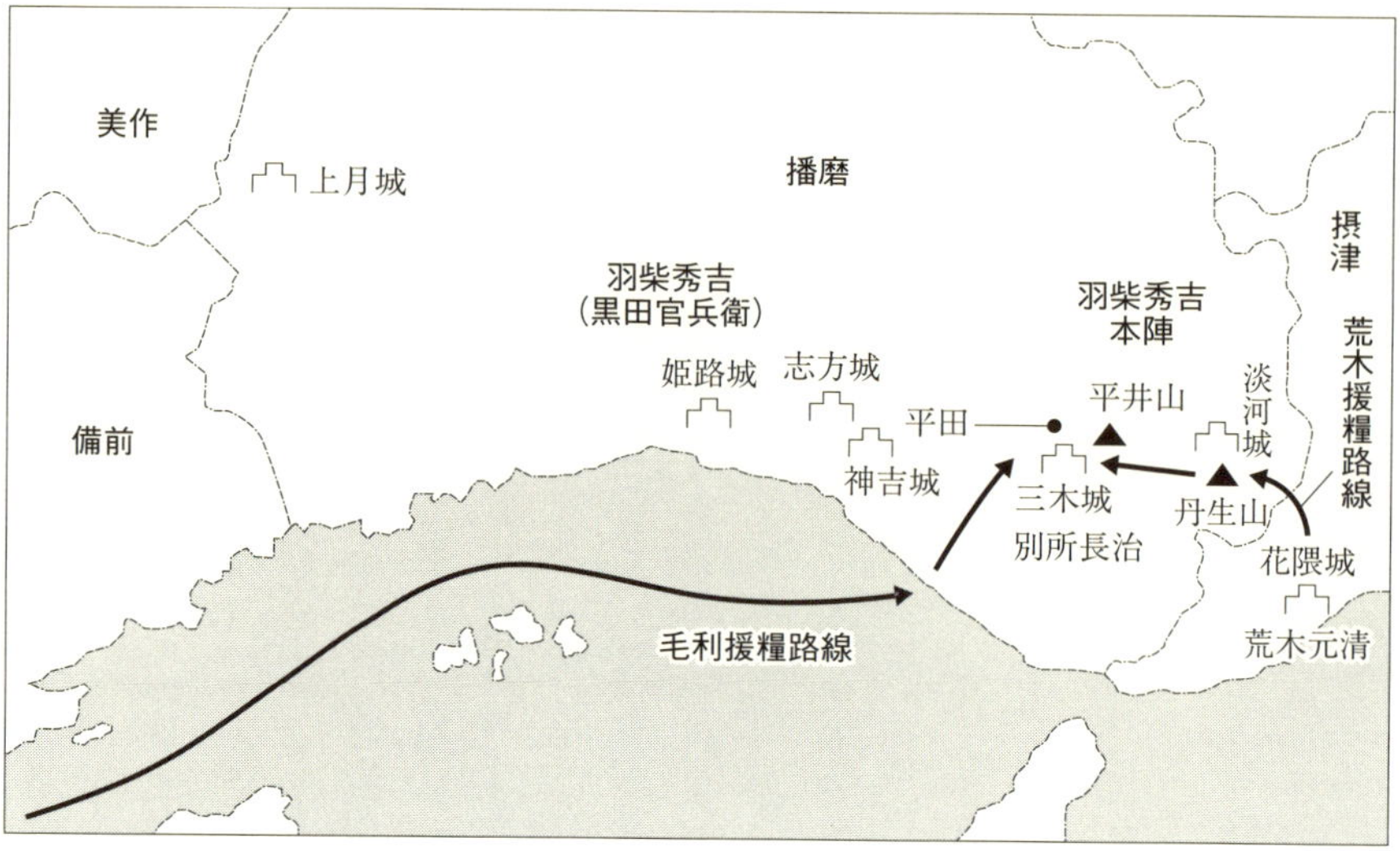

図３－７　三木城の戦い（渡邊大門編著『地理と地形で読み解く　戦国の城攻め』に加筆）

見下ろす平井《ひらい》山に城を築くと、一斉に付城を構築し始めた。その数はとても尋常なものではなく、付城を築いた攻城戦の先駆けといわれている。

当初、付城は二・三カ所といわれ、三木城の向かいに築城された。しかし、実際にはそれだけでなく、距離の離れた加古口にも築かれ、海上からの毛利氏の動きを意識していたことが分かる。それは、兵糧搬入ルートの遮断を意味していた。その後、さらに摂津方面の道場河原《どうじょうがわら》、三本松《さんぼんまつ》（以上、神戸市）にも付城が築かれた。付城の構築は、これから始まる籠城戦を強く意識したものであった。

天正八年（一五八〇）になると、付城の数は五・六十にもなったという（『信長公記』）。こうした秀吉の付城による包囲網は、じわじわと別所陣営を追い詰めたのである。

三木城を見殺しにした毛利氏

秀吉により付城の包囲網を築かれた別所氏にとって、大きな問題はいかにして兵糧を三木城に搬入するかであった。村重が裏切った直後、有岡城から花隈城、丹生山《たんじょうさん》、淡河《おうご》というルートで兵糧が搬入されていたと考えられる。ところが、秀吉は淡河に砦を築き、兵糧の運搬を阻止したうえに、天正七年（一五七九）十一月に有岡城も落城してしまった。

長治は毛利氏に対して、早急な兵糧搬入を要請した。同年六月、毛利氏は鵜飼元辰《うかいもととき》と児玉景英《こだまかげひで》の派遣を決定した。鵜飼氏らは魚住《うおずみ》（明石市）に着岸し、三木城へ兵糧を運ぼうと考えたが、この動きに感づいた秀吉は、三木から魚住のルートを遮断するため付城を築いたのである。

三木城付近に築かれた付城には、番屋、堀、柵、乱杭《らんぐい》、逆茂木を設け、表には荊《いばら》を引き、深い堀が設置された。『播州御征伐之事』には、獣や鳥も逃れ難いほどであったと書かれている。兵糧を搬入する小規模な合戦は何度か行われたと考えられるが、大きな戦いとしては、次に取り上げる大村《おおむら》合戦が有名である。

同年九月十日、芸州（毛利氏）、雑賀、播磨の衆が三木城に兵糧を搬入すべく、行動を起こした。播磨の衆は、御着（小寺氏）、曾禰、衣笠の諸氏であった。この援軍に別所方の勢力も加わった。毛利方の軍勢は美嚢《みのう》川を北に迂回し、大村の付城を守備する谷衛好《たにもりよし》を襲撃した。この戦いによって衛好は討ち死にしたが、毛利方と織田方とでは評価がまったく異なった点に注意すべきだろう。

織田方の記録である『信長公記』では、別所甚太夫らの主だった武将七名に加え、名も無き雑兵を数十人も討ち取ったという。秀吉自身も、四〇八の首を討ち取ったと記している（「福岡市立博物館所蔵文書」）。『播州御征伐之事』では、別所側の死者が五・六〇〇名、毛利方などの軍勢が七・八〇〇名としている。織田方の史料では、大勝利と認識されていたのである。

しかし、毛利方の史料では、九月九日に兵糧を無事に三木城に搬入したと記録している（『萩藩閥閲録』）。それどころか敵の付城を打ち破り、敵を数百人討ち取ったという。尼崎に逃れた荒木村重も、三木城で毛利方が勝利したとの情報を得ている（「乃美文書」）。いずれが正しいか判断がつきかねるが、毛利氏がわずかばかりの兵糧を何とか三木城に搬入したというのが事実ではないだろうか。

大村合戦で、別所氏は一族の有力者である別所甚太夫を失うなど、大きな打撃を受けた。そして、この合戦を最後にして、毛利氏が三木城に兵糧を搬入することはなく、別所氏を見殺しにしたのである。同年十一月、秀吉の家臣仙石秀久《せんごくひでひさ》は道場河原の住人に対して還住《かんじゅう》を許可し、後日、改めて秀吉も地下人、百姓の還住を促した。その一カ月後、秀吉は浄土寺（小野市）に逃散《ちょうさん》した百姓を召し返し、耕作に専念させるよう命じた。このように、拡大した戦線は三木城周辺に縮小したのである。

三木城への凄絶な兵糧攻め

天正七年（一五七九）十月、信長は別所氏と荒木氏の赦免を明確に否定した（「淡輪文書」）。ただし、宇喜多直家については、降参を許すことにした。信長の方針が決定すると、秀吉は南の八幡山、西の平田、北の長屋、東の大塚に付城を築き、三木城を本格的に包囲した。この間、秀吉は別所氏を許して城を受け取り、命を助けるべきか、あるいは干し殺しとするべきか逡巡している様子がうかがえる。降参を認める場合は、御着城の小寺氏と志方城の櫛橋氏の降参が条件だったが（「黒田家文書」）、結局は干し殺しが実行された。

三木城付近に築かれた付城は、実に堅固なものだった。二重にした塀には石を投げ入れて補強し、重ねて柵を設けた。川面には簗杭《やなぐい》を打ち込んで籠を伏せて置き、橋の上には見張りを置いた。それだけではない。城戸《きど》を設けた辻々には、秀吉の近習が交代で見張りをした。また、付城の守将が発行する通行手形がなければ、いっさい通過を認めないという徹底ぶりだった。夜は篝火《かがりび》を煌々と焚き、まるで昼間のようであったと伝わっている。もし油断する者があれば、上下を問わず処罰し、重い場合は磔という決まりがあった。

蟻の入り込む隙間のないほどの厳重な完全封鎖であり、三木城には一粒の米も入らなかった。兵糧がなければ士気が上がらないのは当然であり、将兵の戦う気力さえも失われた。月日の進行とともに、三木城内では惨劇が見られるようになった。三木城内の兵糧が底を尽くと、餓死者が数千人に及んだという。はじめは糠《ぬか》や飼葉《かいば》（馬の餌）を食していたが、それが尽きると牛、馬、鶏、犬を食べるようになった（『播州御征伐之事』）。あまりの飢えのために、当時あまり口にされなかった肉食類にも手が及んだのである。

それだけで飢えを凌げなくなると、ついには人を刺し殺し、その肉を食らったと伝わっている。その空腹感は、想像を絶するものがあった。その事実は「本朝（日本）では前代未聞のこと」と記録されており、城内の厳しい兵糧事情を端的に物語っている。『別所記』には、最初は雀を取って口にし、のちに鼠や軍馬を食べようとしたが、それは叶わなかったという。『別所軍記』には、他に犬、鶏、雉《きじ》をも食べたと書かれている。とにかく口に入るものは何でも食べたので、その凄まじい光景は後世まで語り継がれた。

三木城の落城

天正八年（一五八〇）一月六日以降、戦局は一気に動いた。かねて秀吉は、三木城から煙が出ないので不審に思っていた。煙が出ないということは食事を作っておらず、兵が衰弱していると考え、一気に三木城を攻め落とそうとしたのである。三木城から六〇メートルほど離れた宮山の構が秀吉軍に乗っ取られたので、守備していた別所彦進は三木城本丸へと逃れたが、十一日には南の構が落とされた。

秀吉軍の勢いは止まらず、別所友之《ともゆき》の鷹尾山城と別所賀相の新城を攻略し、鷹尾山城には秀吉が、新城には弟の秀長《ひでなが》がそれぞれ入城した（「反町文書」など）。秀吉方に与していた別所重棟は秀吉の了承を得て、三木城内の長治、賀相、友之に切腹を促し、引き換えに城兵を助命すると伝えた。結果、長治はこの条件を受け入れ、三木城を開城したのである。

別所一族の切腹の現場は、凄惨なものだった。長治は三歳の子を膝の上で刺し殺し、女房も自らの手で殺害した。彦進も同様に妻子を殺害した。その後、長治は改めて城兵の助命を秀吉に願うと、腹を掻き切ったという。介錯は家臣の三宅治職《はるもと》が務めた。長治の腹は十文字に引き裂かれ、内臓が露出していたと伝わっている。彦進以下、その女房、賀相の女房らも自ら命を断った。

しかし、賀相は切腹を了承したにもかかわらず、切腹をせずに城に火をかけようと主張した。賀相が切腹の約束を覆そうとしたので、将兵は賀相が蔵に逃げ込んだところを討ち取ったという説がある（『播州御征伐之事』）。『播州御征伐之事』の記述では、賀相が最後まで見苦しい抵抗をし、悲惨な最期を遂げたことになっているのだ。

現在、賀相が亡くなった経緯に対しては疑義が提示されている。たとえば、賀相は将兵に討たれたことになっているが、それは長治をそそのかした「佞人《ねいじん》」にふさわしい最期として創作されたという。『播州御征伐之事』は、秀吉の配下の大村由己の作である。秀吉に逆らった者は、不名誉な描き方をされた可能性が高い。『書写山十地坊過去帳』の記述では、賀相の死因が自害となっており、こちらが正しいと考えられている。

城兵は本当に皆殺しにされなかったのか

近年、三木城の城兵が助けられたという説にも疑問が提出されている。天正八年（一五八〇）一月の宇喜多直家の書状には、残った三木城兵は一カ所に集められ、ことごとく殺害されたと書かれている（「沼元文書」）。また、同年四月の本願寺顕如の書状には、信長との和平を検討するなかで、このままでは有岡や三木と同じような状況（皆殺しの意）になってしまうと記されている。同じく同年六月の秀吉書状にも、悉く三木城の人々の首を刎ねたと記されている（『紀伊続風土記』所収文書）。

これらの史料を読むと、三木城の城兵は助かることなく、秀吉によって撫で斬りにされたことが分かる。ただ、直家と顕如の書状は伝聞体であり、皆殺しの規模が三木城兵のすべてであったのか、あるいは抵抗する一部の城兵だけだったのか、また別所氏の重臣層に限られたのか検討の余地はあろう。三木城の城兵が皆殺しにされたという説に関しては、その後の秀吉による三木支配から否定する向きもある。

秀吉が城兵を助けたというのは、戦後処理を円滑に進めるための美談にすぎなかった可能性が高いという指摘がある。秀吉は三木だけに限らず、戦後は百姓の還住と町や村の復興を支援するなどしていた。『播州御征伐之事』の末尾では、戦後における秀吉の偉業を讃えている。それは、秀吉の慈悲深さというよりも、その後の支配に支障を来さないという現実的な問題があったに違いない。

三木合戦が終わると、秀吉は制札《せいさつ》を掲げ、三木の復興に尽力した。内容は、三木城落城前の借銭、借米、未進年貢の免除や先例通りの地子銭を免除するという政策である。同時に逃げ出した百姓の還住を勧め、荒地の年貢の一部を免除するというものであった（「三木町文書」）。こうして三木は、復興への道を歩んだのである。

5　秀吉による播磨・但馬・淡路平定

長水城の攻略へ

天正八年（一五八〇）一月、三木城を落城に追い込んだ秀吉は、続けて播磨西部の長水城《ちょうずい》（宍粟市）の攻略に着手した。籠もっていたのは、宇野政頼《まさより》・祐清《すけきよ》父子であった。三木合戦後、毛利方は守勢に回っていた。播磨国内の東半分は秀吉によって制圧され、播磨西部の国衆たちも浮足立っていた。秀吉は黒田孝高から姫路城を借り受けて本拠としていたが、一方の毛利氏はその近くの英賀《あが》（姫路市）に陣を置き、対抗しようとしていた。その理由は、いかなるところにあったのか。

英賀は播磨灘に面しており、海上交通の要衝地であった。ここから多くの物資が搬入されたため、商業も盛んであり、豪商たちの活動も活発であった。こうした利点があったため、南北朝・室町期には守護代所が置かれたほどである。毛利氏は水軍を配下に収めていたので、攻略しやすかったのかもしれない。いずれにしても、英賀は西播磨つまり長水城への侵攻ルートとして重要な地点であった。

理由はそれだけではなかった。英賀は古くから一向宗の門徒が数多く居住しており、関係する寺院も点在していた。周知の通り、足利義昭を推戴した毛利輝元は、大坂本願寺と結託して、「信長包囲網」を構築していた。つまり、毛利氏らは英賀を押さえることによって、一向宗の門徒の力を借りようとしたのである。

ところが、大坂本願寺は、信長からの攻勢により弱体化していた。くわえて、頼りにしていた反信長の諸大名――波多野秀治、荒木村重、別所長治――らは、次々と信長の軍門に降り、厳しい状況に追い込まれていた。そして、同年閏三月頃には、正親町天皇の仲介によって、大坂本願寺と信長は和睦した。これにより毛利氏の立場は、ますます苦境に追い込まれることになった。

上月城の戦い、三木城の戦い前後における宇野氏の政治的な動向は、ほとんど分かっていない。ただ、天正六年（一五七八）四月段階では、秀吉方に与して戦っていた可能性が高いとされている（「山崎家文書」）。どこかのタイミングで、宇野氏は毛利方に転じたのであろうが、その時期や理由は不明である。

宇野氏は毛利方へ転じたものの、あまり期待されていなかったようである。天正八年に推定される閏三月晦日付の小早川隆景書状（『萩藩閥閲録』）によると、まず英賀の普請について疑問を呈したうえで、「播州衆は役に立たないので、秀吉に追い立てられ逃げ込んで来るであろう」と述べている。毛利方からすれば、これまで播磨勢は秀吉に連戦連敗だったので、ほとんど宇野氏に期待していなかったようである。

長水城の宇野氏家中も動揺していたようである。秀吉は播磨の国衆である田路《とうじ》氏と安積《あずみ》氏に書状を送り、忠節に対してお礼を申し述べるとともに、もし長水城から逃亡する者があれば、捕縛するよう要請していた（「安積文書」）。

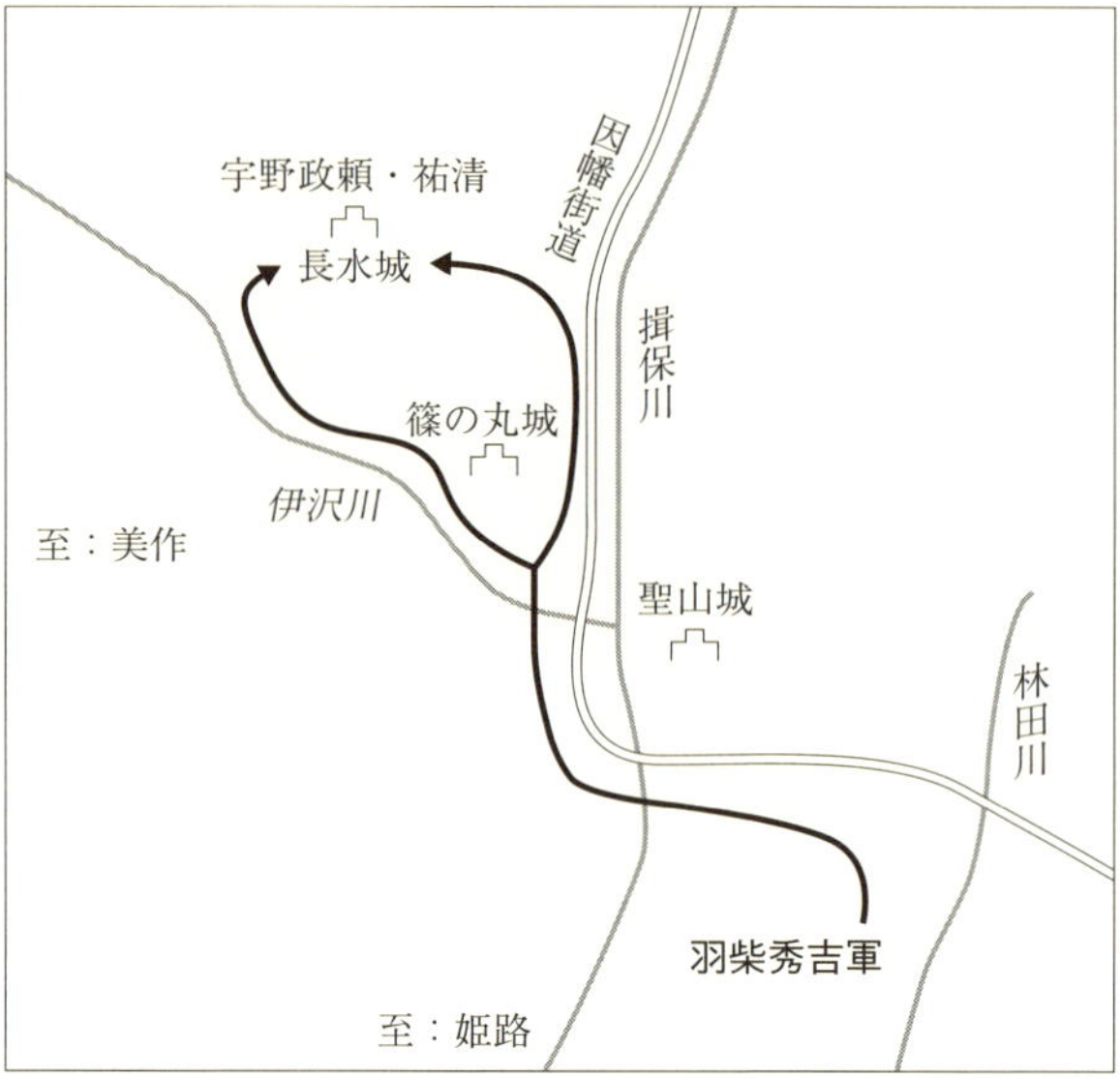

図3－8　長水城の戦い（渡邊大門編著『地理と地形で読み解く　戦国の城攻め』に加筆）

秀吉は、竹田城（朝来市）の羽柴秀長（秀吉の弟）とも連携していたようである。竹田城は但馬と播磨の国境付近に位置しており、姫路城の秀吉とは但馬街道で通じていた。

同じ書状の追伸部分を確認すると、長水城の様子はすでに混乱状態にあったことが確認できる。おそらく宇野氏の配下の者は、勝ち目がないと悲観的になっていたのだろう。そのような状況なので、秀吉は田路氏に対して、調略により長水城の者を味方に引き入れるよう要請し、さらに混乱を助長させようとしたのである。同年四月、秀吉は英賀を攻略し、ことごとく討ち果たしたので、海上ルートを通した宇野氏への毛利方の援軍は、まったく期待できなくなった。

長水城の落城と戦後処理

長水城が落城したのは、あっという間であった。その様子は、『信長公記』と天正八年六月十九日付の秀吉の書状に記されている（『紀伊続風土記』所収文書）。『信長公記』によると、天正八年四月二十四日に秀吉が宇野政頼と伯父が立て籠もる構に攻め込み、二五〇もの城兵を討ち取ったという。

その後、宇野下野守なる人物の城にも攻撃を仕掛け、見事に打ち破り、多くの城兵を切り捨てたと伝わっている。続いて宇野祐清が籠もる長水城を攻めたが、その手順は最初に山の麓を焼き払うと、次に三つの砦を構築した。後者は付城と称するもので、攻城戦では攻撃対象となる城の周囲に築かれた。その後、祐清がどのような運命を辿ったのかについては、『信長公記』に詳しく記されていない。

一方の秀吉の書状には、その経緯が最後まで記されている。最初に秀吉は英賀を占拠し、四月二十六日に宇野政頼と伯父が立て籠もる構を攻め落とすと、政頼は後背の山へ逃げ込んだ。祐清は、山城すなわち長水城へ籠もったのである。秀吉の軍勢は、長水山の八分目まで攻め上り、残らず小屋を焼き尽くすと、周囲には砦を築き、最後の戦いに臨むことになった。ここまで秀吉は攻城戦に火を用いているが、山城は水源から遠いため消火が困難だったので効果的な作戦といえよう。

同年五月九日、秀吉は長水城に攻撃を仕掛け、翌十日には落城に追い込んだ。祐清以下、親兄弟から被官に至るまで、悉く首を刎ねたと書かれている。なお、『信長公記』には、同年六月五日に祐清が逃亡したため、荒木重堅と蜂須賀《はちすか》正勝《まさかつ》の二人が追い掛けて討ち取ったと記す。ただし、それでは籠城期間があまりに長くなるので、落城した日は五月十日の方が正しいようである。こうして長水城の戦いは終わったのである。

戦いの終結後、田恵村（宍粟市山崎町田井もしくは同町宇野字構の両説あり）に秀吉の禁制が掲げられた。これは、秀吉の軍勢が乱暴狼藉を働くことを禁止したもので、田畠を荒らさないこと、百姓に対する不法行為の禁止を定めている。戦争が終わって、復興が宣言されたといえよう。しかし、秀吉の戦いは、これで終わらなかった。秀吉は田路氏と安積氏に対して、人夫を動員して兵糧を千種《ちくさ》（宍粟市）に運ぶよう命じた。その後、秀吉は因幡の鳥取城（鳥取市）攻略を開始するが、長水城の攻撃はその布石にすぎなかった。

但馬の情勢

天正五年（一五七七）十一月、羽柴秀吉は毛利氏に与する但馬の勢力を討つため、但馬の岩洲城（朝来市）を攻撃した。その後、近くの竹田城に攻め込むと、城を守備していた太田垣氏を放逐し、城主に弟の秀長を据えた。こうして但馬支配は、秀長に任されたのである。このとき、小代谷《おじろだに》（香美町）では、土豪らが決起して、秀吉の軍勢に抵抗したといわれている（小代一揆）。

翌年一月、山名氏政《うじまさ》は織田信長に黄金十両を贈り、信長が但馬に出陣する際は忠節を尽くすことを申し出た。しかし、毛利氏が織田方の上月城（佐用町）の奪還に成功し、三木城の別所長治が信長を裏切り、毛利方に与したので情勢は一変した。秀吉は但馬の動向をうかがうため、同年六月に但馬へ赴き、秀長に監視を怠らないように申し付けた。但馬衆の謀反を警戒していたのである。

毛利氏が上月城の奪還に成功すると、但馬の垣屋豊続《とよつぐ》と八木《やぎ》豊信《とよのぶ》は丹波の赤井氏らと連絡を取り合い、吉川元春に但馬への出兵を要請した。ところが、毛利方は但馬出陣に消極的で、まず播磨を制圧すべきという家臣らの意見が過半を占めた。播磨を織田方から奪うことができれば、自然に但馬や丹波も制圧できると考えたのだが、但馬衆にとっては、それでは遅かったのである。

豊続は元春のもとを訪れると、但馬への出兵を直訴した。豊続の言い分としては、これまで毛利氏に味方してきたが、まったく但馬への出陣の気配がないので困っていたという。但馬衆は長年にわたる秀吉との戦いで疲弊しているので、もし但馬へ出兵してくれるならば、先駆けを務めて忠義を尽くすと、切々と苦境を訴えたのである。

豊続の申し出を聞いた元春は、但馬出兵が遅れるとまずいと考え、天正七年（一五七九）七月に出陣を決意した。但馬出兵に際しては、小早川隆景の了承を得た。

秀吉の但馬平定

元春の情勢分析や作戦は、おおむね以下の通りになろう。当時の但馬は、豊続が海岸部の支配を行っていた。竹野（豊岡市）から諸寄（新温泉町）付近までは、五・六カ所の要害を築き、船手《ふなて》を動員して守備を固めた。これにより、丹後から因幡・伯耆・出雲・石見への航路を断ったのである。一方で、問題となるのは但馬の内陸部であり、特に八木（養父市）と竹田（朝来市）の両城の確保は必須だった。

すでに太田垣氏からの人質は徴集していたので、八木氏にも人質供出を求めることになった。こうして、毛利氏は伯耆・因幡を通過して、但馬へ侵攻することにした。侵攻後、八木・但馬の両城を確保し、そのまま豊続の軍勢と合流したうえで、織田氏に与していた田結庄《たいのしょう》氏らとの戦いに臨む作戦だった。また、因幡の山名豊国《とよくに》に不穏な動きがあったので、元春は人質供出を求め、端城《はじろ》（出城）に番衆を入れて監視の目を光らせた。もし、豊国が人質供出を拒否した場合は、攻める計画も進めていたのである。

周到に計画したにもかかわらず、作戦は元春の目論見通りに進まなかった。天正七年（一五七九）に元春の軍勢が但馬に侵攻すると、丹波にまで威勢が及んだ。しかし、元春勢の戦線が伸び切ってしまい、同年九月には伯耆の南条《なんじょう》元続《もとつぐ》が織田方に転じた宇喜多直家と与同して、背後から元春勢を脅かしたのである。予想外の事態に、元春は但馬駐屯を断念せざるを得なくなった。すでに同年八月の段階で、丹後・丹波は明智光秀が支配下に収めており、因幡では山名豊国が不穏な動きを見せていた。

毛利氏は山陰方面から但馬へ、山陽方面から播磨へと二つのルートから織田勢と対峙していたが、この両面作戦は失敗に終わる可能性が高くなった。そこで、侵攻ルートを播磨に絞ることにし、但馬からの撤退を決意したのである。その結果、但馬の毛利与党の勢力は、攻め込んできた織田勢に屈したのである。

毛利氏が但馬を見捨てたことによって、情勢は一変した。天正八年（一五八〇）五月、秀吉は長水城（宍粟市）を落とすと、そのまま因幡に攻め込もうとしたが、その背後を突かれることを警戒し、まずは但馬を制圧しようとしたのである。秀吉は秀長に但馬攻略を命じると、秀長は宮部《みやべ》継潤《けいじゅん》らとともに但馬へ侵攻した。秀長はたちまち但馬に攻め込むと、すぐさま山名氏政が籠もる出石城《いずし》（豊岡市）を落とした。氏政は因幡に逃亡したが、父の祐豊は落城から五日後に亡くなった。こうして、但馬山名氏は滅亡したのである。

毛利氏に与した垣屋豊続は、居城の水生城《みずのお》（豊岡市）に籠もって対抗したが、秀長の軍勢の攻撃に耐えきれず、豊続は自害して果てた。その後、秀長は芦屋城《あしや》（新温泉町）の塩谷氏を因幡へと放逐し、但馬平定を完了した。その間、秀長は但馬衆の八木豊信、垣屋光成《みつなり》を配下に収め、三〇〇〇から四〇〇〇という新たな軍勢を加えると、そのまま因幡に向かったのである。そして、秀吉が因幡を平定したのは、天正九年（一五八一）十月のことだった。

秀吉の淡路平定

次に、秀吉の淡路平定をみてみよう。天正四年（一五七六）五月、毛利氏は鞆（広島県福山市）に将軍の足利義昭を迎えたので、織田信長との関係を断った。同時に大坂本願寺と手を組み、支援することにした。毛利氏は乃美《のみ》宗勝《むねかつ》（小早川隆景の家臣）の水軍のほか、村上水軍を率いていたので、海上から武器や兵糧を大坂本願寺に搬入しようと考えた。瀬戸内海から大阪湾に入るには、中堅地点となる岩屋《いわや》（淡路市）を確保する必要性に迫られたのである。同年六月、毛利氏は岩屋付近を占拠し、菅《かん》平右衛門を降伏に追い込んだ。

こうした動きに対して信長は、洲本（洲本市）の安宅信康《あたぎのぶやす》を味方とし、毛利氏が大坂本願寺に物資を搬入する動きがあれば、追討してほしいと要請した。同じ頃、毛利氏の警固船が百艘ばかり岩屋に到着したとの報告がもたらされたので、信長は荒木村重に対して、佐久間信盛や松井友閑らとともに対応するよう命じた。

同年七月、毛利水軍は雑賀衆と協力し、織田方の水軍を打ち破って、木津川の河口から大坂本願寺に兵糧を搬入した。毛利氏は岩屋を拠点とし、瀬戸内海と大阪湾の制海権を掌握した。こうして毛利氏は海上ルートだけでなく、山陽方面からも進軍し、上洛を目指したのである。そこで、信長は毛利氏の拠点となった岩屋を落とそうと考えた。むろん、毛利氏も信長の動きを察知し、ただちに対応した。

天正五年（一五七七）になると、毛利氏は岩屋に配下の者を遣わし、同時に淡路の国衆らに味方になるよう要請した。降参した菅氏は、その一人である。小早川隆景は船越景直《ふなこしかげなお》に書状を送り、安宅信康らが味方になったことを伝えた。しかし、先述の通り、信康は信長からも味方になるよう声を掛けられていたので、他の淡路の国衆は毛利氏・織田氏のいずれに与するか、苦悩したに違いない。天正四年（一五七六）、信長は木津川口の戦いで毛利氏の率いる水軍に負けたので、水軍の組織に余念がなかったのである。

天正六年（一五七八）、信長は九鬼嘉隆《くきよしたか》らに命じて、七隻もの大型の軍船を建造させた。その船には三門の大砲が備え付けられ、鉄の装甲で覆われていた。船を見た宣教師のオルガンティノは、大いに驚いたという。信長はこの船でもって木津川口に攻め込み、再び毛利水軍に戦いを挑んだ結果、勝利を収めた。大坂本願寺が降参したのは、この二年後のことである。

毛利氏は木津川沖海戦には敗れたが、なお岩屋に影響力を及ぼしていた。毛利勢はいったん岩屋から退去したが、天正九年（一五八一）六月に毛利氏が再び占拠したのである。淡路は海上交通の要衝だったので、信長は淡路を押さえる必要性を痛感していた。同年十月、秀吉は岩屋の与一左衛門に対して、船の往来の自由、諸公事《くじ》の免除などを認めるなどして配下に加えた（「佐伯文書」）。翌月、秀吉は淡路に攻め込み、由良城（洲本市）の安宅貴康を降すと、岩屋城を開城させて淡路の制圧に成功したのである。

❖　❖　❖

播磨・丹波・摂津・淡路には、一国を支配する強大な戦国大名が存在しなかったので、信長は多少は楽観的だったかもしれない。但馬は山名氏が支配していたが、さほど強力ではなかった。しかし、毛利輝元や足利義昭の信長包囲網は強固で、大坂本願寺を巻き込んで信長に戦いを挑んできた。信長は配下の荒木村重だけでなく、別所氏ら播磨の国衆の離反もあって苦戦したが、明智光秀や羽柴秀吉の奮闘により、敵対勢力を次々と滅亡に追い込んだ。

光秀は丹波攻略に時間がかかったように思えるが、実際はそうではない。大坂本願寺などへの転戦を余儀なくされていたので、八上城の攻撃に専念できなかっただけである。一方の秀吉は、別所氏の抵抗が激しく、攻め落とすのにはかなりの年月を要した。しかし、三木城を落とすと、残りの播磨国内の抵抗勢力をあっという間に攻め滅ぼした。こうして播磨は織田政権の支配下に収まり、淡路の制圧にも成功したので、信長は来るべき毛利氏との対決に備えたのである。

第四章　豊臣政権のもとで

天正十年（一五八二）六月の本能寺の変で、織田信長は明智光秀に襲撃され、自害して果てた。その直後、羽柴（豊臣）秀吉が山崎の戦いで光秀に勝利すると、清須会議で主導権を握った。二年後の小牧・長久手の戦いで徳川家康と織田信雄《のぶかつ》を屈服させると、天正十三年（一五八五）に関白に就任した。その後の秀吉は、四国征伐、九州征伐、小田原征伐を敢行し、天下人としての地位を確固たるものにしたのである。

こうした流れの中で、秀吉は次々と独自の政策を播磨などの五カ国で展開した。太閤検地《たいこうけんち》、刀狩《かたながり》などは、その一例であろう。とりわけ播磨国内は戦場となったので、戦後復興のための政策が次々と実行された。ただし、播磨など五カ国は大名の入れ替わりが激しく、必ずしも支配の実態が明らかではない。慶長三年（一五九八）に秀吉が亡くなると、その二年後には関ヶ原合戦が勃発し、東軍を率いた徳川家康が勝利した。戦後、家康は播磨など五カ国において、新たに大名を配置したのである。

1　秀吉による支配

秀吉の諸政策

秀吉は天正八年（一五八〇）五月に播磨の制圧に成功したが、実はそれ以前から次々と諸政策を行っていた。以下、そのいくつかを確認しておこう。

天正七年（一五七九）六月、秀吉は淡河市庭《おうごいちば》（神戸市北区）宛に掟条々を与えた（「歳田神社文書」）。淡河は湯の山街道で三木に至る、交通の要所に位置していた。掟条々は全部で五カ条にわたるもので、市場は毎月五日・十五日・二十五日・晦日に開催すること、また楽市なので商売に際して座役を掛けてはならないことなどを定めた。旅籠銭に関する規定は諸説あるが、いわゆる楽市令として注目されている。

同様の市場に関する掟は、翌年二月に柏尾《かしお》（神河町）にも与えられ、柏尾市場における商売は従前の通りにすると定められた。同じく八月には龍野町（たつの市）の市について、市の開催日をこれまで通りとすること、市を催す際は特定の商人だけを選ばないこと、また諸公事の免除を規定した。こうして秀吉は町の復興に尽力し、商売の振興を強く推し進めたのである。以上の点については、第六章で詳述する。

三木合戦は天正八年一月に終結したが、その前年から制圧した地域において、秀吉は還住令を発していた。天正七年十一月には、道場河原《どうじょうがわら》（神戸市北区）の百姓・町人に宛てて、地下人や町人の還住を求めた（「道場河原町文書」）。同年十二月には、浄土寺《じょうどじ》（小野市）に対して、逃散した百姓を早く呼び戻し、耕作に従事させるよう命じた（「浄土寺文書」）。ともに町人や百姓が三木合戦の戦火から逃れていたが、秀吉は一刻も早く町や村を復興させるため、戻ってくるように求めたものである。

天正八年一月の三木合戦終結後、秀吉はただちに三木町の復興に着手すべく、五カ条にわたる条々を定めた（「三木市有宝蔵文書」）。一条目は、三木町に住む者については、諸役免除の特権を与えた。二条目は、天正八年一月十七日以前の借銭・借米そして年貢の未進に関しては免除するという規定である。三・四条目は文字の欠損部分が多く、解釈が分かれるので省略するが、五条目は押し買い（不当に安く買い取ること）の禁止である。

翌月、秀吉は三木の百姓の仕置についても、三カ条にわたって定めた（「三木市有宝蔵文書」）。秀吉は百姓に対して一刻も早く帰農するように命じ、荒地の年貢は三分の二を免除することとした。同時に、百姓には「日役」という日雇い仕事をしないように命じた。秀吉は戦争で荒れ果てた耕作地を元通りにすることを最優先し、そのため荒地の年貢を少なくしたのである。百姓の耕作専念義務を強化することで、村落の復興を目指したのだが、その背後に年貢を確実に徴収するという目的があったことを忘れてはならないだろう。

秀吉による城割りと諸将の配置

天正八年（一五八〇）、織田信長は大和を制圧すると、郡山城（奈良県大和郡山市）を除く城をすべて破却させた。城は軍事施設だったので、信長は将来的に現れるであろう敵対勢力の挙兵を未然に防止するため、城割りを進めたのである。

同年四月、秀吉も信長にならって、播磨国内の城割りを行った（「一柳文書」）。なお、同文書は無年号で、年次については諸説あることを申し添えておきたい。対象となった城は、置塩、御着、高砂、神吉、阿閉、明石、平野、東条の八つの城である。置塩城を除くと、おおむね三木合戦で別所方に与した武将の城である。秀吉は城割りに際して、それぞれの城に担当する武将を定め、破却を実行に移したのである。

その後、秀吉は播磨・摂津・丹波・但馬に諸将を配置したが、それぞれの大名が一国を支配するのではなく、数千石あるいは数万石の単位で多くの武将に知行が与えられた。しかも、彼らのうちで長く定着する者は少なく、非常に入れ替わりが激しかったので、支配の様相がほとんど分からない例が圧倒的に多い。

天正十一年（一五八三）、仙石秀久は洲本《すもと》城主として五万石を与えられた。その二年後、仙石秀久の代わりに、脇《わき》坂安治《ざかやすはる》が三万石で洲本城主となった。このほか、山崎堅家《やまざきかたいえ》が摂津三田（三田市）に二万三〇〇〇石、前野長康《まえのながやす》が但馬出石（豊岡市）に七万五〇〇〇石、別所重棟が但馬八木（養父市）に一万二〇〇〇石、明石則実《のりざね》が但馬城崎《きのさき》（豊岡市）に二万二〇〇〇石、赤松広秀《ひろひで》が但馬竹田（朝来市）に二万二〇〇〇石を与えられたなどである。

「太閤検地」の先駆け

秀吉が全国的に着手した政策としては、太閤検地が知られている。太閤検地とは、天正十年（一五八二）の山城国検地を最初として、秀吉が亡くなる慶長三年（一五九八）まで行われたものである。

秀吉は腹心の浅野長政や石田三成らを検地奉行に起用すると、(1)検地竿《ざお》を一間＝六尺三寸の長さとする、(2)一間四方を一歩とする、(3)三百歩を一反とする、という基準で検地を行った。また、収納升は京升に統一し、田畠の等級を上・中・下・下々に分類し、石盛を定めたのである。こうして、耕地一筆ごとの耕作者を確定し、その名を検地帳に記載した。

それまでは、荘園制を基礎とした荘・郷・保・里などの田制《でんせい》を用いており、土地の権利関係も非常に複雑であり、度量衡《どりょうこう》も統一されていなかった。太閤検地によって、それらの問題が解消され、日本全国の米の生産高を把握できたので、非常に画期的な政策だったといわれている。とはいえ、太閤検地は必ずしも、右に挙げた教科書通りに進んだわけではない。各々の大名領国では、従来の慣習を急速に否定できない面もあったので、それぞれの事情にあわせて実行されたのが現実だった。

太閤検地で用いられた枡は、姫路野里《のざと》で鋳物師《いものし》だった芥田《あくた》家に伝わっている。芥田家は、太閤蔵入地《くらいりち》の代官も務めていた。芥田家の升は天正十八年（一五九〇）のもので、その底には「縦が五寸一分、横が五寸一分々半、深さが二寸四分々半（ただし内法）」の大きさが記されており、「この写しを国中に配るように」と書かれている。升の外側には、浅野長政と増田長盛《ましたながもり》の花押が据えられている。

太閤検地は天正十年に始まったと述べたが、先行して天正八年（一五八〇）に検地が行われたことが知られている。この事実を裏付けるかのように、近年になって天正八年十月二十四日の日付を持つ「播磨国緋田《あけだ》村検地帳写」（姫路市）が発見された。同検地帳は、織田政権下における検地であるが、中世的な諸税と加地子《かじし》相当分をひとまとめに把握していることから、すでに太閤検地の基礎作りができていたと評価されている。

西摂津では、福祥寺《ふくしょうじ》（神戸市須磨区）で寺領の検地が行われたという（『当山暦代』）。但馬には、天正八年八月十一日の日付を持つ「赤花始り之御水帳」（豊岡市）があるが、中世の古い慣行を残していると指摘されている。丹波では、天正八年に細川藤孝が検地を行ったというが、詳細については不明である。

以降、播磨・但馬・丹波・摂津・淡路では、太閤検地に関わる検地帳が発見されている。文禄年間に至ると、文禄・慶長の役に伴い、軍役を課す意味で検地が盛んに行われた。文禄三年（一五九四）九月八日の日付を持つ「真殿村検地帳写」には、興味深い記述が見られる。そこには、耕作地を捨てた者、耕作者が亡くなったのに後継者がいないこと、などの記録が記載されている。朝鮮出兵に伴い、過酷な年貢収奪が行われたと考えられ、耕作地が荒れていた場所もあったのである。

本能寺の変と豊臣秀吉の台頭　天正十年（一五八二）六月二日、本能寺に滞在中の織田信長が明智光秀に襲撃され、自害に追い込まれた。当時、秀吉は備中高松城（岡山市北区）を攻撃中だったが、すぐに毛利氏と和睦を結ぶと東上の途についた。秀吉は同城を出発し、山崎（京都府大山崎町）まで猛烈なスピードで移動すると（中国大返し）、備中高松城から姫路（姫路市）に至る約百キロの行程をわずか一日で移動したという。だが、それは二次史料などの誤った記載であって、必ずしも史実とはいえない。

実際の行程を示すと、六月四日、秀吉は備中高松城から野殿《のどの》（岡山市北区）へ到着し、五日に沼城《ぬま》（岡山市東区）に到着した。その日の未明のうちに沼城を出発したと考えられ、六日には姫路城に着いたと考えられる。ここで大きな誤解があるのは、秀吉は約三万の軍勢を率いたとはいえ、そのすべてが一斉に塊のようになって移動したわけではないということである。

当時の道幅は、約二～三間（三・六～五・四メートル）しかなかった。仮に約三万の軍勢が二列（約一万五〇〇〇ずつ）になって三メートル間隔で行軍すると、先頭から最後尾まで約三〇キロも離れてしまう。むろん、この等間隔を保てるわけではないので、もっと開きがあったに違いない。現実的に考えるならば、秀吉を中心とする精鋭部隊が馬などで姫路への到着を急ぎ、あとから軍勢が追いつくような形だったと考えられる。秀吉は六月九日に姫路を出発したが、それは後続の軍勢を待ったからだろう。

近年の説には船を使ったというものもあるが、それはまったく史料的な根拠がない。また、中国大返しのルート上には信長の御座所があり、御座所に貯えられた兵糧などがあったので、秀吉は円滑に行軍できたという説もあるが、こちらも史料的な根拠がない。

ともあれ、こうして迅速に畿内に戻った秀吉は、六月十三日に山崎の戦いで光秀との戦いに勝利し、敗北した光秀は逃亡の途中で土民に殺害されたのである。山崎の戦いの直後、清須会議が催され、三法師《さんぼうし》（織田秀信）を補佐する体制が決められた。その際、秀吉が山城・河内・丹波などの重要な国を押さえたので、織田政権内で優位になったのは明らかである。

天正十一年（一五八三）四月、秀吉は対立していた柴田勝家と交戦し、北庄《きたのしょう》（福井市）で自害に追い込んだ。同年、秀吉は大坂城を築城し、政権の本拠とした。翌天正十二年（一五八四）には小牧・長久手の戦い（徳川家康・織田信雄との戦い）、天正十三年（一五八五）には四国征伐（長宗我部氏征伐）、紀州征伐、天正十四年（一五八六）から翌年にかけては九州征伐（島津氏征伐）、天正十八年には小田原征伐（北条氏征伐）を行い、秀吉は天下を統一した。その間の天正十三年には関白に任じられると、翌年には豊臣姓を正親町天皇から下賜《かし》されたのである。

刀狩令の史料

秀吉が天下統一に邁進していた天正十六年（一五八八）、刀狩令を発布した。西脇市の西仙寺《せいせんじ》にも、刀狩条目が残されている。そのポイントは、百姓が脇差、弓、槍、鉄砲などの武器を持つことを禁止したことにあった。次に、取り上げた武器は溶かされ、秀吉が作っていた方広寺大仏の釘や鎹《かすがい》に再利用することである。最後に、百姓は農具をだけを持って耕作に励めば、子孫代々まで無事に暮らせるのだから、ありがたく思って耕作に専念することを勧めた。一般的には、百姓の武装解除と解釈されている。

とはいえ、当時の百姓が、害獣駆除のために弓矢や鉄砲を所持することは珍しいことではなかった。近年の研究によると、刀狩は百姓の武器を完全に取り上げる目的で発布されたのではなく、武器を所持しているという現状を追認し、一方で武力を行使しないよう求めたという趣旨だったという説もある。この前年、秀吉は喧嘩停止令を発布し、村落間における武力での紛争解決を禁止した。中世において、水利や里山、草地の権利などのトラブルをめぐり、村落間で武装闘争に及ぶことはたびたびあったのである。

天正十八年、秀吉は牢人（浪人）停止令を発布した。戦国時代は戦争の時代だったが、負けた大名からは多数の牢人が出た。まだ戦争が打ち続いた時代には、他の大名に仕官することもできたが、北条氏滅亡によって戦争の時代は終焉を迎え、諸大名は必要以上に武士を召し抱えなくなった。その結果、牢人は各地を徘徊し、中には村落に住み着く者も現れたのである。

牢人（浪人）停止令は、主人持ちの奉公人身分でもなく、農民、職人、商人にも属さない牢人は村から追放されるか、武具類を取り上げられるか（実質的に武士身分を失う）を迫った法令である。秀吉が発布した牢人（浪人）停止令には、どのような意義があったのだろうか。

一つは、治安維持・社会秩序の安定である。合戦がなくなって牢人が増加し、都市へ流入する例が多数見られるようになった。当時、これは社会問題となり、牢人の都市からの追放、農民の都市への流入阻止、そして奉公人と主人との揉め事を阻止することが重要な課題となった。これは、牢人が不穏分子として捉えられていたことを示している。

もう一つは、秀吉が文禄元年（一五九二）に朝鮮半島に侵攻（文禄・慶長の役）を開始したことである。秀吉は農民を土地に縛り付けて、確実に年貢・兵粮を徴収し、同時に牢人を朝鮮出兵に動員しようとした。各大名には軍役の負担が課せられたが、それだけでは兵力が足りなかったので、身分を固定化しようとしたのだ。この説は朝鮮出兵を企図した、時限立法説として考えられている。

2　有馬の湯の開発

秀吉と有馬の湯

秀吉が有馬《ありま》温泉（神戸市北区）と関係が深かったのは、よく知られた事実である。天正七年（一五七九）七月、秀吉は湯山《ゆのやま》奉行に仙石秀久を補任した。湯山奉行とは、湯山一帯はもちろんのこと、湯治に訪れる人々の統制に当たる職務であった。秀吉は秀久を湯山奉行に任命するに際して、何か不具合が生じた場合は、秀吉に申し出よと述べている。また、有馬には新たな課役を懸けることはないと明言していた。

同時に平行して行われたのは、湯山の復興であった。天正八年（一五八〇）三月、信長は湯山に禁制を掲げ、(1)軍勢の乱妨狼藉、(2)新たに課役を懸けること、(3)理不尽に譴責使《けんせきし》が入部すること、を禁止した。通常、寺社は戦乱に及ぶと判断された場合、軍勢の濫妨狼藉を未然に防止すべく、禁制の交付を依頼していた。

天正十一年（一五八三）九月、秀吉は本願寺顕如の有馬湯治に際して、湯山惣中へ馳走《ちそう》を命じた。「馳走」の中身に関しては不明である。顕如は湯治を終えると、そのお礼として秀吉に贈り物をした。このように、秀吉はことのほか有馬温泉に関心を寄せ、自身も夫婦で訪ねることが頻繁であった。以後、秀吉による有馬の整備は、強力に推し進められたのである。

では、こうした秀吉の顕如夫妻への接待は、たんなる遊興の一部なのであろうか。大坂本願寺と信長が十年にわたり死闘を繰り広げたことは周知の通りである。秀吉も大坂本願寺の権力を認識していたと推測できる。そして、秀吉の居城・大坂城が大坂本願寺の跡に築かれたことは、両者の関係を示すうえで重要である。したがって、有馬湯治は秀吉にとっても顕如にとっても、たんなる遊興ではなく、政治的な場として意味を持ったことは確かであると考えられる。

天正十四年以降、秀吉は配下の者（関係者含む）が湯治を行う際には、料米（食糧費）を湯山衆に給し、費用の一部を弁じていた。たとえば、「二十七日の飯米」というのは、二十七日間の滞在にかかる費用ということになろう。この頃、湯治の滞在は、約一カ月程度が普通であった。このような負担も、秀吉が配下の者や関係者に対する、経済的な負担への配慮だったと考えられる。

図 4－1　有馬温泉の蒸し風呂遺構（神戸市立太閤の湯殿館）（神戸市北区有馬町）（ⓒ一般財団法人神戸観光局）

天正十三年二月、秀吉室は薬師堂建立のため、公用として千五百貫もの寄進を行った。くわえて、毎年地料として百石を寄進することも約束した。しかし、この建立によって湯山衆に祟りがあったようで、下血・内痔で苦しむ者もあったという。その二年後には、薬師堂には新しい仏も作られた。秀吉は有馬の薬師堂建立や新仏を製作することによって、有馬支配への強い意欲を示したのである。

蔵入地としての有馬　秀吉は直轄領として、太閤蔵入地を保持していた。太閤蔵入地は豊臣氏の直轄領のことで、山城以下三十五カ国のうちに設定された蔵入地、諸国の金山・銀山からの運上、諸役運上金銀と地子から成っていた。播磨・但馬・丹波・摂津・淡路の蔵入地の研究は必ずしも十分とは言えず、今後の課題である。摂津の蔵入地としては、やはり有馬が有名である。

湯山（有馬）が秀吉の蔵入地になったことは、よく知られている。摂津国では約一〇万石程度の蔵入地があったと推測されているが、正確な数字を史料で裏付けることは困難である。摂津国の蔵入地としては湯山の地が選ばれ、その収入から有馬温泉の運営費用が賄われていたことが判明する。

「浅野文書」によると、蔵入地から湯山惣中に百石が送られたが、その他にも秀吉の湯治の費用が賄われていたことが分かる。特に、秀吉専用の「御殿」が造営されたことは、注目すべきところである。従来、湯治に際しては、現地の宿を借りていたと推測されるが、専用の宿泊施設が造営されていたのである。

この事実は、のちに秀吉が腕や足の痛みを後に訴えるようになったことと無関係ではないだろう。秀吉はたんなる湯治にとどまらず、本格的に体調を整えるために、有馬温泉を積極的に利用しようとしたと考えられる。もちろん、有馬を行楽地として活用する意味合いもあった。

文禄三年（一五九四）十二月、秀吉はさらに積極的に湯山の開発を進めた。具体的に言えば、六十五軒の家を壊し、新たに御座所・御屋敷を造営したのである。そのため、六十五軒の家の者には、銀十一枚と米百石が下された。この費用は、もちろん蔵入地の費用によって弁じられたと考えられる。壊されたのは家だけでなく、寺も含まれており、その費用として十石が下されたことを確認できる。

このように有馬温泉は、秀吉の手によって、大々的に開発が進められたのである。しかし、この大々的な開発は、現地にいかなる影響を与えたのであろうか。それらを示しうる史料には事欠くが、若干の私見を述べておきたい。有馬温泉の開発に関しては、蔵入地によって経済的な負担がなされたが、多くの夫役は現地の人々に転嫁されたと考えられる。この点を考慮すると、有馬の人々にとっての有馬開発とは、大きな負担であったと推測される。

その後の有馬温泉

文禄五年（一五九六）閏七月十二日夜、山城・摂津・和泉を中心とする地域が大地震に見舞われ、甚大な被害がもたらされた。その被害とは、伏見城（京都市伏見区）の天守が倒壊し、東寺（同南区）の塔が崩れるなど、目を覆わんばかりのものだった。地震に伴って多くの死者が出たことも、史料に記されている。

被害は、もちろん有馬温泉においても例外ではなかった。地震によって秀吉の造営した御殿が大破し、多くの屋敷も同様だった。さらに、山や川の形は大きく変形し、有馬温泉の一湯・二湯とも熱湯になったと伝わっている。なによりも旅人の出入りが不自由になり、往来する人々が絶えたことが問題であった。地震の傷跡はあまりに大きく、その復興には約一年を要したのである。

地震後、復興に最も強い意欲を示したのが、三田城主の山崎家盛《いえもり》であった。家盛は、有馬温泉地獄谷に新湯を掘削しようと試みた。しかし、その計画は秀吉によって止められたが、その理由は定かではない。復興の過程については、『有馬温泉寺縁起』によって確認することができる。以下、その概要を見ることにしよう。

湯屋の造営が始められたのは、慶長二年（一五九七）六月二十七日のことである。発起衆としては、掃部助正治、河崎屋正誉、池之坊俊興、大黒屋正吉、中之坊俊正、水船屋正純、下休所正次、下大坊俊之、伊勢屋俊茂という九名の名が挙がっている。この九名は、建久年間の仁西上人に一味した平氏の末孫であると記されているが、詳細は不明である。「～屋」という名字の者は、宿の経営者と推測される。

この他には、一の湯大工彦左衛門、二の湯大工九右衛門が加わっている。彼らは、有馬の大工である。『有馬温泉寺縁起』には、地獄谷を発見した記事も確認できる。地獄谷の掘削に関しては、地下人とトラブルになったことが記録されており、必ずしも円滑に作業が続かなかったようである。

慶長三年（一五九八）、秀吉は無事に有馬温泉の復興を果たしたが、その費用は莫大なもので、蔵米《くらまい》によって賄うことができなかった。蔵米の納入が三六〇石九斗三升に対して、費用は四〇〇石二升にのぼった。不足は三八石一斗二升であるが、これらの支払いは無事に皆済したようである。ところが、この年の八月、長患いの末に秀吉は病没したのである。

3　西軍に与せざるを得なかった諸将

関ヶ原合戦の勃発

慶長三年（一五九八）八月に秀吉が亡くなると、子の秀頼《ひでより》が跡を継いだ。しかし、秀頼はまだ幼かったので、五大老・五奉行がサポートすることで、豊臣政権を運営することになった。最初、五大老は徳川家康、前田利家、毛利輝元、宇喜多秀家《ひでいえ》、小早川隆景だった。その後、小早川隆景が没して上杉景勝《かげかつ》が、前田利家が没して嫡男の利長《としなが》がそれぞれ五大老に就任した。こうして五大老の面々が固定化する。また五奉行のメンバーは、最初から前田玄以《げんい》、浅野長政、石田三成、増田長盛、長束正家《なつかまさいえ》の五名である。

秀吉の死後、五大老筆頭格の家康は、無断で私婚を進めるなどしたので、五奉行から譴責された。家康が詫びを入れることで解決したが、政権内に動揺が走ったのはいうまでもないだろう。慶長四年（一五九九）閏三月、前田利家が没すると、直後に黒田長政ら七人の武将が石田三成の非道を訴えた。その結果、家康が解決に奔走し、三成が佐和山城（滋賀県彦根市）に隠退することで決着した。以降、家康が豊臣政権の主導権を掌握し、政権運営に乗り出したのである。

その頃、上杉景勝は五大老だったにもかかわらず、会津に帰国したまま上洛しなかった。家康は景勝に上洛するよう要請したが、一向に叶わなかった。慶長五年（一六〇〇）六月、ついに家康は景勝討伐を決意し、会津（福島県会津若松市）へ兵を進めた。同年七月、家康は会津に向かう途中で、三成ら西軍諸将の決起を知った。そこで、家康は小山《おやま》（栃木県小山市）に諸将を集めて対応を協議し、三成ら西軍を討つことを決めたのである。こうして家康ら東軍は、西軍と雌雄を決すべく西上の途についたのである。

同年九月十五日、関ヶ原（岐阜県関ケ原町）において、家康が率いる東軍と三成が率いる西軍が雌雄を決した。その結果、西軍は毛利輝元や小早川秀秋の裏切りなどもあって、呆気なく敗北を喫したのである。戦後、家康は着実に天下人への道のりを歩んだのである。

脇坂安治・安元の動き

兵庫県域の大名は、決して関ヶ原合戦で目立った活躍をしたわけではなかった。ここでは、洲本の脇坂安治《わきざかやすはる》・安元《やすもと》父子を取り上げることにしよう。一般的に、安治・安元父子は西軍に与したように思われているが、必ずしも西軍に味方するという態度が鮮明だったわけではない。同年八月一日、家康は安治の子・安元に書状を送った（「脇坂家文書」）。

内容は、安元が家康配下の山岡道阿弥《やまおかどうあみ》に送った書状に対する返書である。奇しくも日付は、西軍によって伏見城（京都市伏見区）が落とされた日だった。家康は書状の冒頭で懇意であることを祝着であるとし、三成の挙兵に際して、安元が上方に引き返したことをもっともなことであると評価した。

もう少し事情を詳しく述べると、父の安治は大坂に留まっており、安元は関東の家康のもとに向かおうとしたが、三成によって東下を阻止され、やむなく西軍に従ったという。そこで、安元は山岡道阿弥のもとに書状を送り、一連の事情を説明したうえで、家康に味方になるという考えだったことを伝えた。家康は安元の気持ちに感謝し、近く上洛する旨を伝えたのである。

図4－2　脇坂安治画像（個人蔵／たつの市立龍野歴史文化資料館提供）

西軍に与した諸将のなかには、たまたま上方にいたがために、三成に属せざるを得なかった者がいたのである。いざ関ヶ原合戦が始まると、安治・安元父子は東軍の一員となって石田三成らが率いる西軍と戦った。戦後、安治が処罰されなかったのは、家康によって右の事情が考慮されたからであろう。

田辺城に向かった丹波・但馬などの諸将

次に、丹波・但馬の諸将が従軍した田辺城《たなべ》攻めを取り上げておこう。

慶長五年（一六〇〇）七月、細川幽斎《ゆうさい》（玄旨）は東軍の家康に味方し、わずか五百人という手勢で田辺城（京都府舞鶴市）に籠城した。

子の忠興《ただおき》が会津の上杉景勝討伐に従軍したため、忠興の弟・幸隆《ゆきたか》と従兄弟の三淵光行《みつぶちみつゆき》が城に残った。大坂にいた忠興の夫人ガラシャは、西軍の人質になることを拒み、死を選んだ。

七月十九日、田辺城は西軍の軍勢に囲まれた。西軍の面々は、小野木重次《おのぎしげつぐ》、前田茂勝《まえだしげかつ》、織田信包《のぶかね》、小出吉政《こいでよしまさ》、杉《すぎ》原長房《はらながふさ》、谷衛友《たにもりとも》、藤掛永勝《ふじかけながかつ》、川勝秀氏《ひでうじ》、早川長政《はやかわながまさ》、長谷川宗仁《はせがわそうにん》、赤松広秀など、丹波・但馬の諸大名を中心とする一万五〇〇〇という大軍である。もはや勝敗の帰趨は明らかであった。

幽斎は少数で西軍の軍勢をよく防いだが、これには大きな理由があった。当時、和歌や連歌《れんが》に関心を持つ武将が多く、包囲軍の中には幽斎の弟子も数多くいた。彼らは、師の幽斎を討ち取ることを躊躇していたと通説でいわれている。西軍にとっては、大きな誤算であったかもしれない。

事態を最も憂えたのは、後陽成《ごようぜい》天皇であった。天皇は幽斎の戦死により、古今伝授《こきんでんじゅ》（『古今和歌集』の故実や解釈の秘伝を伝えること）の伝承者がいなくなるのを恐れたのである。そこで天皇は八条宮智仁《はちじょうのみやとしひと》親王を田辺城に派遣して幽斎に開城を勧めたものの、これは拒否され籠城戦は続いた。討ち死の覚悟を示した幽斎は、朝廷に『源氏抄』と『二十一代和歌集』を献上し、八条宮智仁親王に『古今集証明状』を贈呈した。

諦めきれない天皇は、勅使として幽斎の歌道の弟子・三条西実条《さねえだ》、中院通勝《なかのいんみちかつ》、烏丸光広《からすまるみつひろ》を東西両軍に派遣し、講和を命じた。幽斎は勅命に従って講和を決意し、九月十三日に田辺城を開城したのである。そして、幽斎は西軍の前田茂勝の居城・丹波亀山城（京都府亀岡市）に連行された。この間、西軍の約一万五〇〇〇の兵は田辺城に釘付けとなり、関ヶ原に向かうことができなかった。

三条西家から幽斎に伝わった古今伝授は、近世に至って後水尾《ごみずのお》天皇ら歴代天皇や上層公家に伝えられ、御所伝授として確立した。古今伝授は幽斎の命を救っただけでなく、伝統をも救ったとされている。

田辺城攻め本意ではなかった

右に示したように、田辺城を攻囲した西軍諸将の面々に細川幽斎の弟子が多かったため、攻撃の手を緩めたことになっている。しかし、そのような美談で片づけてよいのだろうか。

同年七月十七日、前田玄以、増田長盛、長束正家の三奉行は連署して、但馬の大名・別所吉治《よしはる》に書状を送った

（『松井文庫所蔵古文書調査報告書』二）。そこには、「細川忠興は何の忠節もないのに、秀吉に取り立てられた福原長《ふくはらなが》堯《たか》の旧領（豊後国速水郡）を家康から与えられ、さらに今度は、なんら落ち度のない上杉景勝を追討するため家康に加勢し、細川氏の一門はすべて会津征討に赴いた。秀頼公の命により細川氏を成敗するため、丹後に軍勢を送ることになったので、軍忠を尽くしてほしい」と書かれている。

他の諸大名にも、おそらく同様に出陣命令があったのだろう。とはいえ、彼らがやる気満々で田辺城に向かったのかは疑問である。七月十九日、細川幽斎は西軍の赤松広秀に書状を送っている（「大山崎町歴史資料館所蔵文書」）。概要を次に示しておこう。

幽斎は上杉景勝の行動について、力や欲に任せたものと指摘する。やや婉曲的な表現で内容が分かりづらいところもあるが、幽斎は広秀にお目に掛かって相談できれば、詳しいことをお伝えしたいとし、その時に情勢を教えてほしいとする。少なくともこの段階において、幽斎と広秀は、まだ相談できる関係にあった。幽斎は西軍の面々に対して、糺すべきだと述べている。広秀は儒学の祖といわれる藤原惺窩《ふじわらせいか》から親しく教えを受けていたので、その関係から幽斎を知っていた可能性がある。

八月六日、広秀は細川氏の家臣・松井康之《やすゆき》に書状を送った（『松井文庫所蔵古文書調査報告書』三）。書状の冒頭では、この度の不慮（田辺城攻撃）について心中を察するとし、田辺城が籠城中であることを伝えている。そして、そちらは大丈夫だろうから、上洛して諸事について忠興の指示を受けるべきであると述べる。

このように広秀が状況を伝えるということは、西軍に属していたことが、実は本意でない可能性を示している。関ヶ原合戦後、広秀はすぐに東軍に転じて鳥取城を攻撃したが、城下に火を放った罪で家康に咎められ、切腹に追い込まれたという。

戦後、田辺城攻撃に参加した小野木重次は東軍に攻められ、亀山城（京都府亀岡市）で自害に追い込まれたが、他の出陣した諸将はおおむね赦されている。『寛政重修諸家譜』には、谷衛友が裏で細川氏と繋がっていたと書かれており、二次史料の記述ではあるが、最初から戦う意思が乏しかったことが想定される。

西軍諸将が幽斎の弟子であったか否かはさておき、丹波・但馬の諸将は幽斎討伐の命を受けたものの、田辺城攻めは本意でなく、しぶしぶ応じていた可能性が高い。その理由は出陣を断ってしまうと、三成の攻撃を受ける可能性があり、自らが危険に晒されるからである。田辺城に出陣した西軍の面々の多くは、東軍つまり家康に心を寄せていた可能性がある。

4　豊臣政権の崩壊

関ヶ原合戦後の戦後処理

関ヶ原合戦に勝利した徳川家康は、ただちに戦後処理を行った。本来、恩賞の配分は豊臣秀頼が行うべきところであるが、まだ幼かったという事情もあり、家康が代わりに行うことになった。恩賞配分は、あくまで軍功第一主義で行われた。とはいえ、家康は諸大名に配慮したというので、自由に作業を進めたわけではなかった。

播磨国で注目すべきは、東軍を勝利に導いた池田輝政《てるまさ》である。輝政は三河吉田（愛知県豊橋市）に一五万二〇〇〇石を領していたが、戦後は姫路に五二万石を与えられた。同時に、弟の長吉《ながよし》も因幡鳥取（鳥取市）に六万石を与えられたのである。慶長八年（一六〇三）には次男の忠継《ただつぐ》が備前岡山（岡山市）に二八万石、同十五年（一六一〇）には三男の忠雄《ただかつ》に淡路洲本（洲本市）に六万石を与えられ、一族で計九二万石の所領高となった。以後、輝政は「姫路宰相百万石」「西国将軍」などと称されたのである。

淡路は脇坂安治が三万石を領していたが、慶長十四年（一六〇九）に伊予大洲《おおず》（愛媛県大洲市）へ五万三五〇〇石に加増のうえ転封となった。その後、淡路は先述した通り、池田忠雄らが支配することになったが、元和元年（一六一五）には蜂須賀至鎮《よししげ》に七万一八〇〇石が与えられた（岩屋を除く）。その二年後、岩屋も蜂須賀氏に与えられ、淡路は徳島藩に編入されたのである。

摂津三田（三田市）は、有馬則頼《のりより》が二万石を与えられたが、慶長七年（一六〇二）に亡くなったので、その遺領は福知山（京都府福知山市）を領していた次男の豊氏《とようじ》が継承した。なお、九鬼久隆《くきひさたか》が三田を領したのは寛永十年（一六三三）のことで、以後、幕末維新期まで支配が続いた。

丹波と但馬の諸大名については、関ヶ原合戦直後もあまり大きな変化がなかった。先述の通り、彼らは西軍の一員として田辺城を攻撃したが、積極的な戦闘行為をしなかったので、おおむね本領安堵が認められたのである。

慶長十三年（一六〇八）、松平康重《まつだいらやすしげ》は常陸笠間（茨城県笠間市）三万石から、丹波八上（丹波篠山市）五万石に加増のうえ移封となった。しかし、八上は山城だったこともあり、平時における政務を取り扱うには不便な土地柄だった。そこで、康重は新しく篠山《ささやま》城（丹波篠山市）を築き、同城を新たな政治の拠点とした。その際、篠山城は天下普請といい、諸大名の支援により築城されたのである。また、慶長十九年（一六一四）に丹波柏原（丹波市）の織田信包が亡くなると、子の信則《のぶのり》が跡を継承し、三万六〇〇〇石を支配することになった。

但馬は、但馬竹田（朝来市）を領していた赤松広秀が改易となった。そのほかは、杉原長房が但馬豊岡（豊岡市）、小出吉政が但馬出石（豊岡市）、別所吉治が但馬八木（養父市）をそれぞれが継続して支配した。元和元年に吉治が丹波綾部（京都市綾部市）に移り、杉原氏と小出氏が残ったのである。

図４－３　池田輝政画像（東京大学史料編纂所所蔵模写）

大坂の陣へ

慶長八年（一六〇三）、徳川家康は征夷大将軍に就任し、江戸幕府を開幕した。その二年後、家康は子の秀忠に征夷大将軍の職を譲り、同職が世襲されることを天下に知らしめたのである。家康は決して引退したわけでなく、駿府に政治の拠点を置いて、江戸の秀忠とともに権限分掌し政務を執り行った。これを大御所政治という。

関ヶ原合戦後、豊臣秀頼には関白になるという噂が流れたが、それは実現しなかった。秀頼は戦いに負けたわけではなかったので、すぐに豊臣政権が瓦解したわけではない。しかし、家康が台頭するにつれて、豊臣家の威勢が衰えたのは事実である。一方の家康は、孫娘の千姫《せんひめ》（秀忠の娘）を秀頼に輿入れさせるなど、豊臣家との融和を図ろうとしていた。二人の結婚は、秀吉の遺言でもあった。

慶長十九年（一六一四）七月以降、方広寺の鐘銘をめぐる問題が起こった。ことの起こりは、鐘銘に刻まれた「国家安康」「君臣豊楽」の文字だった。前者は家康の諱《いみな》（実名）を二つに分けて呪ったと解釈され、後者は豊臣家の繁栄を願う文言と捉えられた。また、大仏殿供養の日程をめぐる問題も浮上し、豊臣家と徳川家の関係は悪化したのである。その後、豊臣方の片桐且元《かたぎりかつもと》が問題解決に向けて奔走したが、最終的に決裂し、両家は雌雄を決することになった。

同年十月、大坂冬の陣が始まった。播磨勢では池田氏が徳川方として出陣し、木津川口の戦い、今福《いまふく》の戦い、博労淵《ばくろうぶち》の戦いで大いに戦功を挙げた。一方で、同年十一月二十二日、豊臣方の塩江甚介は使者を遣わし、池田利隆《としたか》に密書を届けた。利隆は、輝政の子で姫路城主を務めていた。密書は秀頼の手になるもので、その内容は豊臣方への寝返りを勧めたものだった（『駿府記』）。『大坂御陣覚書』によると、寝返りの条件は備前・播磨・美作を与えるというものだったが、利隆は誘いには乗らず、使者を捕縛すると家康の本陣に連行したのである。

『駿府記』同年十一月二十三日条によると、豊臣方の大野治長《おおのはるなが》が池田忠長《ただなが》（忠雄）に密書を送ったという。忠長も輝政の子で、洲本城主を務めていた。その内容は、(1)日本中の大名が秀頼に味方するので、忠長もそうすること、(2)領国の淡路の百姓も秀頼に味方し、一揆を起こしたこと、の二点である。しかし、いずれも事実無根であり、忠長もまた密書を届けた使者を捕らえ、家康の本陣に突き出したという。

当初、徳川方が有利に戦いを進めたが、真田丸の攻防で豊臣方が勝利を収め、やがて和睦の気運が出てきた。こうして両者は和睦を結び、いったん戦いは終結したのである。その際の条件として重要なのは、大坂城の惣構《そうがまえ》を破壊し、堀などを埋め立てることだった。これにより大坂城の防御機能を破壊し、豊臣家が二度と挙兵できないようにしたのである。また、大坂城内に籠もっていた牢人を召し放つことも、和睦の条件の一つだった。

しかし、豊臣家中は和睦派と徹底抗戦派とで揉めており、和睦条件の一つの牢人の召し放ちが徹底しないどころか、逆に集まるような状況になっていた。この報告を受けた家康は、熟考のうえ豊臣家の討伐を決意したのである。

慶長二十年（一六一五）四月下旬頃から、再び徳川家と豊臣家は戦いに臨んだが（夏の陣）、豊臣家には冬の陣と同様に、諸大名は誰も味方にならず、牢人主体の軍勢だった。

同年四月、丹波において一揆勢が蜂起するとの風聞が流れていた（『寛永諸家系図伝』、『譜牒余録』）。一揆勢が豊臣方の呼び掛けに応じたのか否かは、決して定かではない。丹波亀山（京都府亀岡市）の岡部《おかべ》長盛《ながもり》・宣勝《のぶかつ》父子、丹波篠山（丹波篠山市）の松平康重は、ただちに一揆の鎮圧を行った。丹波はかなり広い地域であるが、両大名が出陣したのだから、一揆勢の蜂起は広範に及んだ可能性がある。

豊臣方は大軍の徳川方を相手にしてよく戦ったが、やがて薄田兼相《すすきだかねすけ》、木村重成《きむらしげなり》、後藤又兵衛《ごとうまたべえ》、真田信繁《さなだのぶしげ》といった主力が次々と討ち取られ、同年五月七日に大坂城は落城したのである。大坂城内には、豊臣秀頼と淀殿が籠もっていたが、落城時には自害して果てた。二人の死により、豊臣家は滅亡したのである。

❖　❖　❖

豊臣秀吉は諸政策により、播磨など五カ国における支配を進めた。同時に、それらの国々に直轄領たる蔵入地を設定したが、摂津の有馬以外に関しては、その様相が必ずしも明らかとはいえない。秀吉の死後、政局は混迷を深めたが、残念なことに播磨などの諸大名が積極的に絡んだとは言い難い。関ヶ原合戦では家康が勝利したので、播磨などには新たな大名が配置された。その三年後、江戸幕府が成立したのである。

慶長十九年（一六一四）に大坂冬の陣が勃発したが、気を吐いたのは播磨の池田氏くらいであり、他の大名も出陣したが、目立った活躍をしていない。大坂冬の陣・夏の陣では、豊臣家に味方する大名は皆無であり、最初から豊臣方の敗北は目に見えていた。しかし、豊臣方が諦めることなく、池田氏を誘ったのは先述の通りである。豊臣氏の滅亡後、本格的な徳川の世になったのである。

第Ⅱ部　戦国の社会

「三木合戦軍図」（法界寺所蔵／三木市教育委員会提供）部分

別所一族の自害の場面。別所長治は羽柴（豊臣）秀吉に降参し、一族が自害することで将兵の助命嘆願を願った。

第五章　さまざまなる信仰

古来、日本の宗教としては、仏教と神道があった。奈良時代になると、南都六宗《なんとろくしゅう》と呼ばれた三論宗《さんろんしゅう》、成実宗《じょうじつしゅう》、法相宗《ほっそうしゅう》、倶舎宗《くしゃしゅう》、律宗《りっしゅう》、華厳宗《けごんしゅう》が中心となって発展した。平安時代には、空海が高野山で真言宗を、最澄が比叡山で天台宗をそれぞれ開き、鎮護国家の役割を果したのである。鎌倉時代以降、法然《ほうねん》が浄土宗を、親鸞《しんらん》が浄土真宗（一向宗）を、一遍《いっぺん》が時宗《じしゅう》を開き、民衆に広まった。また、武士の間では、中国から伝わった臨済宗《りんざいしゅう》と曹洞宗《そうとうしゅう》という二つの禅宗が広まったのである。

戦国時代の宗教の大きな特長は、キリスト教がもたらされたことだろう。キリスト教は貿易とセットになり、西日本を中心にして広まっていった。宣教師は京都を訪れ、朝廷や将軍にキリスト教の布教を認めてもらおうとしたので、摂津に加えて隣接する播磨にも広まった。播磨など五カ国は京都に近いこともあり、豊かな宗教文化が広まったのである。

1　播磨の寺社とキリシタン

キリシタン大名・高山右近

天文十八年（一五四九）、イエズス会の宣教師フランシスコ・ザビエルが日本にやって来て、キリスト教を広めていった。播磨においても、キリスト教の布教が始まった。

永禄二年（一五五九）九月、宣教師のヴィレラは豊後国から京都に向かう途中で、室津《むろつ》（たつの市）を訪れた。室津は瀬戸内海交通の要衝として知られ、大いに栄えていた港町である。しかし、このときは寄港に止まり、キリスト教を広めることはなかった。天正九年（一五八一）以降、室津で布教が行われたことは、フロイスの『日本史』などで確認することができる。

当時、室津を支配していたのは、キリシタン大名として知られる小西行長《こにしゆきなが》だった。巡察士のヴァリニャーノは、布教のため室津に日本人宣教師を送り込むと、たった八日間で五十人もの人々がキリスト教に入信したという。その後も室津での布教活動が続けられ、天正十四年（一五八六）に宣教師のセズペデスが訪れた際には、一二〇名もの人々が洗礼を受けたと伝わっている。

天正十三年（一五八五）閏八月、高槻城（大阪府高槻市）主だった高山右近《たかやまうこん》は、明石城（明石市）主として六万石を与えられた。右近はキリシタンであり、高槻でもキリスト教の布教に協力していた。しかし、明石の僧侶は、右近が明石城主になると聞き、仏教が弾圧されるのではないかと恐怖した。僧侶は仏像が破却されないよう、船に積んで大坂に逃げたといわれている。というのも、右近は高槻の領内において、仏像を破却したという噂が伝わっていたからである。

僧侶は秀吉の母・大政所、あるいは反キリシタンで知られる医師の施薬院《やくいん》全宗《ぜんそう》を頼り、キリスト教布教を禁止するよう嘆願した。この話を耳にした秀吉は僧侶に対して激昂し、明石領内の支配は右近に任せていると述べた。秀吉の立場からすれば、明石領内におけるキリスト教布教には関知しないということだろう。明石からわざわざ運ばれた仏像は、天王寺（大阪市天王寺区）に運び込まれて焼却処分された。この時点において、秀吉はキリスト教布教に制約をしていなかったのだ。

天正十五年（一五八七）、秀吉は九州征伐を終えると、ポルトガル商人が多くの日本人を奴隷として売買する現実を目の当たりにした。事態を憂慮した秀吉は、同年に伴天連《ばてれん》追放令を発布した。同時に、秀吉は右近に対して、キリスト教の棄教を迫ったのである。右近は棄教に応じなかったので、秀吉は千利休を使者として再考を促したが、最終的に応じなかった。以後の右近は、キリスト教に理解がある大名（小西行長、前田利家・利長）に匿われつつ各地を転々とし、最終的にフィリピンのマニラに逃げ、慶長二十年（一六一五）に同地で亡くなったのである。

法華宗と浄土真宗の拡大

法華宗（日蓮宗）は、日蓮を開祖とする。「南無妙法蓮華経」という法華経の題目を第一とし、三大秘法（本尊・題目・戒壇）と即身成仏を説いた。

慶長五年（一六〇〇）九月の関ヶ原合戦で東軍が勝利すると、三河国吉田（愛知県豊橋市）から池田輝政《いけだてるまさ》が姫路に移ってきた。輝政が当時から帰依していたのが、法華宗の日円《にちえん》だった。日円は輝政が姫路に移る際、これに従ったのである。輝政が法華宗を信仰した理由は、側室の督姫《とくひめ》（徳川家康の次女）の影響によると推測されている。

督姫が五歳のとき、病により危篤状態になったが、本法寺（京都市上京区）の日受《にちじゅ》の祈禱により回復した。日受は法華宗の僧侶だったので、督姫は熱烈な法華宗の信者になったという。輝政は、その影響を受けた可能性がある。姫路に移って以降、督姫はかねて帰依していた日能《にちのう》を招き、妙円寺《みょうえんじ》を開創した。また、督姫の母・西郡局《にしのこうりのつぼね》が病没すると、日教《にっきょう》を招いて青蓮寺を建立し、その菩提を弔った。輝政の子・輝澄《てるずみ》が西播磨三郡を与えられた際、同寺は宍粟《しそう》郡に移ったのである。

姫路に移った日円は、輝政からの援助もあって、城下町に妙立寺《みょうりゅうじ》を建立した。明石の円乗寺《えんじょうじ》も輝政の支援によって、日円が開創した寺院である。妙立寺に隣接する妙善寺《みょうぜんじ》は、三河国吉田から移されたもので、池田氏家臣の旦那寺だったという。その後、池田氏は備前と鳥取に移るが、その際も日円は鳥取に法泉寺《ほうせんじ》、岡山に本行寺《ほんぎょうじ》を創建したのである。

輝政と仏教をめぐっては、有名な逸話がある。慶長十四年（一六〇九）末頃、輝政と督姫宛の書状が発見された。当時、姫路城内では奇怪な出来事が起こり、人々を悩ませていたが、それとも関連していた。内容は小天神が輝政夫妻を調伏しているが、それを免れるには城内に「八天塔」を建て、護摩を焚いて祈禱せよというものだった。

当初、輝政はこの書状を無視していたが、秀吉が姫路城を築いた際、城内にあった刑部《おさかべ》神社を総社に遷した祟りではないかと噂する者が現れた。その二年後、輝政が中風《ちゅうぶ》に罹ったこともあり、円満寺《えんまんじ》（多可町）の明覚《みょうかく》を招き、悪魔退散、国家安穏の祈禱を依頼した。そして、明覚の進言もあり、刑部神社に護摩堂と八天塔を建てると、輝政の病も快方に向かい、城内の奇怪な出来事も収まったという。

図5－1　亀山本徳寺（姫路市亀山）（亀山本徳寺提供）

浄土真宗は浄土教の一宗派で、親鸞が開祖である。阿弥陀仏の他力回向《たりきえこう》を往生の本義として主張し、肉食妻帯の在家主義だった。一五世後半の蓮如《れんにょ》の代に教団を拡大すると、戦国期には各地で一向一揆が勃発した。

蓮如が播磨に浄土真宗を布教しようとしたことは、弟子の空善《くうぜん》の手になる『空善記《くうぜんき》』に書かれている。永正十二年（一五一五）、蓮如の意を汲んだ空善は、英賀城（姫路市）下に英賀御堂《あがみどう》を開いた。これが、のちの亀山本徳寺《かめやまほんとくじ》である。しかし、一五世紀後半頃には、すでに浄土真宗は播磨に宗勢が及んでいたという。

蓮如の弟子の祐全は、英賀にやって来て浄土真宗の道場を開いた（文明道場）。道場の位置は、現在の人丸《ひとまる》町にあった。英賀では有力な領主の三木徳正らの帰依を受けて、英賀城下をはじめ周囲に次々と道場が建った。こうして浄土真宗は、人々の間に広まったのである。ただ、徳正は英賀城主の弟だったと言われているが、三木氏に関する確かな史料は乏しく、根拠史料の『播州英城日記《ばんしゅうえいじょうにっき》』も疑わしいとされる。

空善が現在の人丸町に道場を開いた理由は、当時の英賀が交易都市として栄えており、多くの人が往来する場所だったからである。その後、空善が開いた道場は龍野（たつの市）に移り、播磨六坊の一つの円光寺《えんこうじ》になった。播磨の浄土真宗布教の拠点となったのは、播磨六坊（法専坊、光善寺、万福寺、永応寺、光源寺、円光寺）、そして播磨三道場（天川道場、砥堀道場、津市場道場）である。こうして浄土真宗は都市部から農村へと広まり、多くの信者を獲得していった。

法隆寺（奈良県斑鳩町）領の鵤《いかるが》荘（太子町）には、法隆寺の別院として法相宗の斑鳩寺《いかるがでら》が建立された。永正十一年（一五一四）二月、鵤荘内に浄土真宗念仏道場で検断が行われた記事を確認できる。記事によると、東保村と平方村の道場で検断（不法を糺断し非違を検察すること）が行われ、とりわけ東保村の道場はことごとく破壊されるという徹底した弾圧を受けた。

東保村などが検断を受けたのは、昔から荘内で浄土真宗が堅く禁じられていたこと、そして播磨守護の赤松義村から指示があったからだといわれている。本願寺の実如《じつにょ》によると、赤松氏は総じて浄土真宗に恨みを抱いており、播磨国内での布教を許さなかったという。そこで、実如は洞松院尼（赤松政則の妻）に「秘蔵の名馬」を贈り、布教の許可を求めたのである。

なお、播磨には禅宗も広まっており、赤松円心を開基とし、雪村友梅《せっそんゆうばい》を開山とする法雲寺《ほううんじ》（上郡町）、赤松則祐《そくゆう》を開基とし、雪村友梅を開山とする宝林寺《ほうりんじ》（上郡町）などがあることを付記しておく。

広峯神社と伊和神社

戦国期に至ると、社寺参詣の興隆に従い、多くの参詣客を集める神社も現れた。牛頭天王《ごずてんのう》を祀る広《ひろ》峯《みね》神社（姫路市）は、京都祇園社（八坂神社）の本社と言われ、多くの参詣者を集めた。広峯神社は、熊野那智大社と似たような御師《おんし》組織を持っていた。御師とは、師檀関係にある檀那の願意を神前に取り次ぎ、その祈願を代表する神職のことである。やがて、遠隔地の信者のために宿泊施設を経営し、地方の信者を組織化しつつ、神社信仰の普及を行った。

そもそも社司の広峯氏は、武士としての性格が色濃く、鎌倉時代には鎌倉幕府の御家人でもあった。広峯神社には広峯氏のほか、三十余の社家《しゃけ》が存在した。社家は、但馬・丹後・丹波・美作・因幡・摂津などの参詣客を受け入れる御師となったのである。『峯相記《みねあいき》』によると、南北朝時代には人々が先を争うようにして広峯神社を参詣したという。

次に、播磨国一宮《いちのみや》の伊和《いわ》神社（宍粟市）を取り上げておこう。伊和神社は大国主神を祭神とし、成務天皇十四年（あるいは欽明天皇二十五年）に創建されたと伝わっている。南北朝期以降は赤松氏の崇敬を受け、その庇護下にあった。赤松義則は、伊和神社に惣神殿を設け、宗教的なイデオロギーをもとに支配を展開しようとしたという。嘉吉元年（一四四一）の嘉吉の乱で赤松氏が播磨守護の地位を追われると、代わりに播磨守護になった山名氏が伊和神社への支援を行った。

応仁・文明の乱後、赤松政則が播磨守護に復帰したが、一六世紀初頭の赤松義村の代に至って赤松氏弱体化が進む。代わって宍粟郡で台頭したのが、赤松氏一族の宇野氏である。宇野氏は担当の奉行を置くなどし、伊和神社の庇護に努めた。また、宍粟郡内で勧進を行って修繕の費用を集め、あるいは公田《くでん》数を根拠にして、一反につき五十文を神戸荘の百姓から徴収した。宇野氏は伊和神社の祭礼行事が円滑に進むよう、さまざまな施策を行った。その記録は、「伊和神社文書」に関連文書が残されている。

2　但馬の寺社

山名氏と禅宗寺院

現在、但馬には十刹や諸山の五山派の官寺が多かったので、五十余の妙心寺派の禅宗寺院が残っている。一四世紀後半になると、山名氏が但馬守護に任じられると、国内の禅宗が興隆した。山名氏は禅宗を信仰しており、南北朝期に少林寺（因幡）、光孝寺（伯耆）、理済寺（美作）を開創したのである。それぞれの寺院は、十刹あるいは諸山の官寺となった。

但馬守護になった山名時義《ときよし》は五山派ではなく、大明寺《だいみょうじ》（朝来市）の月庵宗光《げつあんそうこう》の禅に傾倒した。月庵は美濃の出身で、夢窓疎石《むそうそせき》などの名僧のもとで修業を重ねた高僧である。月庵が三十六歳のとき、伊予の宗昌寺《そうしょうじ》（愛媛県松山市）において大虫宗岑《だいちゅうそうしん》から印記《いんき》を授けられた。それから数年もの間、月庵は南紀、伊勢、京都などを巡ったのち、貞治六年（一三六七）に但馬黒川（朝来市）に草庵を結んだ。その噂を聞いた僧侶が続々と月庵のもとに集まり、やがて大明寺に発展したのである。

月庵は孤高の禅者として知られ、その厳しい態度が時氏《ときうじ》の好むところになったといわれている。時氏の子の時熙《ときひろ》もまた、月庵に帰依した。月庵は大明寺を開いて以降、円通寺《えんつうじ》（豊岡市）、大同寺《だいどうじ》（朝来市）、禅昌寺《ぜんしょうじ》（神戸市須磨区）などの寺院を開創した。寺院の造営に際しては、時氏の支援があったと考えられる。月庵が亡くなったのは康応元年（一三八九）三月のことだった。享年六十四。山名氏の庇護を受けた大明寺などの諸寺は、以後も但馬で発展し続けたのである。

但馬には、法華宗寺院が二十九寺ある。なかでも注目されるのは、但馬出身の日真《にちしん》が開いた日真門流である。日真門流は京都の本隆寺《ほんりゅうじ》を本寺とする、勝劣《しょうれつ》派に属した。

文安元年（一四四四）、日真は大納言の中山親通《なかやまちかみち》の子として、九日市（豊岡市）で誕生した。母は、山名時義の娘である。日真は六歳の時に出家し、山名氏の菩提寺である妙境寺《みょうきょうじ》（妙経寺／豊岡市）に入り、日全のもとで修行した。その後、日真は比叡山で学ぶなどし、文正元年（一四六六）に妙本寺《みょうほんじ》（妙顕寺／京都市上京区）に入ると、日具《にちぐ》のもとで研鑽を積むことになった。

しかし、日真は日具の学風に満足せず、勝劣義《しょうれつぎ》を学ぼうと決意すると、本能寺、妙蓮寺に出入りするようになり、特に妙蓮寺の日忠との交流を深めた。文明十七年（一四八五）には『観心本尊抄見聞』を著し、絶賛された。長享二年（一四八八）の夏、一致派の日儼と大論争を繰り広げたが、決着しなかった。そこで、日真は師の日具に書状を送ったが、自説は受け入れられなかった。延徳元年（一四八九）、日真は心を同じくする同志とともに妙本寺をあとにして、京都に本隆寺を建立したのである。

独立した日真は、若狭や越前に布教を行い、若狭に本境寺《ほんきょうじ》（福井県小浜市）、越前に本興寺《ほんこうじ》（同越前市）といった末寺を開創した。明応七年（一四九八）春、後土御門天皇の勅命に応じて『三大部科註』を書き写すと、その五年後に後柏原天皇に献上した。こうして日真は、大和尚位を授けられるとともに、外題宸筆を下賜されたのである。日真自身は、但馬において布教活動をしなかったが、その影響力は非常に大きく、但馬には多数の日真門流の寺院が現在も残る。

真言宗から改宗した浄土真宗寺院

但馬には、浄土真宗も展開した。光妙寺（光行寺）、福成寺《ふくじょうじ》（以上、豊岡市）が現在もある。もともと福成寺は真言宗寺院だったが、南北朝に住持の善証が上洛した際、浄土真宗の覚如《かくにょ》の弟子となった。その後、善証は善正房覚証と名を改め、但馬に戻ると福成寺を浄土真宗寺院に改宗したのである。文明年間に至ると、七世の知教が興正寺蓮教《こうしょうじれんきょう》の弟子になったこともあり、しばらくして興正寺の末寺になった。

図５−２　出石神社（豊岡市出石町宮内）（出石神社提供）

もともと光妙寺は、大岡寺《おおおかじ》（豊岡市）の末寺で真言宗寺院だった。承久三年（一二二一）の承久の乱で後鳥羽上皇が敗れると、その第三子の雅成《まさなり》親王が但馬に流されて出家し、光妙寺に入ったという。雅成親王には妃がおり、すでに子を宿していた。妃は但馬で子を産んだが、まもなく入水して自ら命を絶ったのである。光妙寺の住持の円空は、その子を弟子として浄円という名を与えた。永仁二年（一二九四）、浄円は真言宗から浄土真宗に改宗したのである。

戦国時代に至り、山名誠豊《のぶとよ》・祐豊《すけとよ》は但馬国内の山科本願寺の末寺に宛てて、課役免除、守護使不入《しゅごしふにゅう》の特権を認めた。光妙寺は興正寺を通して本願寺に属していたと考えられ、その時期は文明年中と推測されている。近世に至ると、光妙寺は下寺十八カ寺を支配していたので、興正寺に所属していたことが明らかである。また、生野《いくの》の金蔵寺《こんぞうじ》（朝来市）もかつては真言宗寺院だったが、のちに興正寺の末寺となった。但馬の浄土真宗寺院は、その多くが真言宗寺院から改宗したのである。

山名氏と出石神社

但馬の一宮は、出石神社（豊岡市）である。出石神社は天日槍《あめのひぼこ》伝説で知られ、『古事記』『日本書紀』にも登場する古い神社である。神社には「出石神社文書」が伝来し、また祝職《ほうりしょく》を務めた神床《かんどこ》家には「神床文書」が伝わっている。以下、それらの史料を用いて、中世後期の出石神社の様相を探ることにしよう。

室町期に但馬守護を務めたのは、山名氏である。永享八年（一四三六）八月、山名持豊（宗全）は、出石神社に願文を奉納した。但馬守護だった持豊は、一門の繁栄を祈念するだけでなく、天下泰平、但馬国内が豊饒になることを願っていたことが分かる。こうした例は山名氏に限らず、戦国大名全般に見られたものである。山名氏が出石神社に崇敬の念を抱いていたのは確かなことで、社領の寄進も行っていた。

明応五年（一四九六）十一月、山名政豊《まさとよ》は神床氏に祝職を安堵した。祝職とは神職の一つで、神社のさまざまな職務を行った。つまり、山名氏は祝職を任命する権限を持ち、神床氏は山名氏による地位の保証のもと、職務を遂行していたのである。それゆえ、両者の関係は緊密だったといえる。

年末詳ながら、神床氏は山名氏熙《うじひろ》の命に従って合戦に出陣したことが判明する。山名氏は神床氏の貢献に感謝し、早々に在所に立ち返るよう書状を送った。神床氏はそのような事情もあったからか、山名氏に銭のほか、鮭、山椒などの贈り物をしている。数々の神床家の贈り物は、山名氏による出石神社への庇護に対する対価ということになろう。

出石神社の近くには、真言宗寺院の総持寺《そうじじ》（豊岡市）がある。中世以降、総持寺は「一宮総持寺」と称され、同寺の僧侶は「出石大社供僧《ぐそう》」として出仕した。年未詳ながら、山名誠豊は一宮総持寺に対して、小坂郷内の諸公事・課役を免除した。また、同寺には奉加帳《ほうがちょう》も残っており、山名氏や家臣だけでなく、農民らも総持寺に寄附したことが判明する。

3　丹波の寺社

禅宗の興隆

鎌倉末期から南北朝にかけて、丹波国佐治《さじ》（丹波市）出身の遠渓祖雄《えんけいそゆう》は元へと渡海し、帰国後は佐治に高源寺《こうげんじ》を創建した。遠渓は、元朝禅林《ぜんりん》の中峰明本《ちゅうほうみんぽん》から隠逸禅を学んだ。高源寺は臨済宗の幻住派《げんじゅうは》という一派を築いたが、京都の五山との関係性が薄く、各地で地方の教化を進めたので、大きな勢力にはならなかった。

室町時代末期、遠渓の法系に連なる一華碩由《いっかせきゆ》が登場すると、幻住派の勢いが増すようになった。一華は遠渓の六世の法孫・玄室碩圭の弟子である。筑前出身の一華は、大覚派《だいがくは》、大徳寺派《だいとくじは》、曹洞宗通幻派《つうげんは》で学んだが、その教えに満足できなかった。玄室のもとで学ぶようになって、文明十三年（一四八一）に密授を受けたという。一華は長い経験の中で、一人で禅宗諸派の口訣秘伝を兼授する説化方法を会得したのである。

図５－３　円通寺（丹波市氷上町御油）（円通寺提供）

禅宗ではそれぞれの祖派が門派を結合し、発展していった。しかし、応仁・文明の乱を境にして、法系を中心とした門派の意識が希薄となり、地方諸山の私寺が進展したのである。五山派の官寺においても、一派を独占する寺院が増えてきたので、伽藍継承法（一流相承）の機運が盛り上がってきた。兼授するという一華の考え方は、それらの矛盾を解決したので、幻住派は各地に広まりを見せたのである。

一華の弟子たちは、各地で活躍した。湖心碩鼎《こしんせきてい》は、大内氏が派遣した遣明使の正使を担当した。湖心の弟子の景轍玄蘇《けいてつげんそ》は朝鮮外交に携わるなどし、対馬府中に取扱事務所となる以酊庵《いていあん》を開いた。また、湖心の弟子の嘯岳鼎虎《しょうがくていこ》は、山口に洞春寺《とうしゅんじ》を創建すると、京都五山の建仁寺と南禅寺に昇住したので、もはや幻住派は無視できない存在となった。

永正十四年（一五一七）、ついに高源寺は勅願寺に列せられた。幻住派の本寺である高源寺は、末寺の数が一千余に及んだ時期があった。やがて、幻住派は京都・鎌倉の五山にも強い影響力を及ぼすようになり、五山派の僧侶たちも幻住派の印証を受けようとしたのである。こうして幻住派は、近世以降も発展したのである。

丹波には、曹洞宗の教えも広まった。応安七年（一三七四）、天鷹祖祐《てんようそゆう》は洞光寺《とうこうじ》（丹波篠山市）を開創し、のちに多紀郡内に四十もの末寺を系列化した。永徳二年（一三八二）、英中法俊《えいちゅうほうしゅん》が円通寺《えんつうじ》（丹波市）を開創すると、五千余の僧侶が法俊のもとに参じたという。法俊は足利尊氏の末子と言われており、それゆえ義満が深く帰依した。円通寺の伽藍を寄進したのは義満である。江戸時代に至ると、円通寺の末寺は二百余に及び、丹波だけでなく播磨・但馬の曹洞宗の触頭《ふれがしら》になった。

波多野氏が庇護した浄土真宗

次に、丹波における浄土真宗を取り上げることにしよう。文明七年（一四七五）八月、吉崎《よしざき》（福井県あわら市）を発った蓮如は、小浜（同小浜市）を経て丹波の仏現寺《ぶつげんじ》（丹波市）に立ち寄った。蓮如が僧侶や檀徒に教えを説くと、たちまち彼らは浄土真宗に改宗したと伝わっている。戦国期に至ると、八上城下に所在したという尊宝寺《そんぽうじ》（丹波篠山市）が『証如《しょうにょ》上人日記』に見える。

永正三年（一五〇六）、尊宝寺は八上城主の加竹法印重尊によって開創された。重尊は永正期に実在した波多野秀経の法名と推測される。住持を務めたのが、重尊の末子の印清だったという。もともと印清は天台宗を学んでいたが、のちに上洛して本願寺実如のもとで教えを授かり、名を印西と改めた。丹波に戻った印西は、尊宝寺を本願寺の末寺にしたと伝わっている。天文年間に至ると、尊宝寺は本願寺直系の寺院だったので、『証如上人日記』にたびたび登場することになった。

同時に、丹波守護代の波多野氏は、本願寺と盛んに音信を交わすなど、昵懇な関係にあったことが分かる。天文二十一年（一五五二）五月、三好長慶が八上城を攻撃したが、味方から寝返る者が出て敗北し、逃走したことがあった。証如は、『証如上人日記』のなかで長慶の敗走を喜ばしいことだと感想を漏らしている。こうして丹波では波多野氏の庇護により、浄土真宗の教えが広まったのである。

寄進を集めた春日兵主神社

丹波の神社で多くの史料を所蔵するのは、奈良時代に創建された春日兵主神社《かすがひょうず》（丹波市）である。永正元年（一五〇四）五月、社頭御修理奉行なる組織が存在し、売り渡された御修理田をもとにして、春日兵主神社の修繕を行っていた。永禄七年（一五六四）十月には、荻野幸家が長谷川村内の西ノ沢一段六斗代を寄進するなど、以後も多くの武将が春日兵主神社に田地を寄進したのである。

寄進した武将の居住地はさまざまで、尾張国羽栗郡に住む武山武吉、丹波国北桑田郡に住む長谷川重久、桂定久、近江国北郡に住む中嶋弥九郎といった名が見える。このほか、史料は残っていないが、矢嶋久兵衛、豊臣秀勝《ひでかつ》（於次）、同秀勝（小吉）、石田三成、嶋清興《しまきよおき》、山口正弘《やまぐちまさひろ》といった武将が春日兵主神社に寄進したという伝承が残っている。

4　摂津の寺社とキリシタン

尼崎でのキリスト教布教

摂津については最初に、キリスト教について触れておこう。戦国期の摂津西部は三好氏の影響下にあったが、永禄十年（一五六七）にキリシタンをめぐる事件が勃発した。

摂津のカジマなる場所において、反松永氏を掲げるキリシタンの青年が集会を催し、そのまま西宮へ移動したという。その中に、三好長逸《ながやす》（三好三人衆の一人）の甥の革島《かわしま》ジョアンという青年がいた。姓からして、山城の国人の革島氏の一族と考えられる。西宮に一行が到着すると、同行したキリシタン青年たちは、ジョアンに信仰の証《あかし》を求めた。すると、ジョアンは地下の寺院に入り、糞尿を掛けたというのである。

ジョアンの蛮行を知った長逸は激怒し、また一族の宗渭《そうい》（三好三人衆の一人）から厳しく非難されたこともあって、ジョアンを勘当した。ジョアンはさらに罰せられることを恐れ、堺（大阪市堺市）に逃れたという。長逸はキリスト教に理解があったといわれているが、この事件をきっかけにして態度を変えた。三好三人衆は宣教師がジョアンを唆《そそのか》したとして、キリシタンへの対応を改めたのである。

翌年、宣教師のルイス・フロイスは、三箇頼照《さんがよりてる》サンチョとともに尼崎を訪問し、多くのキリシタンから歓待された。フロイスは十日にわたり尼崎に滞在し、昼夜を問わず日本人修道士のほか、異教徒の仏教徒にも説教を行った。そして、彼らの懺悔を聞き、十人に洗礼を行ったのである。この噂はたちまち広がり、フロイスの説教を聞きたいという尼崎の人々が続出したという。しかし、日蓮宗や一向宗の僧侶は黙っておらず、激しく説破《せっぱ》（論破）しようとしたが、尼崎でキリスト教の布教は着実に行われたのである。

没落する旧仏教

摂津西宮（西宮市）においては、古代以来の神咒寺《かんのうじ》や鷲林寺《じゅうりんじ》などの寺院があった。それらの旧仏教系寺院は民衆からの信仰を集めるだけでなく、近くに広大な寺領を保持していた。ところが、南北朝期に至ると、神咒寺や鷲林寺などは戦乱によって、武士らによって寺領を奪われるありさまだった。以降、旧仏教系の寺院は影響力を失い、没落していったのである。

広田神社と多田神社

一方で、西宮は水陸交通の要衝でもあったので、南北朝時代の頃には酒屋などが現れ、なかでも摂津一宮の広田《ひろた》神社は門前町として大いに栄えた。広田神社は神祇官に直属した官社だったので、この付近一帯を支配した。平安時代末期になると、広田神社とその社領は、白川伯《しらかわはく》家の所領となった。白川伯家は神祇官の長官を世襲し、その権力は中世を通して維持されたのである。

広田神社には山手の本宮のほか、平安時代中期に頃には浜手に別宮（南宮）が成立した。別宮は広田神社の御旅《おたび》所《しょ》から発展したと考えられ、自然に海上交通に関わる浜人の信仰を集めるようになった。建治元年（一二七五）八月、西大寺《さいだいじ》（奈良市）の叡尊《えいそん》が広田神社を訪れ、大般若経などを転読した。叡尊は本宮だけでなく南宮にも参詣し、宝珠《ほうじゅ》を見学した。広田神社では、神仏習合が進んでいたのである。

広田神社が人々の信仰を集めていたとはいえ、同社の祭祀は民衆に開放することがなかった。理由は、広田神社が神祇官に直属しており、格式が高かったからである。鎌倉時代末期以降、海上交通に基づいた交易業を営む人々の要望に応じて、ようやく広田神社南宮の一小社が開放された。これが、現在の戎神を祀る西宮神社である。西宮神社は瀬戸内海沿岸部の水運業者から信仰されるようになり、やがて広田神社よりも発展したのである。

図5－4　広田神社（西宮市大社町）（廣田神社提供）

慶長九年（一六〇四）、豊臣秀頼が広田神社および西宮神社の大規模な改築を行ったので、さらに両社は興隆したのである。

摂津西部で最大の文書群を所蔵するのは、多田《ただ》神社（川西市）である。天禄元年（九七〇）、多田神社は源満仲《みなもとのみつなか》によって創建されたという。祭神は、源満仲、頼光《よりみつ》、頼義《よりよし》、義家《よしいえ》である。住持は、満仲の子で延暦寺の僧侶だった源賢《げんけん》が務めた。古来、武家の崇敬の厚い神社だったが、室町・戦国期に至っ

図５－５　多田神社（川西市多田院多田所町）（多田神社提供）

てもそれは決して変わらなかった。社内には、源満仲、頼光の廟所があり、歴代足利将軍の分骨も収められた。

中世を通して多田神社で有名なのは、「多田院鳴動《めいどう》」であろう。社内には、満仲らを祀る廟所があった。その廟所が音を発して揺れ動くと良いことが起こるとされ、鳴動した情報はただちに幕府へと報告された。幕府は多田院が鳴動した報告を受けると、多田神社に神馬宝剣等を奉納し、祈願したのである。現存する史料では、十七回もの多田院鳴動を確認することができる。文明四年（一四七二）に多田院鳴動が起こった際は、満仲に対して従二位が贈位された。

本興寺と法華宗の拡大

摂津西部で勢力を誇ったのが法華宗である。一五世紀に活躍した法華宗本能寺派の僧侶・日隆《にちりゅう》は、もともと京都の妙顕寺《みょうけんじ》（当時は妙本寺）に入っていた。その後、妙顕寺を出奔した日隆は、越後、河内を放浪し、本厳寺《ほんごんじ》（大阪府寝屋川市）を開いた。やがて、日隆は証人の米屋二郎五郎の支援を得て、尼崎に布教を開始したのである。

応永二十七年（一四二〇）、摂津守護の細川満元《みつもと》が偶然尼崎に行ったところ、布教していた日隆と出会い、帰依することになったという。応永三十年（一四二三）、日隆は満元の助力により、尼崎に本興寺《ほんこうじ》を開いたのである。当時の本興寺は、大物《だいもつ》川の河口付近の港町に所在したと考えられている。

本興寺には、室町・戦国時代における多数の中世文書が伝来しており、戦国大名から与えられたものも少なくない。そうした武家が発給した文書の中には、多数の禁制《きんぜい》を見出すことができる。禁制とは、戦争時に将兵からの濫妨狼藉を未然に防ぐため、禁止事項を列挙した文書のことである。それは、大名などから金銭と引き換えに交付された。禁制のうち十通には、「国質《くにじち》・所質《ところじち》・請取沙汰《うけとりさた》」といった徳政に関わる文言が見られる。

徳政とは、借銭などの返済を無効にするものだったので、本興寺は高利貸を営んでいた可能性が高いという。弘治二年（一五五六）四月、本興寺が尼崎地下人惣中に三万疋もの大金を貸した際、惣中は本興寺前の「貴布祢屋敷」「中間田畠」をその代償として差し出した。本興寺は商人から庇護されただけでなく、高利貸を営み尼崎町衆と結びつき、商品流通を掌握した可能性があるといえよう。

織豊期の史料を数多く所蔵するのは、同じ日蓮宗の長遠寺《じょうおんじ》（尼崎市）である。同寺は観応元年（一三五〇）、日恩《にちおん》が開基した。元亀三年（一五七二）三月、織田信長は長遠寺に対して禁制を交付し、軍勢の陣取、矢銭《やせん》（軍費）や兵糧米の徴収、徳政の免許、棟別などの課役を禁止した。当時、摂津は信長と大坂本願寺が抗争を繰り広げていたので、長遠寺は信長に制札銭《せいさつせん》を払って、禁制の交付を受けたのである。

徳政の免許を禁止するというのは、当時の寺院が金融業を営んでいたことと関係があった。徳政が認められると、長遠寺の貸した金が戻ってこなくなる。そういう事態を避けるため、盛り込まれた項目である。天正二年（一五七四）三月、荒木村重は信長の朱印状（元亀三年の禁制）を踏まえ、若干内容の異なる禁制を交付している。

同年三月、村重は長遠寺に七カ条にわたる定書を発布した。そこでは、守護不入のほか、神事・祭礼を執り行うこと、諸役・諸座の免除などが盛り込まれている。諸座の免除というのは、いわゆる楽座ということになろう。また、海に近いこともあって、舟夫として毎月五艘出すことが定められた。

年未詳ながら村重は、信長の朱印状の趣旨に任せ、早々に堀溝の工事を申し付けた。命を受けたのは、長遠寺が所在する巽《たつみ》、市庭の年寄中である。市庭とは、商人が定期的に集まって商売を行う場所である。また、村重は尼崎惣中に対して、長遠寺の普請を命じた。長遠寺が村重の庇護下にあったのは、確かなことである。

浄土真宗の展開

文明七年（一四七五）八月、蓮如は吉崎（福井県あわら市）を発って西へと向かった。京都はまだ応仁・文明の乱で荒廃していたので、あえて入京を避けて丹波に入り、さらに歩を進めて摂津に辿り着いた。蓮如は、最徳寺《さいとくじ》（猪名川町）、教行寺《きょうぎょうじ》（西宮市）に立ち寄ったと考えられ、最徳寺には蓮如が使用したと伝わる笠と杖が残されている。

最徳寺の寺伝によると、同寺は厨子王丸（多田満仲の落胤）が開いた寺で、かつては真言宗寺院だったが、のちに中興永明が同寺を浄土真宗の寺院に改宗したという。中興は、真宗興正派の興正寺（京都市下京区）八世源鸞《げんらん》に帰依したと伝わっている。文安五年（一四四八）頃、同寺の貫名が蓮如の弟子になった。つまり、蓮如が摂津にやって来る以前から、浄土真宗が広まっていたということになろう。

また教行寺の寺伝によると、文明年間に蓮如が最徳寺を訪れたとき、名塩《なじお》（西宮市）の村人が中山に寺庵を造営し、蓮如を招いたという。蓮如は村人の要請を快く受け入れ、布教活動を行った。その後、名塩の村人は摂津富田の教行寺（大阪府高槻市）に行き、教えを請うた。蓮如は同寺の兼琇《けんしゅう》を名塩の寺庵も兼ねさせることとし、のちに寺庵は教行寺になったのである。

兼琇は、蓮如の第二十子だった。蓮如は自分の子供を各地に送り込み、主要寺院を任せて本願寺教団の統制を円滑に進めた。こうした寺院は、一家衆《いっけしゅう》寺院という。大永三年（一五二三）に兼琇が亡くなると、次男の賢勝《けんしょう》が跡を引き継いだ。やがて、西摂津の猪名《いな》川の流域には、最徳寺、光遍寺《こうへんじ》（川西市）、勝福寺《しょうふくじ》（同）などの浄土真宗寺院が次々と開かれた。塚口御坊（興正寺塚口別院／尼崎市）が猪名川下流域に開創されたのは、応永七年（一四〇〇）のことである。

5　淡路の寺院

本章の最後に淡路の寺院を取り上げることにしよう。

妙勝寺《みょうしょうじ》（淡路市）は、かつて真言宗寺院であったが、のちに法華宗に改宗した。足利尊氏御判御教書《ごはんのみぎょうしょ》を所蔵するが、尊氏の署名の箇所が他の文書から二文字を切り取って貼り付けたと思われ、疑わしいとされている。とはいえ、年未詳ながらも、淡路守護の細川尚春《ひさはる》が妙勝寺に祈禱を命じている文書があるので、早くから武家の崇敬を受けていたと考えられる。このほか、永禄十三年（一五七〇）二月、元亀三年（一五七二）十二月の二度にわたり、篠原長房《しのはらながふさ》が妙勝寺などに禁制を与えている。

龍宝寺《りゅうほうじ》（洲本市）は真言宗寺院であるが、その由緒については知るところがない。同書には、天正期の堀部長勝の文書を二通伝えるが、堀部氏に関してはほとんど不明である。天正六年（一五七八）十二月の長勝の文書によると、かつて龍宝寺はなんらかの理由で破壊されたようである。盛秀《せいしゅう》法印が再興をするに際して、長勝は山林・竹木・畠などを寄進したことが判明する。その十年後、長勝は龍宝寺に定書を与えているので、同地付近を支配していたことが明らかである。

淡路国で最も多くの文書を所蔵するのが、護国寺《ごこくじ》（南あわじ市）である。護国寺は真言宗寺院で、賀集《かしゅう》八幡神社の別当寺《べっとうじ》でもある。貞観年中（八五九～八七七）に大安寺《だいあんじ》（奈良市）の僧・行教《ぎょうきょう》が創建したと伝わる。同寺は約六十点の文書を所蔵しており、寺院経営や寄進状などのほか、武家から与えられたものもある。年次不明ながら、細川尚春らの奉加帳は、その代表的なものといえるだろう。

このほか、もちろん淡路には多数の寺院や神社があるのだが、確かな史料で概要が判明するのは、右の寺院などに限られている。

◈　◈　◈

播磨など五カ国には、豊かな宗教文化が花開いたものの、課題が多いのも事実である。まず、神社関係の史料は、播磨一宮の伊和神社を除くと非常に乏しいという事情があり、あまり解明が進んでいない。寺院についても播磨の清水寺が膨大な史料を所蔵しているが、関係する研究論文が乏しいという問題がある。また、淡路は史料そのものが全般的に少ないという事情がある。神社や寺院組織の解明は、今後の課題となろう。

戦国時代におけるキリスト教についてはフロイスの『日本史』に記述があるが、日本側の史料が圧倒的に少ないという問題がある。こちらも、今後の課題が多いところである。

仏教史は平安・鎌倉時代の研究が多いものの、本書が対象とする戦国時代の研究はさほど多いとはいえない。少ない史料を読み込み、いかに実態解明を進めるかがカギになろう。

第六章　発展する流通経済

播磨など五カ国では、産業や流通経済が発達した。むろん、それは戦国時代に急速に完成したものではなく、前代からのものが徐々に発達したのである。その背景には、まず陸路交通の整備、海上交通においては港湾の整備が大きなカギとなった。特に海上交通や河川交通においては、船が格段に進歩したので、一度に大量の物資を運搬することが可能になったのである。また、戦国時代は銭貨の流通が広範に広がる一方で、為替《かわせ》による決済も一般的に行われた。

右のような条件のもと、各地に市が設置され、保護が進んだことも特筆に値するだろう。織田信長は楽市楽座を行ったが、同様の施策は羽柴（豊臣）秀吉が播磨で、明智光秀が丹波でそれぞれ行った。また、鉱山から採掘された銀などが武家政権の財源となり、それは国内だけに止まらず、海外に広く取引されたことも注目すべき出来事である。

1　活発化する商品流通

市と流通の発達

流通経済で重要な役割を果たしたのは、市だった。各地から流通した物資は、市で売買が行われた。鎌倉時代に遡ると、摂津広田神社（西宮市）南宮の市、播磨飾磨津《しかまづ》（姫路市）の市など、海に面した地域で市が発達した。いずれも海上、陸上ルートから運搬された物資を扱っていたのだろう。

内陸部においては、播磨佐用郷市庭《いちば》、伊和郷安名市（いずれも宍粟市）の市庭、同東条八日市（加東市）、同久保木四日市（小野市）、矢野《やの》荘那波浦市（相生市）、丹波大山荘（丹波篠山市）の市などが有名である。いずれも、陸上交通の要衝に位置した。室町・戦国期以降、これ以外にも各地で市が発達したのは言うまでもない。

但馬の九日市場（豊岡市）は、その名の通りの九日市であり、市が立ったのは九日、十九日、二十九日の月三回だった。市場は円山川《まるやまがわ》の沿岸部で開かれ、船によって多くの物資が運ばれた。むろん、近隣の農家も野菜などの生産物を販売したであろう。相国寺《しょうこくじ》（京都市上京区）の僧侶が九日市場において、珠光青磁《じゅこうせいじ》の茶碗を購い、これがのちに茶器の名品になったと伝わっている。

兵庫関《ひょうごのせき》（神戸市兵庫区）には、兵庫市が開設されていた。兵庫関は海上交通の要衝であり、国内だけでなく中国や朝鮮との交易で栄えた。室町時代、兵庫関には摂津西宮・鳴尾（西宮市）、淡路岩屋（淡路市）の船が入港していたが、それらは民衆の船だったと考えられている。つまり、日常的に交易が行われていた証左である。

兵庫関で流通した商品は、実にさまざまである。塩も莫大な量が取り引きされ、淀の問丸《といまる》により大和、京都方面に運搬された。塩は堺あるいは大和龍田《たつた》の商人によって、陸路から奈良へ運ばれていた。『兵庫北関入船納帳《ひょうごきたせきいりふねのうちょう》』によると、塩以外に扱われた商品は多岐にわたる。米、大豆、大唐米《だいとうまい》（赤米）、胡麻などのほか、塩合物《しおあいもの》（塩漬けにした魚類）やナマコなどの海産物、そして材木までもが流通した。それらの品々は、瀬戸内海の海上交通を利用して、四国や中国からもたらされたものもある。

瀬戸内海を通して流通の基盤にあったのは、いうまでもなく兵庫だった。しかし、応仁元年（一四六七）に応仁・文明の乱が勃発すると、兵庫にも戦火が及び、関だけでなく多くの寺院が灰燼に帰した。しかし、その後も史料に見えるので、復興がなされたと考えられる。摂津では尼崎、神崎、西宮、鳴門、播磨では室《むろ》、江《え》井崎《いざき》、高砂、福泊、飾磨、淡路の由良、洲本、岩屋が海上交通の要衝として発展したのである。

兵庫津《ひょうごのつ》が流通の要になるとともに、発達したのが商品や年貢を扱った問丸である。問丸の主たる業務は、運搬された年貢米の売却のほか、持ち込まれた物資を倉庫に保管したり、売却したりすることだった。室町時代には、兵庫に十数件の問丸があった。同時期には、尼崎にも問丸がいたことが判明している。問丸は物資の保管や売却を行うことで、手数料を得ていたのである。

商品代金の売買には、為替（割符）が用いられた。当時、商品などの代金あるいは年貢の納入は、銭や米で支払われていたが、取引先が遠隔地などの場合、銭や米を持参するのはきわめて非効率である。それゆえ、為替（割符）を利用したが、必ずしも安全とは言えなかった。銭や米を運搬中、山賊や海賊に襲撃されることがあったので、それは為替（割符）であっても同じだったのである。

食品加工業などの発達

農業の発達とともに、食品加工業が進展していった。摂津昆陽寺《こやでら》（伊丹市）と播磨のこんにゃくは記録に登場する。こんにゃくは、こんにゃく芋を原料とし、石灰などのアルカリ成分のものと混ぜると固まる性質がある。こんにゃくそのものは高い栄養価があるわけではないが、京都で販売されたので需要があったのだろう。

摂津西宮（西宮市）では、室町期から酒造りが盛んになり、それは「西宮の旨酒《ししゅ》」として珍重された。当時の酒は、今のような清酒ではなく、いわゆる「どぶろく」（濁り酒）だった。清酒の発祥の地と言われるのが、伊丹（伊丹市）である。慶長五年（一六〇〇）、出雲尼子氏の家臣・山中鹿介の子孫という山中幸元《ゆきもと》は、伊丹で双白澄酒《もろはくすみざけ》（清酒）を製造し、大いに儲けたという。すでに、濁り酒を清酒にする技術は大和にあったというが、幸元はその技術を改良して、大量に清酒を作り出すことに成功したのである。

但馬・播磨は、紙の生産地でもあった。とりわけ、杉原紙《すぎはらがみ》は『庭訓往来《ていきんおうらい》』に現れるほどの名品だった。杉原紙とは、現在の多可町杉原で生産された紙のことである。杉原紙は、八世紀の「正倉院文書」に「播磨経紙《きょうし》」の名で登場する。天平十八年（七四六）に播磨国司が提出した『播磨国正税帳』には、杉原紙が用いられた。近年の調査によると、使われた杉原紙は他の産地のものと比較して、かなり進んだ技術で製作されたと報告されている。

室町・戦国期には、公家や僧侶の日記にたびたび杉原紙が登場し、播磨からの土産として喜ばれたことが分かる。また、杉原紙は、室町幕府の公用の紙だったといわれている。当時、紙を漉《す》く技術が発達し、紙を薄く生産することが可能になった。杉原紙は、品質の良い薄い紙として評判だった。このほか播磨では、佐用郡皆田（宍粟市）の紙だったといわれている。

「甲斐田紙」、明石郡大蔵谷（明石市）の「大蔵紙」などがあった。ただし、こちらは技術的に劣っていたのか、厚紙だったといわれている。

このほか、農閑期に作られる繊維（養蚕業、絹織物業）もあった。但馬で真綿が作られたことは、『諸芸方代物附《しょげいかただいもつづけ》』に見える。但馬の久斗《くと》（豊岡市）や大庭《おおば》（新温泉町）では、絹が作られて年貢として献上されたという。丹波では丹波蓆《むしろ》が作られ、人々の貴重な収入源になったのである。

尼崎の商人

戦国時代の尼崎は、長洲浜、大物浜、杭瀬浜が連なり、尼崎港を擁する港湾都市だった。大物と東町は大物川で区切られており、東町には市庭があり、近隣の大覚寺《だいかくじ》には門前市が開かれていた。当初、門前市は商売だけが行われる場所だったが、南北朝に至ると、商人が市庭に居を定めるようになった。こうして、尼崎は摂津における流通経済の地として発展したのである。

明応五年（一四九六）の時点で、市庭南町という地名が確認できる。ただちに、この地名が市庭の存在を意味するものと即断できないが、興味深いことである。戦国時代における尼崎の市場は、東本三丁目付近にあったと推定されている。元亀三年（一五七二）に織田信長が長遠寺に下した禁制には、「尼崎内市場巽長遠寺」と記されており、長遠寺が市場の巽（東南）の位置に所在したことが判明する。

天文年間において、尼崎では石橋屋介太郎、京屋定二郎という商人が存在し、大覚寺の東に屋敷を構えていた。とはいえ、彼らは決して商売に専念できたわけではなく、同時に田畠を借りて、農業にも従事していた。石橋屋と京屋は市場における取引に参画し、その管理運営に携わった可能性があろう。当時、尼崎町は、自治的組織の尼崎地下人によって運営されていたが、彼ら商人も加わっていたかもしれない。

大永八年（一五二八）、鴨社領だった長洲村に四十八人の駕輿丁《かよちょう》があり、鴨社に対する臨時課役が免除されていたという。そもそも駕輿丁は輿を担ぐ役を負担していたが、実際には商工業者の集まりであり、課役免除の特権を得ていた。長洲の四十八人は、商工業者、交通業者、漁業者などで、駕輿丁座を作った。そして、鴨社の庇護下のもと、課役免除の特権や営業の独占権を得ていたと推測される。

尼崎商人の実像は必ずしも明らかではないが、染物商人や魚商人が多かったと推測される。先述した京屋氏は、紺屋《こうや》（染物屋）だった。また、魚崎町は魚商人が集住して海産物を取り扱っていたと考えられ、近世以降は魚棚《うおんたな》という地名に変わったのである。

尼崎商人が扱った商品で有名なのは、鎌倉時代から史料上で確認できる材木である。尼崎は港湾として栄え、海上輸送の便が良かったので、木材を扱うのには有利だった。石清水八幡宮（京都府八幡市）の経蔵《きょうぞう》は、尼崎の番匠《ばんしょう》（大工）が建てたという。尼崎は材木の流通だけでなく、優れた技術を持った番匠がいたので、大寺社の造営に際しての資材の提供や建築面で関わっていたと考えられる。

姫路と商工業

英賀《あが》（姫路市）は、海上交通の要衝として栄えていたが、やがて一向宗の門徒が集住するようになった。明応二年（一四九三）、蓮如の弟子・空善が「東かりや道場」を開き、本尊を与えられた。これが亀山本徳寺の前身である。永正十二年（一五一五）に亀山本徳寺が建立され、同時に寺内町《じないまち》が形成された。英賀は有力な長衆《おとなしゅう》による自治が行われており、同時に商人の町として栄えたのである。

一向宗の門徒が多かった英賀から本願寺に対して、たびたび贈り物が献上された。酒はもちろんのこと、鯛などの海産物も贈られた。それらについては、『石山本願寺日記』に詳しい。また、炭屋四郎衛門、同木工左衛門、同右近丞は、堺の商人・津田宗達からたびたび茶会に誘われた。炭屋氏はその名字からして、炭の製造や販売に関わったと考えられる。英賀では、こうした商人が活動したのである。

現在の姫路市域では、一二世紀前半頃から鋳物業が発達し、鏡、高欄《こうらん》（廊下などの欄干）、針などを製造していたという。おおむね一三世紀の半ばには、野里、津田、大村が鋳物業の中心になったと推測される。そもそも播磨国には矢野荘（相生市）などの荘園が存在し、鋳物師が農民の要望に応じて、鍬《くわ》や鋤《すき》などの農具、その他生活必需品を生産していたと考えられる。「東寺百合文書《とうじひゃくごうもんじょ》」では、「イモン師（鋳物）」「ヰモン師（鋳物）」の存在を確認することができる。

現在の姫路市域で鋳物業が発達すると、徐々に矢野荘の鋳物業は衰退したのではないかと推測されている。一六世紀になると、鋳物の売場での売買が盛んとなり、野里《のざと》を中心として集積されるようになった。その一端は、「芥田家文書」で確認することができる。永正十五年（一五一八）、野里村新右衛門は「大村国分寺売場」を大村国分寺の金屋から買い取った。同年、新右衛門はこれを野里村の芥田五郎衛門に二十貫文で転売したのである。なお、芥田氏は上野新田氏の流れを汲むといわれ、加西郡芥田村（加西市）に移住し、さらに野里村に移り住んだという。

芥田五郎衛門の買い取った売場の範囲は、蔭松、賀古川（加古川市）、市川、御着西市の範囲に広がっており、大村衛門二郎大夫売場の村里と神西郡も含むようになったが、後者は公事銭五十文を納める必要があった。天文十四年（一五四五）になると、大村氏は野里村の芥田五郎右衛門に十二貫文で鋳物師大村売場大工職を売却した。この売場は「東郡」と称され、佐土の六斎市《ろくさいいち》なども含んでいた。こうして芥田氏は広範な売場を獲得したが、たびたび大村氏と揉めることがあり、小寺氏の仲裁を仰ぐこともあった。以降、芥田氏は赤松氏や小寺氏から、加東郡鋳物師大工職、野里村鋳物師惣管職を安堵されたのである。

野里村で作っていたのは、播磨鍋（野里鍋）である。その名は『七十一番職人歌合』で伝わっており、室町・戦国期には『蔭凉軒日録』『実隆公記』『言継卿記』といった、僧侶や公家の日記に散見する。野里鍋は播磨から上洛する人々のお土産の品として珍重され、たいへん喜ばれたという。むろん、鍋だけでなく、鋤、鍬、鶴嘴《つるはし》などの農具や土木関係の道具も製作した。慶長十九年（一六一四）、京都の方広寺大仏を鋳造する際、野里村の一四一人の鋳物師が動員されたので、確かな技術力が評価されたのだろう。

塩業の発達

赤穂市では、中世から塩業が発達し、近世を通して中心的な産業となった。播磨では、大塩塩田（姫路市）で鎌倉初期に古式入浜《こしきいりはま》が成立したといわれ、やがて現在の赤穂市にも伝播したと考えられる。塩屋の東塩田・西塩田、新田の古浜・釜屋後、鶉和の古浜は、その名残の地名である。古式入浜は海水の排出や取り入れが不完全で、家内労働と経営規模が小さく、生産が合理化されていなかった。農業との兼業で、塩業を専業とする人はいなかったようである。

塩は生活の必需品であるが、海岸部でしか生産できなかった。京都や奈良の都市圏には、主に伊勢、北陸、瀬戸内海沿岸部の塩が供給された。瀬戸内海の塩は、兵庫（神戸市兵庫区）に搬入され、淀川を経由して京都に運搬された。むろん塩だけではなく、魚を塩漬けにした塩合物も貴重な商品だった。塩などは京都に至るまでの関で徴税され、主に塩座の人々によって販売されたのである。

塩の生産地においては、塩商人が商売を円滑に進めるため座を結成した。当時、行商人による商売も盛んだったが、塩座を結成することで流通圏における塩の販売を独占したのである。大塩（姫路市）でも、松原八幡宮を本所とする塩商人が座を結成し、関津料《せきつ》や諸公事の免除などの特権を与えられた。

織豊時代になると、織田信長による楽市楽座、関所撤廃の政策が行われ、流通がいっそう円滑になった。それまで、塩座が塩の販売を独占していたので、塩一升を買うためには米六・七合が対価だったが、織豊時代になると、塩一升の対価が米五合まで値段が下がったのである。

流通路や運搬手段の利便性が改善されると、それは塩の売買にも影響をもたらした。文禄三年（一五九四）、木下《きのした》家定《いえさだ》の配下にあった生駒玄蕃は、滝野村（加東市）の阿江与助に加古川の開発を許可した。それは、滝野から下流に向けて開削するもので、荒井川尻まで船筏を通すという難工事だった。この工事が成功すると、その十年後には滝野から加古川上流に向かって工事を進め、丹波国氷上郡本郷（丹波市）まで高瀬舟の運航が可能になったのである。

しかし、これは良いことばかりではなかった。近世以降、高瀬舟が加古川を往来することにより、先述した大塩の塩商人が大打撃を受けたのである。それまで、塩商人は陸路を使い、丹波、丹後、但馬、摂津などで塩を売っていたが、高瀬舟によって販売ルートを奪われてしまった。つまり、塩商人が陸路で運ぶ塩は少量かつ高値だったので、一度に大量に輸送できる高瀬舟の方が安かったのである。

2　但馬と摂津の銀山

生野銀山

但馬生野《いくの》銀山（朝来市）では、すでに九世紀初頭に銀の採掘が行われていたという。一六世紀半ば以降、山名氏が本格的に採掘したことにより、日本国内でも有数の銀山として知られるようになった。実は銀だけでなく、錫《すず》・銅・鉛《なまり》も産出した。

生野銀山に目を付けたのは織田信長である。永禄十二年（一五六九）、信長は但馬に侵攻して山名氏を屈服させると、生野銀山を接収することに成功した。天正八年（一五八〇）に秀吉が但馬を平定すると、信長は秀吉に生野銀山の経営を任せたという。その二年後に信長が本能寺の変で横死すると、秀吉は生野銀山の経営に本格的に着手したのである。

秀吉は、生熊《いくま》左介《さすけ》を生野銀山の代官に任じ、いっそう銀山の開発に力を入れた。左介はもともと信長の家臣だったが、その死後は秀吉に仕えていた。秀吉は河尻（朝来市）、淵（神河町）の名主・百姓に対し、銀山を普請するため、縄・竹木・人夫を供出するよう命令した。こうして秀吉は、新しい間歩《まぶ》（坑道）を次々と開削し、これまでの五間歩に新たに八間歩を加え、銀の算出量の増加に注力したのである。

図6－1　生野銀山の坑道（朝来市教育委員会提供）

当時、海外の進んだ精錬技術が我が国にもたらされ、画期的な技術革新により、銀の増産が行われた。生野銀山も例外なく銀の産出が増大し、天正十八年（一五九〇）には最盛期を迎えたという。慶長三年（一五九八）の太閤蔵入地の収支報告を記録した『蔵納目録《くらおさめもくろく》』によると、前年における生野銀山から運上された銀は、六万二二六七枚だった。これを現在の貨幣価値に換算すると、約二億二七七〇万円になる。この額は、全国の銀山から運上された銀の約七八％になった。なお、この頃には左介に代わって、伊藤岩見が生野銀山の代官を務めていた。

江戸時代以降、生野銀山には生野奉行が置かれたが、一七世紀の半ばには銀の産出量が減り、代わって錫や銅が増産された。明治以降は政府の直轄鉱山となり、先進技術により銀の増産が図られた。こうして生野銀山は国内有数の銀山となったが、やがて銀の産出量が減り、昭和四十八年（一九七三）に閉山したのである。

豊臣家の直轄ではなかったが、現在の養父市には中瀬《なかぜ》金山があった。天正元年（一五七三）、因幡国からやって来た山師《やまし》が砂金を発見したと伝わっている。もともとは八木氏が支配していたが、のちに八木に入封した別所重棟《しげむね》が管理することになった。先述した『蔵納目録』によると、中瀬金山の運上額は金一二七枚、銀三五〇枚と記録されている。江戸時代には産金量が増えたこともあったが、やがて衰退の一途を辿った。明治以降はアンチモンの産出で息を吹き返したが、鉱脈の枯渇により昭和四十四年（一九六九）に閉山したのである。

多田銀山

多田《ただ》銀山は、現在の兵庫県川西市、猪名川町および大阪府池田市にわたる巨大な鉱山である。現在は多田銀銅山遺跡として、国の史跡に指定されている。銀山といわれているが、銀だけなく銅も採掘された。

多田銀山は史料に恵まれており、長暦元年（一〇三七）に銅が採掘され、採銅所が設けられたのが始まりといわれている。採銅所の経営を任されたのは、官務家《かんむけ》の小槻《おづき》氏である。鎌倉時代になると、多田銀山付近の荘園・公領の農民を動員し、銀の採掘を行わせた。南北朝以降、摂津国人の能勢《のせ》氏や塩川氏が銀山支配をめぐって争乱となるが、織豊時代に至って、豊臣秀吉の直轄鉱山になったのである。

秀吉が多田銀山を支配下に収めた時期は不詳であるが、生野銀山と同じく間歩が開発されていった。銀山地区（猪名川町）の瓢箪間歩、台所間歩、千石間歩は、秀吉の命により原丹波、同淡路父子が開発したものだった。瓢箪間歩と称されたのは、原父子が秀吉から千成瓢箪を下賜され、それを標識として間歩口に立てたのが由来であるといわれている。

台所間歩は、そこから大坂城の台所入用の運上銀を賄ったので、そのように称されるようになった。千石間歩は、運上銀を毎月千石収めたので、そう命名されたと伝わる。このほか銀山地区には、青内間歩、上瓢箪間歩が、長谷村（宝塚市）には千本間歩がそれぞれ開発され、相当な量の銀が採掘されたのである。多田銀山の銀の産出量が増えたので、採掘に従事する人々が付近に集住するようになった。秀吉は人々が住む集落を管理するため、岸島伝内と川島八兵衛を奉行に任命した。その配下には、二百余人の足軽や同心が従ったという。

先述した『蔵納目録』によると、慶長二年（一五九七）における多田銀山の運上銀は四六七枚に過ぎず、この量は生野銀山の八％にも満たない額である。少なかった理由は明らかではないが、秀吉が将来に備えて掘削量をあえて減らしたという説は、まったく信が置けない。多田銀山は江戸時代を通して採掘が続けられ、明治四十一年（一九〇八）にいったん閉山となった。昭和十九年（一九四四）から再び銀の採掘が行われたが、昭和四十八年（一九七三）に閉山したのである。

3　光秀と秀吉が保護した市場

丹波における明智光秀と市場

明智光秀は織田信長の命により、長らく丹波計略のため出陣していた。丹波で光秀に抵抗していたのは、八上城（丹波篠山市）の波多野秀治だったが、天正七年（一五七九）二月に降参した。以降、光秀は丹波支配を任された。

同年二月、光秀は宮田村の鍛冶の次郎太郎、矢代村の鍛冶の与五郎に対し、諸役を免除することなどを伝えた。宮田村と矢代村は、ともに現在の丹波篠山市に所在した村落である。残念ながら、当時における両村の鍛冶の様相については明らかにできない。光秀は丹波攻略後、支配を円滑に進めるため諸役を免除したと考えられる。

天正八年（一五八〇）七月、光秀は宮田市場（丹波篠山市）に三カ条にわたる定《さだめ》を交付した。一条目は、喧嘩、口論、押買（不当に安く物を買うこと）、狼藉の禁止を命じたものである。二条目では、国質、所質（債権の差し押さえ行為）など、不当な行為の禁止を命じた。最後の三条目は、毎月の市を四日、八日、十二日、十七日、二十一日、二十五日の六回に定めた（六斎市《ろくさいいち》）。この定は、光秀による市場の保護政策の一環と考えてよいだろう。やはり、宮田市場の詳しい様相は不明である。

　このほか、光秀は天正七年八月に高見山（丹波市）の町人・名主・百姓に対し、還住《かんじゅう》を命じている。これは、赤井忠家を追放したことに伴う措置だった。当時、戦争が終結すると、勝利した大名は人々に還住を命じて町や村の復興に努めた。それだけでなく、荒れ果てた町や村の復興を速やかに行うため、先述の通り諸役の免除も行った。光秀は、そうした戦後復興のセオリーに従って、右の諸政策を実行したのである。

羽柴秀吉と淡河市場

　天正七年（一五七九）六月、羽柴秀吉は淡河市場《おうごいちば》（神戸市北区）に五カ条にわたる楽市令を発した。楽市とは、商人が自由に商売を行うことを認めた法である。

　この史料は、楽市文言が記された貴重な史料であり、秀吉が発給したものとしては初めてのものである。すでに触れた通り、天正六年三月、三木城主の別所長治が織田信長から離反し挙兵すると、淡河城主の淡河定範《さだのり》は別所氏の陣営に与した。当初、戦いは別所氏が有利だったが、やがて劣勢となっていった。結局、天正七年五月二十六日、淡河城（神戸市北区）は秀吉の攻撃により落城し、楽市令が発布されたのである。この点を踏まえて、以下、史料の内容を確認しておこう。

　第一条は、淡河市場の開催日を六日に定めたものである。第二条では、淡河市場がすでに楽市なので、商売上の座役の徴収を禁止した。第三条は、当時の慣行だった国質・所質を禁止したものである。第四条では喧嘩口論があった場合、理非を論じることなく、喧嘩両成敗とすることを規定したものである。ところが、第五条の「はたこ（旅籠）銭ハ、たひ人（旅）あつらへ（誂）次第たるへき事」の解釈をめぐっては、次の四つの見解が示されている。

(1)直前の淡河城落城に伴い、楽市令が発給されたことから、混乱に伴う宿泊者の忌避を回避するため、宿泊者に支払い選択の自由を認めたものと解釈する。

(2)旅籠銭（宿泊料）については、旅人に要望通りの設定を認めたものと解釈する。

⑶旅人が戦乱の混乱に乗じて所定の旅籠銭（宿泊料）を支払わないことを未然に防ぐため、宿屋が安定的な経営を保証したものと解釈する。

⑷旅籠が不当な宿賃を請求すること、宿泊者が旅籠銭（宿泊料）を支払わないことの二つを防ぐため、規定されたものと解釈する。

第五条の解釈で問題となるのは、「あつらへ《（誂）》次第」の箇所になろう。「誂え」には、「頼む」「条件」「希望」「注文」といった意味がある。そうした点を考慮すれば、⑵の解釈が妥当と思えるが、やや言葉足らずである。

そもそも楽市は、自由な商売を認めることである。そう考えるならば、旅籠の宿泊料も固定化されており、価格交渉の余地がなかった可能性がある。つまり、第五条は旅人に旅籠を選ぶ権利を保証し、旅籠との自由な宿泊料の交渉を認めたものになろう。

近年の研究では、秀吉が淡河の経済的機能（市場・宿）に注目し、三木城などの敵勢攻略の軍事拠点に作り変えるため、特権安堵や平和保障等を求める住人の要請に応えて発給されたと理解する。そして、秀吉は淡河市場を「らくいち《（楽市）》」として諸特権を追認することで、市場・旅籠を軸とした活発かつ平和な交易空間の設立を進めたと指摘されている。

その他の播磨における市場

淡河市庭以外について、市場における商売などを安堵した例を確認しておこう。

天正八年（一五八〇）二月十二日、秀吉は柏尾《かしお》市場における諸商売以下について、従前たるべきことを認め、非分之輩《ひぶんのともがら》が言い掛かりをつけてきた場合は、厳科に処すると伝えた。柏尾は兵庫県神河町に所在し、播磨と但馬の国境付近に位置する。近年の研究により、十五世紀後半に市が存在したと指摘されており、史料の性格については次のように解釈されている。

この直後、秀吉は柏尾市場に接した宍粟郡に侵攻し、宇野氏が籠もる長水《ちょうずい》城（宍粟市）を攻撃した。柏尾では濫妨狼藉などの治安悪化が問題視されたことは想像に難くない。そこで、従来通りの商売活動安堵を在地から申請し、その結果として秀吉から掟が与えられたと指摘されている。それは、秀吉によるたんなる平和保障ではなく、長水城攻略に向けた平和前線補給地として位置付けられたという。

同年十月十八日、秀吉は龍野町（たつの市）に宛てて、三カ条の条々を発給した。一条目は、龍野町における市の日を従前のごとくとするという規定である。二条目は、市で売り手たる商人を選んではいけないというものである（自由な商売の奨励）。三条目は、諸公事役を免除することである。近年の研究によると、龍野市場に発給された条々は淡河市場に発給されたものと同じ性格を持ち、⑴先行する市場の性格の追認、⑵支配体制の変化に伴う市場での混乱や非分行為を防ぐ、⑶安全かつ平和な交易の保障および治安維持が目的だったと指摘する。

年未詳ながら、比延《ひえ》（西脇市）に新市が立てられたことも明らかにされている。十二月七日、秀吉は比延氏に書状を送り、炭を贈られたことに対するお礼を述べ、「新市については、いよいよ繁盛するよう興行してほしい」と述べている。さらに、秀吉は用向きがあれば承るとし、「不義の族」があれば、対処するよう求めた。秀吉は、新市の興隆を願っていたことをうかがえる。

最近の研究により、秀吉が市場に与えた条々について、楽市も含めて積極的な評価を試みられている。秀吉による播磨侵攻に伴って、各市場では秀吉に条々、掟などの交付を求めた。その意義は、⑴従来の市場の諸特権の追認、⑵支配者の交代に伴う混乱や濫妨狼藉を防ぐ、⑶安全で平和な交易の保障になろう。

さらに、⑷交通の要衝に位置する市や町に掟などを交付することにより、街道を掌握して有機的に関連した流通網を人為的に作り上げたこと、⑸流通網の整備は反信長勢力に対する軍事的・経済的な対抗手段を確立するためで、迅速かつ安定した物資補給路を構築するためだったことも指摘されている。この点については、どう考えればいいのだろうか。

秀吉の意図

そもそも秀吉が発給した掟や条々は、淡河などからの要請に応じて発給されたものである。その場合、重要なのは従来の特権を認めてもらうこと、あるいは淡河などの要望を汲み取ってもらうという点にあろう。淡河などが掟や条々の下付を申請したのは、それまでの領主が交代し、秀吉が新たに入部したからにほかならない。それぞれの条文に濫妨狼藉を働く者の排除や処罰の条項があるが、それは平時にも当然起こりうることだったと考えられる。

したがって、ことさら戦乱時の混乱と結びつける必要があるとは言えない。秀吉の政策的な意図というよりも、淡河の人々などの要望に沿ったものである。

戦争時において陸上・海上交通の要衝を押さえ、武器や兵糧を調達すべく、商人に特権を与えたのは、先行研究の指摘の通りである。一方で、ここまで取り上げた市場を物資補給の拠点とし、街道で繋がったネットワークを構築しようとしたという指摘は、裏付けとなる確かな史料が乏しい。秀吉が中国計略に際して、どのような形で武器や兵糧を調達したのかについては、断片的な史料に拠るしかないのが現状である。

とはいえ、秀吉が播磨に侵攻した時点において、やがて支配をするであろうことは十分に予想できた。そうであるならば、市場の要請に応じて、これまでの特権などを保障し、商業や流通の発展を企図したことは疑いない。戦いに勝ったところで、町や村がすっかり荒廃し、年貢などの徴収ができなくなれば、本末転倒だからである。それは、秀吉が行った百姓の還住政策についても同様と考えられる。

❖　❖　❖

本章では播磨など五カ国の流通経済史を取り上げたが、この方面の史料や研究は概して乏しく、今後さらに実態解明を深める必要があろう。とはいえ、断片的な史料とはいえ、流通経済のみならず、鉱山の開発、産業の発達が見られたのは事実である。その一方で課題が多いのも事実であり、商人たちの動向、それぞれの市の発展した模様などは、今日残っている史料からは明らかにしがたい面がある。

逆に、今後さらに力を入れて究明すべきは、織豊期以降の流通経済や産業などであろう。本章でも触れたところであるが、市などに発給された掟の類は、その解釈をめぐって意見が分かれるところでもあり、非常に難解な史料ともいえる。しかし、似たような史料は播磨など五カ国だけでなく、他の地域にも残っているので、それらを参照しながら研究を進めていく必要がある。

第七章　民衆の暮らしと文化

戦国時代になると、それまでの荘園制が著しく衰退し、惣村《そうそん》と呼ばれる自治を行う村が発達した。それまで荘園領主が年貢徴収などを行っていたが、そのシステムが大きく変化することになった。

惣村では自治組織を整備し、村掟を定めるほか、合議制によって村の運営を行った。戦国時代と言えば、戦国大名が圧倒的な武力でもって、村から年貢をむりやり徴収したようなイメージがあるが、決してそうではない。彼らは結束して権力に対峙し、決して言いなりにはならなかった。時に逃散《ちょうさん》などにより対抗することもあったが、戦国大名は年貢が徴収できなくなるので困ったのである。

戦国時代は文字通り戦いの時代だったが、人々には日々の暮らしがあった。人々は神仏を信仰し、祭礼行事を催した。行事の中には、現代まで伝わっているものもある。

1　農村の暮らし

郷村制の発達

荘園制においては、京都の公家や寺社らの荘園領主が荘園を所有し、農業生産が行われていた。その際、名《みょう》を編成して経営単位ごとに耕地を集約し、同時に年貢などの徴収を行っていた。そして、荘園領主は農業が滞りなく行われるよう、治水灌漑、耕地造成の整備をするなどした。これを勧農《かんのう》という。勧農と徴税はセットで行われ、荘園制は維持されたのである。

時代が進むにつれて荘園制は衰退していったが、もちろん理由がある。名編成や勧農は荘園領主が行っていたが、やがて下司《げし》・地頭などの領主が担うようになり、のちには名主百姓、小百姓が行うようになった。こうして百姓らの地位や経営単位が変化すると、名は徴税単位の意味しか持たなくなり、経営の実態とは乖離していった。その結果、荘園領主が年貢を徴収するのが難しくなり、現地の地頭らの押領《おうりょう》のほか、武家領の増加などにより、荘園は有名無実となっていったのである。

こうした経緯の中で登場したのが、郷村制《ごうそんせい》なのである。先述の通り、荘園支配が有名無実になると、荘園領主が保持していた勧農の機能などは、惣荘（惣百姓、惣中）などの有力名主や百姓が掌握することになった。そして、年貢の百姓請《ひゃくしょううけ》、地下請《じげうけ》が行われるようになり、農民同士の協力関係が発展すると、荘園の枠組に止まることなく、惣村を単位とする郷村が形成されたのである。

郷村内の上層農民は共同体的組織や機能を掌握すべく、乙名《おとな》、年寄《としより》、沙汰人《さたにん》などと称して村の代表者となった。郷村は自治的に運営される一方で、寄合《よりあい》という会合が開かれ、合議制による村政を行った。そして、村掟《むらおきて》、置文《おきぶみ》といった決まりを制定し、村落の自治を実現したのである。また、守護、国人らが郷村の支配に介入したり、いわれなき収奪を行った場合は、強訴《ごうそ》、逃散などの実力行使で抵抗した。それでも解決しないときは、郷村が連合して土一揆《つちいっき》を催すなどして積極果敢に戦ったのである。

室町・戦国期において、現在の兵庫県域にも郷村制は成立したが、いかんせん史料の偏重があるので、以下、播磨を中心にして、荘園解体の経緯や一揆などとともに取り上げることにしよう。

農民の逃散

一四世紀後半から一五世紀初頭にかけて、荘園においてたびたび農民逃散がたびたび見られるようになった。これが荘園制解体の端緒になったことは、疑いのない事実といえよう。

永和三年（一三七七）一月、矢野《やの》荘（相生市）例名《れいみょう》の農民は、代官を務めていた祐尊《ゆうそん》の非法に耐えかねて逃散した。農民が逃散したのは、祐尊がたびたび人夫を徴発して、労働に従事させたからだった。そこで、農民の中心となった有力名主の実長は、五十余名の名主百姓を束ね、祐尊の非法を訴えたのである（惣荘一揆）。この一報を耳にした東寺（京都市南区）は、代官らに守護と相談したうえ、農民を還住させるよう命じた。

結局、東寺は守護赤松氏に要請し、配下の浦上氏を通して農民を寺家に従わせることにしたが、それでは効果がなかったので、いよいよ祐尊が実力行使に出た。その後、浦上氏が武力をもって農民を弾圧したので、農民と守護との対立が鮮明になった。ところが、両者の関係悪化に伴い、年貢納入が遅滞する事態となった。東寺は窮地に陥ったので、祐尊を解任したのである。

応永二十五年（一四一八）には、鵤《いかるが》荘でも農民の逃散があった。名主百姓は、領主の法隆寺（奈良県斑鳩町）に対して、三カ条の要求を行った。そのうち、(1)井料《いりょう》のこと、(2)名主地上検断権という二カ条は重要だった。井料とは灌漑整備のことで、領主が経費を負担すべきということである。名主地上検断権とは、小作人が犯罪などを行った場合、法隆寺が小作人の農作物を没収してはならず、地主の小作料の徴収などを優先させるべきという主張であろう。

しかし、法隆寺はこの要求を拒否した。すると同年九月、百姓名主は鵤荘内の稗田《ひえだ》神社に籠もり、収穫を前にして農作業をボイコットしたのである。困った法隆寺は、名主地上検断権を認めることで事態を収拾したのである。法隆寺からすれば、年貢徴収が最優先だったので、百姓の要求を受け入れざるを得なかったのである。

大山《おおやま》荘（丹波篠山市）の所務職を担当した快玄《かいげん》は、丹波守護細川氏を利用すべく、その被官だった稲毛氏を代官に起用した。稲毛氏は用水問題を解決するなどの成果を上げたが、応永二十四年（一四一七）には百姓が逃散する事態を引き起こした。逃散した百姓の言い分は五カ条にわたり、たとえば守護役を掛けたりするなど、代官の非法に耐えかねた事情がうかがえる。このような百姓逃散という現象は、やがて一揆という実力行使へと変化を遂げるのである。

頻発する土一揆

南北朝時代以後、荘園制の解体と郷村制の成立、農村への貨幣経済の浸透などが進むにつれ、地侍や農民は荘園領主や守護に対して一揆を催すようになった、初期の段階において、彼らの要求は年貢・夫役の減免、非法を行う代官の罷免が主たるものだった。一五世紀に入ると、畿内の先進地域やその周辺地域では、酒屋・土倉・寺院などの高利貸を襲撃し、徳政を要求する襲う徳政一揆が頻繁に起こるようになった。その代表的なものが、正長《しょうちょう》元年（一四二八）の正長の土一揆である。

同年に近江坂本・大津で蜂起した馬借《ばしゃく》一揆は、すぐさま畿内各地に飛び火して徳政一揆となった。一揆は播磨にも波及したので、徳政令が発布された。翌正長二年一月に記された『薩戒記《さっかいき》』によると、播磨国内の土民が決起し、国中の侍をことごとく攻めたという。その結果、諸荘園の代官だけでなく、守護方の兵もあえなく敗北を喫した。一報を受けた播磨守護の赤松満祐《みつすけ》は、ただちに播磨に急行して鎮圧しようとした。

矢野荘の農民も私徳政を要求して蜂起したが、いざ弾圧が開始されると、農民は処罰を恐れて逃散したという。状況の報告を受けた守護赤松氏は、農民に農地に戻らせたうえで耕作に従事させることなどを現地の櫛橋氏・浦上氏に命じた。農民は私徳政を要求して決起したものの、結局は守護によって弾圧されたのである。

同年二月、丹波国で土一揆が蜂起したので、守護による派兵が行われた。前年の正長の土一揆の余波であろう。同じ頃、大山荘では百姓が政所を襲撃し、焼き討ちにしたことが分かっている。その事実は、一井谷（丹波篠山市）の百姓らが守護代に提出した請文《うけぶみ》によって判明する。百姓は東寺の代官任命を拒否しており、その背景にはたび重なる代官の非法という問題が潜んでいた。

文明十二年（一四八〇）、京都を中心とした地域で大規模な一揆が勃発すると、その影響は播磨にも及んだ。同年十月、播磨で土一揆が蜂起して徳政を要求したので、赤松氏は奉行人を通して、清水寺《きよみずでら》（加東市）の衆徒に出動を要請した。同時に、土一揆には寄り合う場所があるので、そこを攻めるようにと指示を与えた。当時、一揆勢力の拠点が確立していたことをうかがえる。その情報は奈良にも伝わっているが、赤松氏内部での分裂がうかがえる記述があり、土一揆と政治闘争が連動したようにも思える。

こうして一揆が頻発するなかで、徐々に荘園制は解体していった。その後、郷村制が成立したことは、すでに述べた通りである。

結束する村々

都賀《とが》荘（神戸市灘区）は、南北朝時代に足利尊氏が三浦高継《みうらたかつぐ》に与えたもので、もとは藤原氏の管理下にあった。その後、相国寺の塔頭・雲頂院《うんちょういん》の富春軒《ふしゅんけん》が知行していたが、戦国期に至ると若林氏が支配するに至った。若林氏は篠原村に本拠を持つ土豪で、都賀荘の自治を担っていたことが知られる。

元亀二年（一五七一）四月、大土ヶ平山《おおどがひらやま》の掟が制定された。大土ヶ平山とは、現在の神戸市灘区大土平町付近を指すと考えられる。掟の内容は、都賀荘内の篠原村、山田村、八幡村、高羽村、川原村、太田村が協議したうえで、三年間にわたって下草を刈る行為を止めるよう取り決めたものである。もし違反した場合は、それがたとえ小さな木を一本を採っただけでも、罰金として三百文を払うよう定めた。

日付の下には若林満秀が署名し、以下、村の人々が花押《かおう》や略押《りゃくおう》を加えた。彼らは、それぞれの村を束ねる村の土豪や有力名主層の人々であろう。また、袖には三好氏配下の坂東秀頼が花押を据えている。これは、村の間での取り決めを上級権力である三好氏が承認したということになろう。

福井荘（姫路市）は二十八カ村から構成されており、名主百姓の自治が行われていたことが知られている。文明十八年（一四八六）四月、播磨守護の赤松政則は、吉川経基《つねもと》に「福井荘代官職」を給与した。翌年四月、経基の代わりに一族の経為《つねため》は赤松氏に味方し、但馬山名氏と戦うため坂本合戦に出陣した。

その際、経為は、高田三郎左衛門尉ら名主百姓十二人から請状を取った。請状の内容は、吉川氏が陣替えを行う際は、彼ら名主百姓が荘内の百姓をすべて引き連れて従軍し、忠節を尽くすというものである。この場合は、百姓が武器を手にして戦うというものではなく、兵站や陣地の構築などに従事するということだろう。つまり、各村落で自治が行われていたので、代表者による百姓の動員が可能になったということである。

2　人々に息づく信仰

人々の信仰と文化　郷村制の発達とともに、人々の間で豊かな文化が育まれた。それは、寺社の信仰と結びついたものなので、その一部を紹介することにしよう。
追儺会《ついなえ》は中国の民間信仰の影響を受け、農耕と深く結びついた神事である。本来の儀式は、方相氏《ほうそうし》（悪鬼を追い払う役）が悪鬼を追い払うものであるが、我が国では寺院で催される修正会《しゅしょうえ》（年始の法会）に付帯して執り行われ、天下泰平、五穀豊穣、招福除災を祈念した。兵庫県下では、長田《ながた》神社（神戸市長田区）の古式追儺式が無形文化財として県からの指定を受けている。

長田神社で毎年二月に行われる古式追儺式は、七匹の鬼が神の使者としてやって来て、種々の災いを松明で焼き尽くし、凶事を太刀で切り捨て、天地を祓って国土を清める。さらに、人々の一年間の家内安全、無病息災を祈念し、再び一陽来復《いちようらいふく》の立春が巡り来ることを喜び祝い、願うという行事である。それゆえ、鬼には豆を撒いて退散せることはない。参拝した人は、松明《たいまつ》の灰をかぶりお祓いとし、松明の燃え残りを玄関に吊るし、招福除災を祈念した。さらに、餅花《もちばな》（木に切り餅を刺して飾るもの）を食べて家内安全と無病息災を願い、一年間の平穏無事を祈った。この行事は室町時代以来、おおむねこの形式で行われているという。

図７－１　長田神社の古式追儺式（長田神社提供）

播磨地方では、魚吹八幡《うすきはちまん》神社（姫路市）の鬼踊《おにおどり》が知られている。毎年三月に行われるこの神事の由来は、天平宝字八年（七六四）三月七日、外国が我が国に襲撃した際、播磨国司の藤原貞国《さだくに》が勝利を魚吹八幡神社に祈願したところ、たちまち五色の鬼が登場し、敵船を沈めたという逸話に基づいている。鬼が去った後、魚吹八幡神社では残された鬼面を神宝とした。祭事では、最初に鬼の舞が奉納される。鬼舞行事を奉納するのは社家であり、続けて当番の村が献饌した餅を撒いた。

朝光寺《ちょうこうじ》（加東市）の追儺会は、室町時代に起源を持つといわれている。毎年五月五日の八十八夜の日、修正会の結願に本堂外陣で執り行われていたが、現在は本堂前の境内で無病息災や五穀豊穣を祈念して奉納されている。踊りをするのは、翁役（一名）、赤鬼、青鬼、黒鬼、黄色鬼の四名である。それぞれが松明や太刀などを手にし、鐘の音に合わせて飛び跳ねながら踊る。踊りの時に使用する面は、だいたい室町から江戸時代に製作されたと伝わっている。

兵庫県下には、追儺会で用いられた鬼面が多数伝わっている。小野市の浄土寺に伝来する二つの鬼面（県指定文化財）は、鎌倉時代のものであると指摘されている。蓮華寺《れんげじ》（三木市）の鬼面は、室町期に作られたと考えられている。なかでも注目すべきは、県の指定文化財である法光寺《ほうこうじ》（三木市）の鬼面である。面には、三位公了舜が作者であること、康正元年（一四五五）十二月に製作されたことが書かれている。

神社における祭礼行事

播磨国惣社は射盾兵主神社《いたてひょうず》（姫路市）であり、平安時代後期に創建されたと伝わっている（以下、「惣社」で統一）。

惣社では、「一ツ山」「三ツ山」の神事が執り行われてきた。二十一年目ごとに行われる「臨時祭」は、三基の造り山（置山）が築かれるので、「三ツ山」と称された。一方、六十一年目ごとに行われる「丁卯祭」は、一基の造り山（置山）が築かれるので、「一ツ山」と称された。神事の起源を遡ると、室町時代の文正元年（一四六六）頃まで辿ることができる。

神事の原型が定まったのは、播磨守護・赤松義村の時代の永正元年（一五〇四）であるといわれている。天文二年（一五三三）九月、赤松晴政の命によって、「三ツ山」の臨時祭を二十一年後に実施することが決まった。神事は赤松氏の命により、十二カ村の惣代が協力して実施したのである。

大永元年（一五二一）八月卯日に催された装山の神事には、十六カ村から一二三〇人もの村人が動員された。同年七月卯日の七カ日踊りには、十二カ村から三九七人もの村人の参加があったといわれている。村人は松明を手にして鉦《しょう》を鳴らし、神のはやし歌を歌いながら行列した。神事は権力者たる守護や大名だけでなく、村人の動員や協力もあって実現したのである。

ところで、赤松氏は神事を開催する際、七人の頭人《とうにん》に触状《ふれじょう》を送り、準備を命じたという。頭人とは、かつて専業の神職が成立しなかった頃、神事の主宰した人のことである。頭人の家は頭屋《とうや》と称され、「お頭《とう》」という氏子を招く酒宴も行った。こうして頭人が氏子を動員して、神事を執り行っていた。やがて、神職の専業者が登場すると、頭人はその補佐役として神事の開催を支えたのである。頭屋の行う行事は各地で行われ、現在に至っている。それらは、室町時代を起源とするものが多い。

千年家として残る民家

室町・戦国時代における普通の人々の家が残っている例は乏しい。その多くは、絵巻物などしか確認できない。当時の家は、茅葺《かやぶき》もしくは藁葺《わらぶき》の屋根で、屋内は土間など二つないし三つの部屋しかなかった。兵庫県下には、室町・戦国時代に遡るという家があるので、次に紹介しておこう。

神戸市北区山田町衝原《つくはら》の箱木千年家《はこぎせんねんや》は、民家としては珍しく国の重要文化財に指定されている。かつて、箱木千年家は山田川流域の舌状台地にあったが、昭和五十二年（一九七七）に呑吐《どんど》ダムが建設されたことによって、現在の場所に移された。

箱木家は藤原鎌足の末裔であると伝わっているが、事実か否かは明らかではない。室町・戦国期における同家の史料は乏しいが、おそらく山田荘に本拠を定める地侍だったと考えられる。『箱木氏系図』の所伝によると、延暦二十五年（八〇六）三月十一日未刻、丹上山の大工日原が上棟したという。こうしたことから、元禄三年（一六九〇）より前には、「箱木千年家」と呼ばれたという。箱木千年家は、江戸中期に成立した『摂陽奇観』や『摂津名所図会』で紹介され、世に知られるようになった。

図７－２　箱木千年家（神戸市北区山田町衝原）（ⓒ一般財団法人神戸観光局）

箱木千年家が古い建築物であるのは事実であるが、少なくとも平安時代に建築されていないことは、その様式からも明らかだと指摘されている。実際には、母屋が一四世紀頃に建築されたのではないかといわれている。移築されるまでは実際に居住されており、長年にわたり使用されたので、当初の部材はわずかしか残っていない。

かつて、同じ地域には、板壁が特徴的な坂田の千年家もあったが（通称「板屋の千年家」）、昭和三十七年（一九六二）に焼失した。

姫路市皆河《みなご》には、皆河の千年家（正式名称「古井家住宅」）があり、名主階層の農家の家ではないかと指摘されている。昭和四十二年（一九六七）に重要文化財に指定された。入母屋作り、草葺屋根の家屋である。

天保七年（一八三六）、安志藩《あんじ》の儒学者・丹下政熙《たんげまさひろ》の手になる『播州皆河郁千年家之記』によると、寿永年間（一一八二〜八四）に建てられたと記すが、いささか疑問が残る。箱木千年家よりは新しく、せいぜい近世以前に遡るくらいではないかという。同書の記述によると、豊臣秀吉が姫路城を築いた際、皆河の千年家が無災の千年家であるという噂を聞き、同家の垂木の一部を城の部材として用いたという逸話がある。床下には、伊和神社（宍粟市）の鶴石の対となる亀石があり、水を噴いて火災から守ったという伝承が残っている。

3　史料に残る港町と農村

朝鮮人使節が見た人々の暮らし　一五世紀半ば頃、倭寇が席巻して朝鮮半島沿岸部で略奪などを繰り返した。事態収拾を望んだ朝鮮は、日本に回礼使《かいれいし》として宋希璟《そうきけい》を送り込み、時の将軍・足利義教との交渉に当たらせた。その間、彼は日本の社会や習俗を観察し、著したのが『老松堂日本行録《ろうしょうどうにほんこうろく》』である。なお、老松堂とは希璟の号である。

応永二十七年（一四二〇）四月、瀬戸内海を通過して兵庫に着くと、あとは陸路で京都へと向かった。上陸の直後、希璟は西宮に至り、そこには神社仏閣や僧侶が多く、至るところで読経の声が聞こえることに気付いた。希璟の印象では、住人の約半分が僧侶であると感じたらしい。それだけでなく、多くの人々が働くことがなく、耕作にすら従事していなかったという。また農作物が十分に収穫できないので、道では飢えた人々や病人らが物乞いをしていたと記す。とはいえ、こうした光景は、希璟の見た一部にすぎないことに注意すべきであろう。

京都に着いた希璟は仕事を終え、帰りは淀から船を利用した。尼崎に到着した希璟は、農民から三毛作をしているという話を聞き、いささか驚いたようである。そのサイクルとは、秋に大麦・小麦を蒔くと、翌年の初夏には収穫するというものである。収穫後は稲を植え、秋に収穫を終えると、次に蕎麦を撒いて秋に刈るというものだった。畿内は農業の先進地域だったので、成し遂げることができたのだろう。

鵤荘の人々の生活

太子町に所在した鵤《いかるが》荘は、戦国期における豊富な史料で知られる。以下、村の人々の生活を取り上げることにしよう。

鵤荘内に信仰の中心となる稗田神社が創建されたのは、永正十八年（一五二一）のことである。同社は総鎮守社としての役割を期待され、法隆寺・斑鳩寺の管轄下に置かれていた。江戸時代には、聖徳太子の妃の膳大娘《かしわでのおおいらつめ》を祭神としていたが、現在では『古事記』を編纂した稗田阿礼《ひえだのあれ》となっている。

鵤荘内には、「太子のはじき石」「太子の投げ石」などと称される巨大な石が太子町内の五カ所、姫路市大谷に一カ所に現存している。これは、「鵤荘牓示石《ぼうじいし》」といわれており、牓示石とは荘域を示す石のことである。伝承によると、聖徳太子が鵤荘に下向した際、荘園の境界を示すために「牓示石」を置いたと伝わっている。そのうち太子町内の鵤北山根、平方、東南、東出の四カ所の「牓示石」については、兵庫県の史跡に指定されており、非常に貴重なものである。

図7－3　鵤荘牓示石（鵤北山根の投げ石）（太子町立歴史資料館提供）

稗田神社の創建に際しては、神主で有徳人《うとくにん》の円山氏が奔走し、法隆寺や鵤荘政所から費用を捻出させた。このほか、村人も勧進米銭の負担のほか、檜皮を取り換える人員を供出した。同社は、多くの人々の援助により造営されたのである。大永四年（一五二四）になると、それまで檜皮葺《ひわだぶき》だった斑鳩寺太子堂は、瓦葺《かわらぶき》に吹き替えられた。その翌年、法楽《ほうらく》の能が供養として催された。

能の開催には寺家の政所《まんどころ》と地下名主が協力し、金剛大夫を招いて興行を行うと、当時、西播磨に影響力を持った赤松村秀《むらひで》も見物に訪れた。立派な能舞台も築かれ、猿楽や風流も行われたのである。酒や宴の肴は、村の代表者である地下衆《じげしゅう》が準備し、宴たけなわになると音曲乱舞で大いに盛り上がったと伝わっている。能の興行では、地下衆が太刀などの引き出物を負担した。さらに、大工への祝言沙汰のほか、供僧が法楽として管弦講を行ったので、寺庵・名主百姓衆は引出物として馬を進上したのである。

❖　❖　❖

本章では戦国時代の民衆文化を取り上げたが、人々の間に豊かな民衆文化が育まれていたことが分かる。ここでは特に詳しく触れなかったが、食文化も大いに発達した。かつては素朴な調理法で食事を作っていたが、包丁や鍋などの調理器具の発達により、多用な調理法が可能になった。また、西洋からの食文化が我が国にもたらされたこともあり、いっそう食が豊かになった時代でもある。

その一方で、江戸時代と比較すると、戦国時代は民衆に関わる史料が乏しいという現実がある。本章で取り上げた鵤荘は比較的豊富な史料があるので、民衆文化の一端を取り上げることができたが、ほかは断片的な事実などに止まっていることが多い。民衆の姿を文学作品、絵画史料、逸話・伝承といった史料を活用することで、いっそう豊かに描かれることを期待したいと思う。

第八章　播磨・但馬・丹波・摂津・淡路の城郭

戦国時代になって、急激に発達したのが城である。城そのものは戦国期以前からあったが、戦乱の世を迎えて築城技術が発達した。城は敵からの攻撃に耐えるため、石垣や土塁などで防御し、また堀を掘ることで敵を容易に近づけないように工夫された。入口となる虎口《こぐち》を複雑な作りとし、敵が城に侵攻した場合であっても、本丸に接近できないような仕組みも採用していたのである。

播磨など五カ国には数えきれないほどの城があり、大きなものから小さな砦までさまざまである。城の中には惣構《そうがまえ》といい、城そのものを塀などで囲い、都市の様相を呈したものがあった。また、城と言えば、城下町である。第六章でも触れた通り、流通経済の発達とともに、城下町が大いに繁栄した。戦国大名は京都から文化人を自身の居城に招き、連歌《れんが》や和歌の会を催すなどしたので、城下は文化の中心地としても発達したのである。

1　播磨の主要城郭

三木城

三木市の三木《みき》城を築いたのは、東播磨の守護代を務めた別所則治《べっしょのりはる》と考えられ、その時期は一五世紀後半と推測される。一六世紀以降、三木城を舞台にした戦いは、いくつも確認することができる。なかでも天正六年（一五七八）に始まる三木合戦は非常に有名であるが、すでに第三章で述べたので省略する。

三木城が築かれたのは、美嚢《みのう》川左岸の上の丸台地である。美嚢川の河川交通が発達しており、有馬（神戸市北区）と姫路を繋ぐ湯の山街道が通るなど、陸上交通の便も優れていた。三木合戦では羽柴（豊臣）秀吉によって、数多くの付城《つけじろ》が築かれた。それらは三木城も含め、平成二十五年（二〇一三）に「三木城跡及び付城跡・土塁」として国史跡に指定された。

三木城の規模は南北約七〇〇メートル、東西約六〇〇メートルで、本丸と二の丸を中心とし、周囲に新城、鷹尾山城、宮ノ上要害が配置されている。三木城は土造りを基本としており、石垣は築かれていない。遺構の残存状況は、決して良いとはいえず、本丸跡には井戸と伝天守台があり、二の丸跡の付近には美術館が建てられている。本丸と二の丸には瓦葺の礎石建物があったこと、天守台は堀を埋めたあとに築かれたことが明らかになった。二の丸の跡では、貯蔵用と考えられる備前焼の大甕《おおがめ》が十六個も発見された。

新城、鷹尾山城、宮ノ上要害は、かつて遺構が残っていたが、宅地などの開発により、一部しか残っていなかったり、完全に消滅したりした。

三木合戦が始まると、秀吉は平井山に本陣を置いて、三木城の周囲に夥しい数の付城を構築した。付城は三木城の周囲の南北約五キロ、東西約六キロの範囲に集中して構築された。一七世紀後半に成立した『別所軍記』には、四十もの付城が城主の名とともに記載されているが、現存するのは約二十にすぎない。

第一期（天正七年七月末～八月中旬）に築かれた付城は、三木城から川を隔て北の山上に構築されたが、山の地形に合わせた簡易なものであり、防御機能が十分ではないと指摘されている。これらの付城は、三木城から美嚢川、志染《しじみ》川を挟んだ安全な場所にあったので、敵の攻撃をあまり意識していなかったからだろう。

第二期（天正七年四月）に築かれた付城は、三木城の南の山上に構築された。それは第一期の付城とは異なり、付城間が土塁で繋がれ、櫓台のある主郭には複雑な虎口が築かれていた。その周囲には、軍勢が駐屯するための曲輪《くるわ》が設けられるなど、かなりの工夫が見られる。当時、毛利方は明石から三木城に兵糧を搬入しようとしたので、そのルートを遮断するために付城が築かれたと指摘されている。

第三期（天正七年十月）に築かれた付城は、合戦が最終局面を迎えたので、八幡山、二位谷奥の尾根全体を城郭化し、大軍勢の駐留を可能とした。最後の力攻めで、三木城を落とすために築城されたといえよう。

御着城

姫路市にある御着城《ごちゃく》は、永正十六年（一五一九）に小寺政隆《こでらまさたか》が築いたといわれているが、政隆なる人物の実在が疑わしく、必ずしも明確な史料的な根拠があるわけではない。一五世紀末、小寺則職《のりもと》が段銭《たんせん》奉行を務め、御着に納所《なっしょ》（年貢を納める場所）を置いていたことが分かる。この御着納所が御着城の前身と言えるのかもしれない。発掘調査により、石垣や井戸などが見つかり、瓦も発見された。その結果、御着城は永正十六年に築城されたのではなく、一五世紀にはすでに柵を廻らした建物があったと考えられている。

小寺氏は播磨守護の赤松氏の配下にあったが、徐々に御着城を本拠として自立化を遂げていった。天正五年（一五七七）、織田信長の命を受けた羽柴秀吉が播磨に侵攻すると、小寺氏は秀吉に従ったが、のちに別所長治や荒木村重の動きに呼応し、秀吉を裏切り毛利方に与した。天正八年（一五八〇）に三木城が落城すると、ほどなく御着城も開城したと考えられ、やがて廃城となったのである。

御着城の位置は瀬戸内海に面しており、山陽道にも面する交通の要衝だった。宝暦五年（一七五五）の『播州飾東郡府東御野庄御着茶臼山城地絵図』によると、本丸を囲むようにして堀があり、二の丸には三重の堀が廻らされていたことが判明する。また、天川《あま》と外堀による惣構になっていたと考えられる。御着城には城下町が発達したと考えられ、「御着西市」で市が催されていた。

御着城の本丸付近には、黒田職隆《もとたか》（官兵衛の祖父）と官兵衛の母の明石氏娘の廟所が設けられている。江戸時代になって、福岡藩が享和二年（一八〇二）に整備を行った。

坂本城

姫路市の坂本城《さかもと》は、播磨守護の赤松《あかまつ》氏の守護所だったが、その築城年代は必ずしも明らかではない。南北朝の内乱期には、後醍醐天皇が止宿し、足利尊氏らの武将らが陣を置いた記録が見える。一五世紀初頭には、坂本両納所が守護役を課した事実が確認できる。少なくとも、この頃から坂本が守護所の機能を果たしていたと考えられる。

嘉吉元年（一四四一）の嘉吉の乱後、守護は赤松氏から山名氏に変わったが、以降も守護支配の拠点として機能した様子がうかがえる。応仁・文明の乱後、赤松政則《まさのり》が播磨守護に就任し、文亀元年（一五〇一）には坂本城を普請するため、領内に負担を課したことが明らかになっている。しかし、その後は坂本城の存在感が薄れ、守護支配の拠点は、後述する置塩城（姫路市）に移ったのである。

坂本城は、書写山の南麓に築かれた平城である。同城は瀬戸内海に面しており、付近を菅生《すごう》川と夢前《ゆめさき》川が流れる河川・海上交通の要衝だった。山陽道のほか、因幡街道と作州街道が交差する陸上交通の要地でもある。残念ながら、坂本城の周辺は開発が進み、多くの遺構が残っているわけではないが、近年の発掘調査により明らかになった点も少なくない。

これまで坂本城の城域は、江戸時代に成立した史料により、約一三三メートル×約八六メートルの長方形であると認識されていたが、実際には約一七〇メートル四方のほぼ正方形であることが判明したのである。くわえて、周囲には堀や土塁が廻らされており、井戸や土杭なども発見された。素掘りの溝からは一六世紀初頭に製作された京都系の土師皿《はじざら》が見つかり、堀内からは備前焼、土師器《はじき》のほか、柿経《こけらきょう》の破片も出土した。

坂本城は守護所だったので、他の戦国時代の城郭のような複雑な作りではなく、政庁としての機能を重視していた。一方で、土塁や堀の規模は、相当なものがあったという。したがって、現在も残る坂本城の遺構は、守護所から戦国時代の過渡期に城郭化されたものではないかと指摘されている。平成十四年（二〇〇二）、坂本城跡の土塁は姫路市指定史跡に指定された。

置塩城　姫路市の置塩《おしお》城は、同市内の坂本城のあとに、赤松氏の拠点となった城である。通説によると、置塩城は文明元年（一四六九）に赤松政則が築いたとされてきたが、現在では誤りと否定されており、発掘調査の結果、一六世紀前半に築城されたと指摘されている。荘園としての置塩荘の名は一五世紀後半に見られるが、守護方を示す置塩の初見は、一六世紀初頭になるので、発掘調査と文献との記述は矛盾しない。

実質的に置塩城を築いたのは、政則の養子で後継者となった義村《よしむら》と考えてよいだろう。鵤荘（太子町）で問題が起きたとき、置塩城に訴訟が持ち込まれた。この事実も、守護所あるいは政庁としての機能が坂本城から置塩城に移ったことを如実に示している。ただ、赤松氏が坂本から置塩に拠点を移した理由は、必ずしも明確ではない。

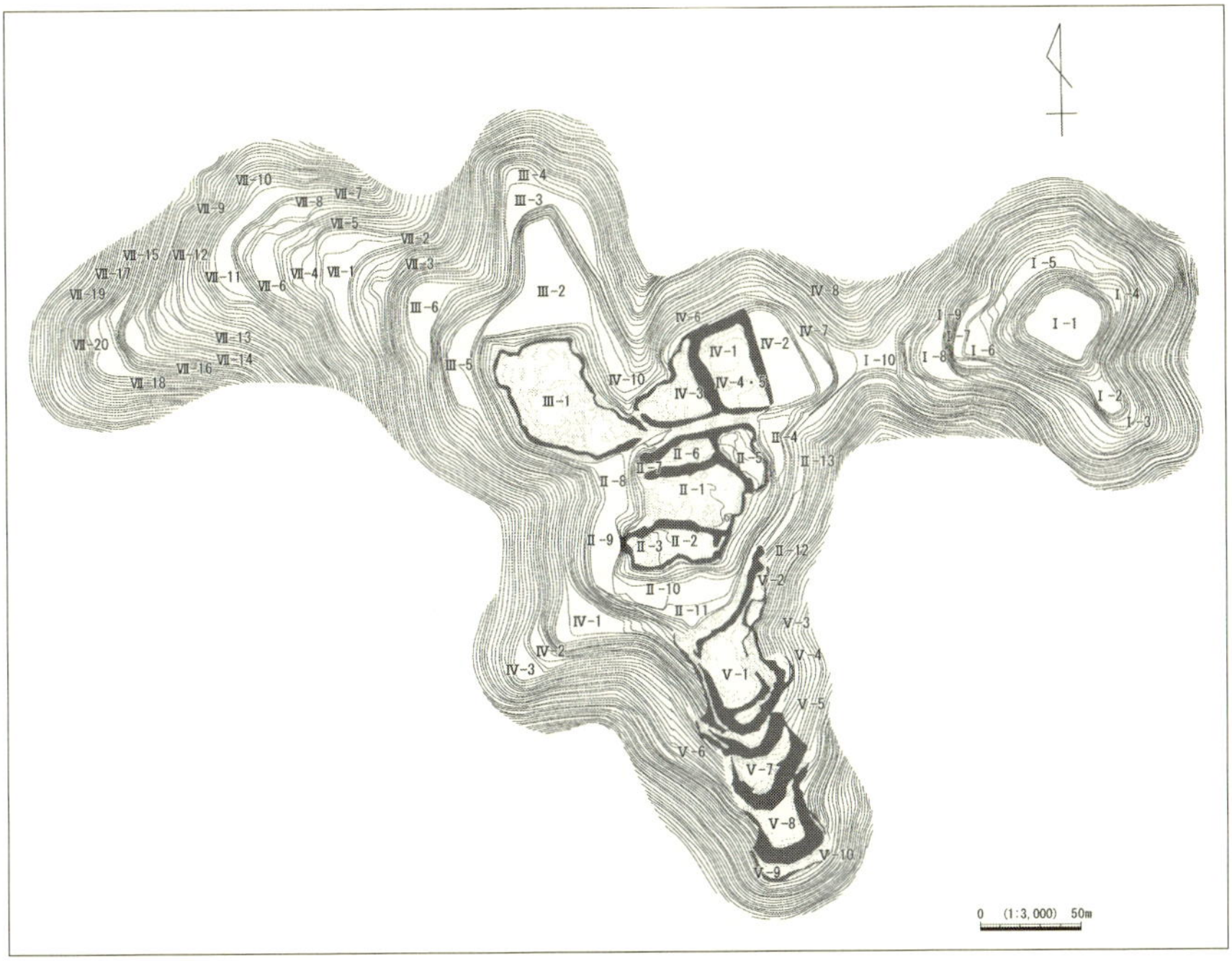

図８－１　置塩城縄張図（姫路市教育委員会提供）

置塩城で注目されるのは、上冷泉家《かみれいぜい》の為広《ためひろ》が訪れたことだろう。為広は義村の招きに応じて置塩城を訪れ、和歌などを指南した。そこには赤松氏の一族だけでなく、配下の者たちも列席していた。おそらく義村は、和歌を通して家臣らとの意思疎通を図ると同時に、それを家臣団統制の一環として用いていたと推測される。

本書で示した通り、戦国期の赤松氏は衰退傾向にあり、徐々に威勢を失っていった。天正八年（一五八〇）一月に三木城が落とされ、羽柴秀吉が播磨を制圧すると、置塩城も破城の対象となった。これをもって、置塩城は廃城になったと考えてよいだろう。

置塩城は、標高三七一メートルの城山に築城された。遺構の規模は、南北約四〇〇メートル、東西約六〇〇メートルもあり、播磨国内では最大規模の城郭である。山頂部は広くなっており、そこに七〇以上の曲輪が構築された。その曲輪の多くは立派な門構えを備えており、屋敷として使用されていたことが明らかになっている。それらの曲輪のすべては、一六世紀半ばから後半にかけて築かれた。しかし、これだけ大規模の曲輪群や屋敷を構えたことは、衰退期にあった赤松氏に可能だったのかが、今も疑問として残る。

置塩城には、東西の二つの曲輪群があった。西側の曲輪群は土塁で囲まれており、上級クラスの家臣の居住地があったとされる。城内には、三カ所の庭園があったことが報告されている。先述の通り、置塩城には冷泉為広が訪れたので、そうしたことも影響していたのであろう。置塩城は播磨の諸城の中でも異彩を放っており、必ずしも築城を専門とする技術者だけが関わったのではないとまで指摘されている。この点は、さらに検討すべき課題である。

姫路城

姫路市の姫路城がいつ築かれたのかについては、諸説ある。南北朝期以降、播磨国は赤松円心《えんしん》が守護として支配したので、姫路城は円心が築いた陣がもとになっていたといわれてきた。貞和二年（一三四六）、赤松氏庶流の赤松貞範《さだのり》（円心の次男）が円心の築いた陣をもとにして、姫路城を築城したという説が登場した。貞範は赤松春日部家の祖で、のちに美作国守護を務めた人物である。

赤松貞範による姫路城の築城説は通説となったが、この説は良質な史料に基づいたといえず、史実としては認め難い。その可否をめぐって、激しい論争になったこともあったが、否定されるべき説である。

他にも、黒田孝高（官兵衛）が姫路城を築いたという説がある。この説は『黒田家譜』に書かれているが、これまで良質な史料で裏付けることが難しかった。現在、『伊勢参宮海陸之記』という史料によって、それが間違いないことが判明した。『伊勢参宮海陸之記』は、伊予西園寺《さいおんじ》氏の家臣・西園寺宣久《のぶひさ》の手になる紀行文で、和歌や俳諧などが織り交ぜられているが、史料としての信頼度は高いとされている。

同史料の天正四年（一五七六）六月の記事には、「姫路の用害《（要）》、小寺官兵衛尉城主なり」と書かれている。「用害《（要）》」とは城のことで、「小寺官兵衛尉」とは黒田官兵衛のことである。当時、官兵衛は小寺氏の配下にあり、小寺姓を名乗っていた。少なくとも、これ以前から姫路城は黒田氏の居城であった可能性が高い。ただ、現在のような姫路城ではなく、規模の小さいものだったことに注意すべきだろう。

天正五年（一五七七）、官兵衛は中国計略を織田信長から命じられた羽柴（豊臣）秀吉に対し、攻撃の拠点とすべく姫路城の提供を申し出た。姫路城は秀吉によって補強されることになり、三層の天守や石垣などの改修に止まらず、城下町も整備したといわれている。こうして、のちの姫路城の原型が形作られた。

天正八年（一五八〇）一月、秀吉は別所氏を滅ぼすと、その居城である三木城（三木市）を本拠にしようと考えたが、熟慮した末に姫路城を本拠に定めた。その理由は、姫路城の近くには瀬戸内海が広がり、山陽道が通るなど、陸海の交通の要衝だったからである。以後の毛利氏との戦争を考慮するならば、絶好のロケーションにあったといえる。姫路城を本拠にするよう進言したのは、ほかならぬ官兵衛だったといわれている。

昭和三十一年（一九五六）から八年かけて天守を解体修理した際、一回り小さい石垣が現在の大天守の石垣の中から発見された。これが、秀吉時代の遺構であると考えられている。残念ながら、秀吉時代の遺構はさほど多く残っていない。

慶長五年（一六〇〇）九月の関ヶ原合戦後、池田輝政《てるまさ》が姫路に入ると、姫路城の本格的な大改修が行われた。工事は翌年から開始され、九年の歳月をかけて完成した。現在の姫路城の建築物は、この時代のものが数多く残っており、国宝や重要文化財に指定された建築物が多い。次に挙げておこう。

・国宝　―　大小天守四棟、渡櫓四棟。
・重要文化財　―　櫓十六棟、渡櫓十一棟、門十五棟、塀三十二棟。

このほか国宝・重要文化財に指定されたものは、折廻櫓、井郭櫓、帯の櫓、帯郭櫓、太鼓櫓、化粧櫓などがある。姫路城は、国宝や重要文化財に指定されたものがずば抜けて多いといえる。天守の特徴は、連立式の大天守、西小天守、乾小天守、東小天守の大小四つで構成されている点である。なかでも大天守は三三メートルの高さを誇り、外観五層、内部七階という非常に規模の大きいもので、現存天守としては最大である。姫路城が世界文化遺産に登録されたのは、平成五年（一九九三）のことである。

上月城

兵庫県佐用郡佐用町の上月《こうづき》城の歴史については、不明な点が多い。築城の時期は正治年間（一一九九〜一二〇一）といわれ、築いたのは赤松氏の庶流・得平頼景《とくひらよりかげ》と伝わる。鎌倉時代末期から南北朝にかけて、

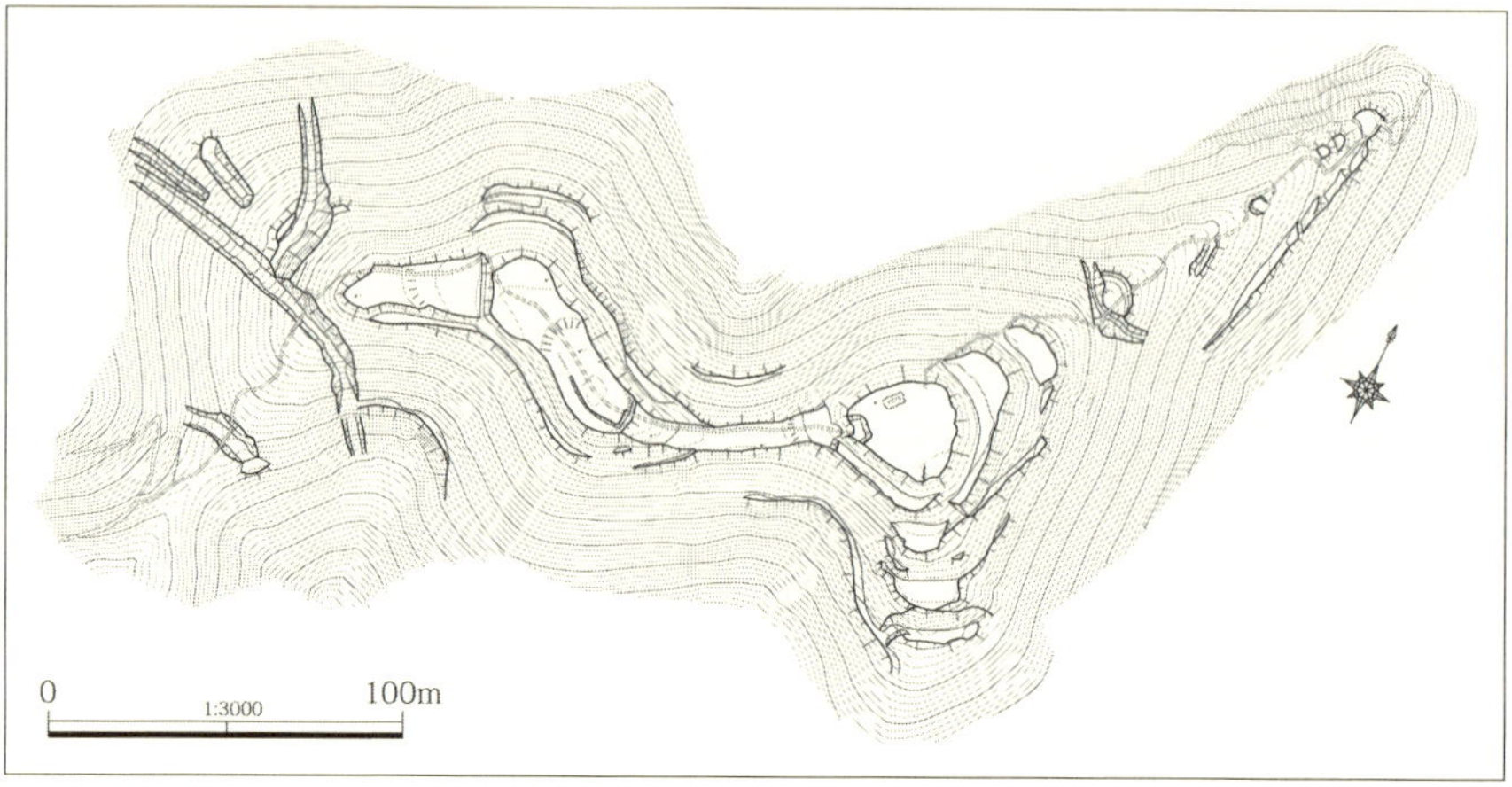

図8－2　上月城縄張図（佐用町教育委員会提供）

孫の景盛が補強に努めたというが、祖父と孫の間に約百三十年もの開きがあり、年代的な矛盾が生じる。その後、後継者である盛忠が本拠に定めたというが、二人の事績についてはほとんど分かっていない。

軍記物語『赤松盛衰記』には、上月城主が上月盛貞《もりさだ》だったと記されている。これは、嘉吉元年（一四四一）に勃発した嘉吉の乱の時点の話であり、赤松氏が敗北し上月氏も運命をともにしたので、その後の城主は山名氏になったという。以後、上月城の城主は誰になったのかは判然とせず、伝承の類が残るのみである。

天正五年（一五七七）十月以降、羽柴（豊臣）秀吉の中国計略により、毛利方に属した上月城はその攻撃対象となった。当時の城主は赤松政元《まさもと》・政範《まさのり》父子であり、二人は赤松氏の嫡流である七条家の流れを汲んでいたというが、二人は確実な史料で名前を確認できず、その事績も分からないことが多い。

このように、上月城については関連する史料が乏しいため、その築城時期や歴代城主の確定は今後の課題と言える。

上月城の地形・地理を確認しよう。上月城は播磨の西端の兵庫県佐用郡佐用町に位置し、美作国（岡山県北部）と境を接している。近くには佐用川が流れており、下流では播磨灘に流れ込む千《ち》種《くさ》川と合流していた。河川交通の便が良かったといえる。また、出雲街道を西に抜けると、杉坂《すぎさか》峠を越えて隣国の美作国へと入ることができた。森林資源も豊富であり、豊かな地であったといえる。

上月城は、標高二八〇メートルの太平山に築かれた。頂上には、方形の南北一四メートル、東西一二メートルの平坦地がある。その後、上月城は太平山の向かいの荒神山（標高約一四〇メートル）に移された。典型的な山城であるといえよう。ここが、現在は上月城とされている。

荒神山の本丸跡は、南北二八メートル、東西二七メートルと広く、その周囲には高さ約三メートルの石垣が構築されている。本丸の他に、東に向かって二の丸、三の丸が築かれており、西に向かっては三つの郭跡が残っている。その先には、「馬落とし」と称する空堀が築かれている。

このように峻厳な山岳地帯に築城された上月城は難攻不落であったが、播磨・美作の国境地帯にあることもあり、城主の赤松氏は毛利・織田の争乱のなかで、その去就をめぐって厳しい選択を迫られることになったのである。

2　但馬の主要城郭

竹田城

朝来市にある竹田《たけだ》城は、現在では「天空の城」あるいは「日本のマチュピチュ」としても知られているが、その由来については不明な点が多い。

幕末期に成立した史料によると、竹田城は「安井ノ城」とされ、一五世紀半ば頃に築城されたという。とはいえ、史料的な裏付けがあるわけでもない。一説によると、嘉吉三年（一四四三）に但馬守護の山名持豊（宗全）が築き、配下の太田垣光景《おおたがきみつかげ》が初代城主を任されたというが、こちらも根拠が不詳である。

南北朝期以降、但馬は山名氏が守護を務めていたので、山名氏あるいはその配下の者が竹田城を築いたというのは、決して不自然ではないといえよう。ちなみに、太田垣通泰《みちやす》、同誠朝《まさとも》が竹田城を築いたという説もあるが、いずれも根拠が明確ではない。築城した人物については、今後の課題であろう。

戦国期に至り、竹田城主を務めたのが太田垣輝延《てるのぶ》である。天正五年（一五七七）十一月、羽柴（豊臣）秀吉は竹田

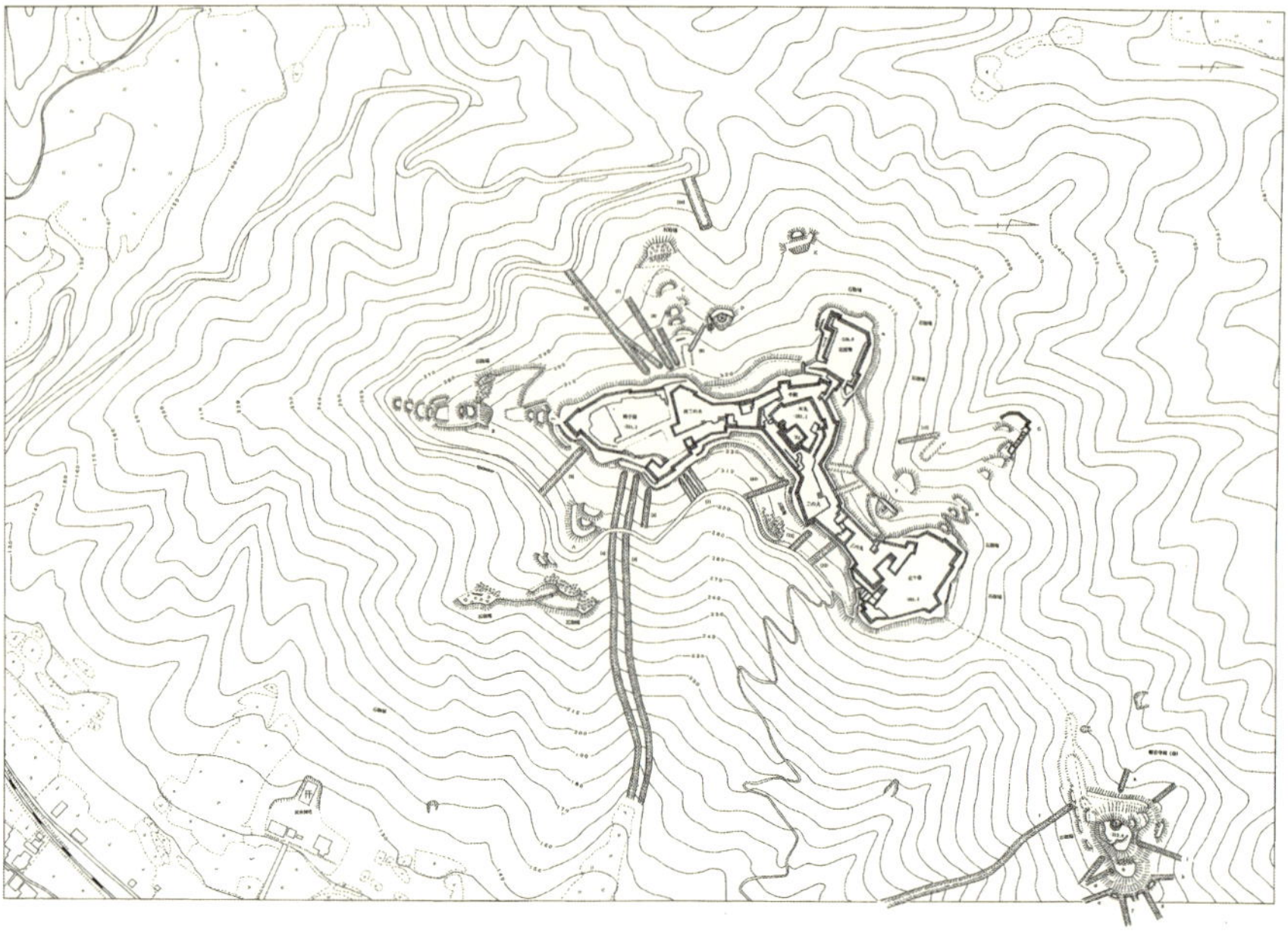

図8－3　竹田城縄張図（西尾孝昌氏作成／朝来市教育委員会提供）

城を攻略し、弟の秀長を入れ置き、同時に城の改修を命じた。以後、秀長は但馬の支配を展開し、天正十年（一五八二）に桑山重晴《くわやましげはる》が秀長の後継者として竹田城を任された。

その三年後、赤松広秀《ひろひで》が竹田城に入ったが、桑山氏、赤松氏時代の但馬支配に関する史料は皆無に等しく、詳しいことが分からない。慶長五年（一六〇〇）九月の関ヶ原合戦後、広秀は鳥取城下を焼き払った罪で家康から切腹を命じられた。その直後、竹田城は廃城になったと考えられる。

竹田城が築かれたのは標高三五三・七メートルの古城山（虎臥山）の山頂である。竹田城は但馬と播磨の国境付近という要衝に位置し、付近には街道のほか、円山川が流れるなど河川交通の便も良かった。しかも近くには、当時、日本で最高水準の銀を産出した生野銀山もあったので、織田信長は生野銀山の支配をめぐって、山名氏と抗争を繰り広げたのである。

城の領域は、東西約一一〇メートル、南北約三二〇メートルという広大さを誇っており、総面積は約一万八四〇〇平方メートルもあった。城そのものは、総石垣で築かれている。竹田城には、北千畳、南千畳、花屋敷なる三つの曲輪が先端部に築かれ、それぞれに上への虎口が一カ所、下への虎口が二カ所築かれた。

本丸の広さは、南北約三五メートル、東西約四〇メートルもある。天守台の大きさは、南北一〇・六メートル、東西一二・七メートルであり、天守台の石垣の高さは一〇・六メートルである。本丸には、三の丸・千畳、南二の丸・南千畳と三段構成の曲輪が置かれた。また、竹田城には太竪堀《たてぼり》があるなど、文禄・慶長の役における倭城での実戦経験を踏まえ、豊臣期における最高水準の技術により築城されたと指摘されている。

竹田城が国史跡に指定されたのは、昭和十八年（一九四三）のことである。平成二十一年（二〇〇九）には、国史跡の追加指定を受けた。

八木城

八木《やぎ》城のある養父市は、兵庫県と鳥取県の県境にある山城である。厳密に言えば、八木城は「八木城」と「八木土城」の二つがある。豊臣期の城は前者であり、石垣が築かれた。後者の城は土造りで、詰め丸だったという。そこには、標高一五一〇メートルの氷ノ山《ひょうのせん》が聳えており、近くには八木川が流れる天然の要害だった。

八木城の城主を務めたのは、越前朝倉氏の流れを汲む八木氏である。八木城に本拠を置いた八木氏は、但馬山名氏の配下となり、山名四天王（垣屋氏、田結庄氏、八木氏、太田垣氏）の一人として重用された。天正三年（一五七五）、毛利氏と山名氏が和睦すると、八木氏は毛利氏配下の吉川氏と昵懇の関係になった。

天正五年（一五七七）に羽柴（豊臣）秀吉が但馬に侵攻すると、たちまち八木城は落とされた。その後、毛利勢が勢力を盛り返すと、八木氏は再び八木城に拠って、秀吉に抵抗した。吉川氏は八木氏に援軍を送り込んだが、天正八年（一五八〇）に八木氏は秀吉に降伏し、その配下となったのである。

天正十三年（一五八五）、秀吉の命により、別所重棟《しげむね》が八木城主となった。その六年後には、重棟の死に伴い、子の吉治《よしはる》が家督を継承して八木城主になった。慶長五年（一六〇〇）に関ヶ原合戦が勃発すると、吉治は西軍に与して田辺城（京都府舞鶴市）を攻撃した。戦後、吉治は徳川家康から咎められることなく、北由良（丹波市）に転封となり、ほどなくして八木城は廃城になったと考えられる。

八木城の本丸は標高三三〇メートルに築かれ、その領域は南北約二六〇メートル、東西約三四〇メートルと広大である。本丸の規模は、南北二三メートル、東西四七メートルだった。背面は土造りで南西部の平野部には石垣が約五〇メートルにわたって築かれ、復元された石垣は高さが八・六メートルである。櫓台の石垣は慶長期に築かれたと推測され、算木積《さんぎづみ》で石が積まれた。一方、本丸の北西部から北にかけて築かれた石垣は文禄期のものと考えられ、高さが約二メートルと低く、鎬積《しのぎづ》みで石が積まれたのである。

八木城下には、城下町が形成されたと指摘されている。城主館も造営され、庭園遺構のほか、青花磁器、瀬戸美濃の天目茶碗が発掘された。平成八年（一九九六）には、国の史跡に指定された。

有子山城

豊岡市にある有子山《ありこやま》城は、比較的新しい城である。永禄十二年（一五六九）、山名氏の本拠の此隅山《このすみやま》城（豊岡市）は、羽柴（豊臣）秀吉によって攻略された。いったん山名祐豊《すけとよ》は和泉堺（大阪府堺市）に逃れたが、今井宗久《いまいそうきゅう》の仲介により、但馬に帰還することができた。天正二年（一五七四）頃に祐豊が築いたのが、此隅山城から約三キロ南方の有子山城なのである。

その後、但馬は毛利氏と織田氏の攻防に巻き込まれたが、祐豊はいずれの勢力にも与しなかった。秀吉は祐豊に味方となるよう迫ったが、拒否された。天正八年（一五八〇）四月、有子山城は羽柴（豊臣）秀長の攻撃を受けて落城した。戦後、秀長は但馬七郡と播磨二郡を支配し、有子山城を本拠と定めた。城代を命じられたのは、木下昌利《まさとし》である。

天正十一年（一五八三）、秀長が姫路城主になると、有子山城の城代を任されたのが青木官兵衛である。天正十三年（一五八五）に秀長が大和郡山（奈良県大和郡山市）に移ると、前野長康《まえのながやす》が有子山城の新城主となった。文禄四年（一五九五）に豊臣秀次事件が起こると、長康は連座して切腹となり、前野家は断絶したのである。

前野家の断絶後、播磨龍野（たつの市）の小出吉政《こいでよしまさ》が新しい有子山城主となった。慶長五年（一六〇〇）に関ヶ原合戦が勃発すると、吉政は父とともに西軍に味方し、東軍に与する細川幽斎が籠もる丹後田辺城（京都府舞鶴市）

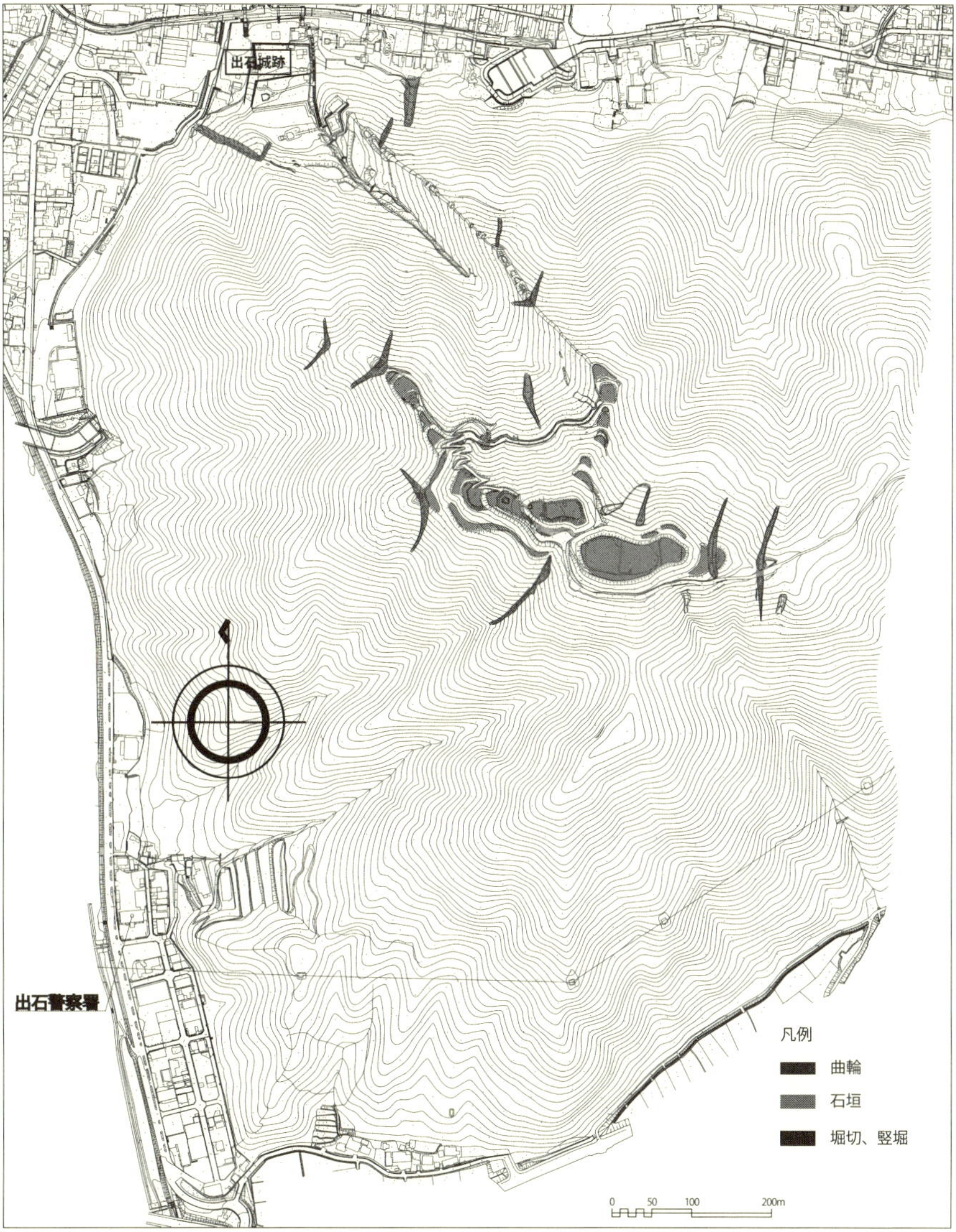

図 8－4　有子山城縄張図（豊岡市文化財室提供）

を攻撃した。戦後、吉政の弟の秀家《ひでいえ》が東軍に味方していたこともあり、吉政は罰せられることがなかった。

慶長九年（一六〇四）、吉政が和泉岸和田城（大阪府岸和田市）に移ると、嫡男の吉英《よしひで》が有子山城主になり、同城の居館部を回収して出石城を新たに築いた。こうして有子山城は、元和元年（一六一五）の一国一城令によって廃城となったのである。

有子山城は、山頂の本丸から尾根伝いに曲輪を配置し、その先端部分は防衛ラインとなる堀切《ほりきり》、竪堀が築かれた。山腹部は山名氏の時代の遺構であり、織豊期には山頂部に石垣を築くなどして改修を行った。山頂部の東側には、千畳敷と称する南北五〇メートル、東西一五〇メートルのスペースがある。西側には、六段の石垣から成る曲輪群が設けられた。

本丸の広さは、南北約二〇メートル、東西約四二メートルである。北側と西側には高さ約四メートルの石垣が築かれているが、南側と東側にはない。西側の石垣の高さは、四～六メートルの鎬積みである。おおむね、秀長が城主だった頃のものであると考えられている。南西の隅には、石段の虎口が構築されている。有子山城が国の指定史跡になったのは、平成八年（一九九六）のことである。

此隅山城

豊岡市の此隅山《このすみやま》城は、一四世紀後半に山名時義《ときよし》が築いたと伝わるが、確かな史料で裏付けられるわけではない。此隅山城の「此隅」とは、最澄の『山家学生式《さんげがくしょうしき》』に記された「照于一隅《いちぐうをてらす》、此則国宝《これすなわちこくほうなり》」にちなんだというが、疑問がないわけでもない。

永正元年（一五〇四）、垣屋《かきや》続成《つぐなり》が但馬守護の山名致豊《むねとよ》が籠もる此隅山城を攻撃した。これが此隅山城の史料上の初見である。一六世紀初頭頃、但馬守護所は九日市（豊岡市）にあったが、やがて此隅山城下の屋敷に移ったという。永禄十二年（一五六九）八月、羽柴（豊臣）秀吉が織田信長の命により但馬に侵攻した際、此隅山城を攻撃した。その後、此隅山城の記録は見えなくなるが、天正二年（一五七四）に居城は有子山城に移された。こうして、此隅山城は廃城になったのである。

此隅山城は、標高一四〇メートルの此隅山に築城された。本丸は東西約一五メートル、南北四二メートルの広さで、尾根伝いに階段状に曲輪が築かれた。南西方向の尾根には二六メートル×二七メートルの千畳敷、そして十段の小曲輪が設けられている。城郭の至るところに曲輪が築かれており、城全体が要塞となったのである。

山の麓には、御屋敷という南北約二〇〇メートル、東西二〇〇メートルの広大なスペースがあり、ここに九日市（豊岡市）にあった守護所を移動させたと考えられる。大手門の遺構には、三段の平地や土塁が遺構として残されている。此隅山城下には、山名氏の御屋敷にほど近い宮内堀脇遺跡がある。遺跡からは、礎石建物、掘立柱建物、根太を使った建物などの遺構が発見された。出土した遺物から、それらは一五世紀後半から一六世紀後半の武家屋敷ではないかと指摘されている。

此隅山城が国の指定史跡になったのは、有子山城と同じ平成八年（一九九六）のことである。いずれも山名氏が築いた中世城郭として、非常に重要なものである。

3　丹波の主要城郭

八上城

丹波篠山市に所在する八上《やかみ》城は、応仁・文明の乱の際に、多紀郡の小守護代で、細川氏の配下にあった波多野清秀《はたのきよひで》が築城したといわれている。しかし、清秀が実際に築城したのは、八上城に連なる奥谷城のことだった。八上城の築城時期は、一六世紀初頭と推定されている。八上城の史料上における初見は、大永六年（一五二六）の「矢《（八）》上城」という『足利季世記《あしかがきせいき》』などの記述である。その後、波多野氏は丹波守護代として台頭し、主家の細川氏を凌ぐ威勢を誇るようになった。なお、八上城の攻防については、第三章でも詳述しているので省略する。

八上城は、「丹波富士」と称される高城山《たかしろやま》（標高約四六〇メートル）と法光寺山《ほうこうじやま》（三四〇メートル）にかけて築かれている。周囲には、支城となる法光寺城などの小規模な城郭群が築かれた。八上城の立地は、丹波と摂津の国境にあり、山陰道が通る交通の要衝だった。篠山川は河川交通としての便に優れており、京都だけでなく、摂津・播

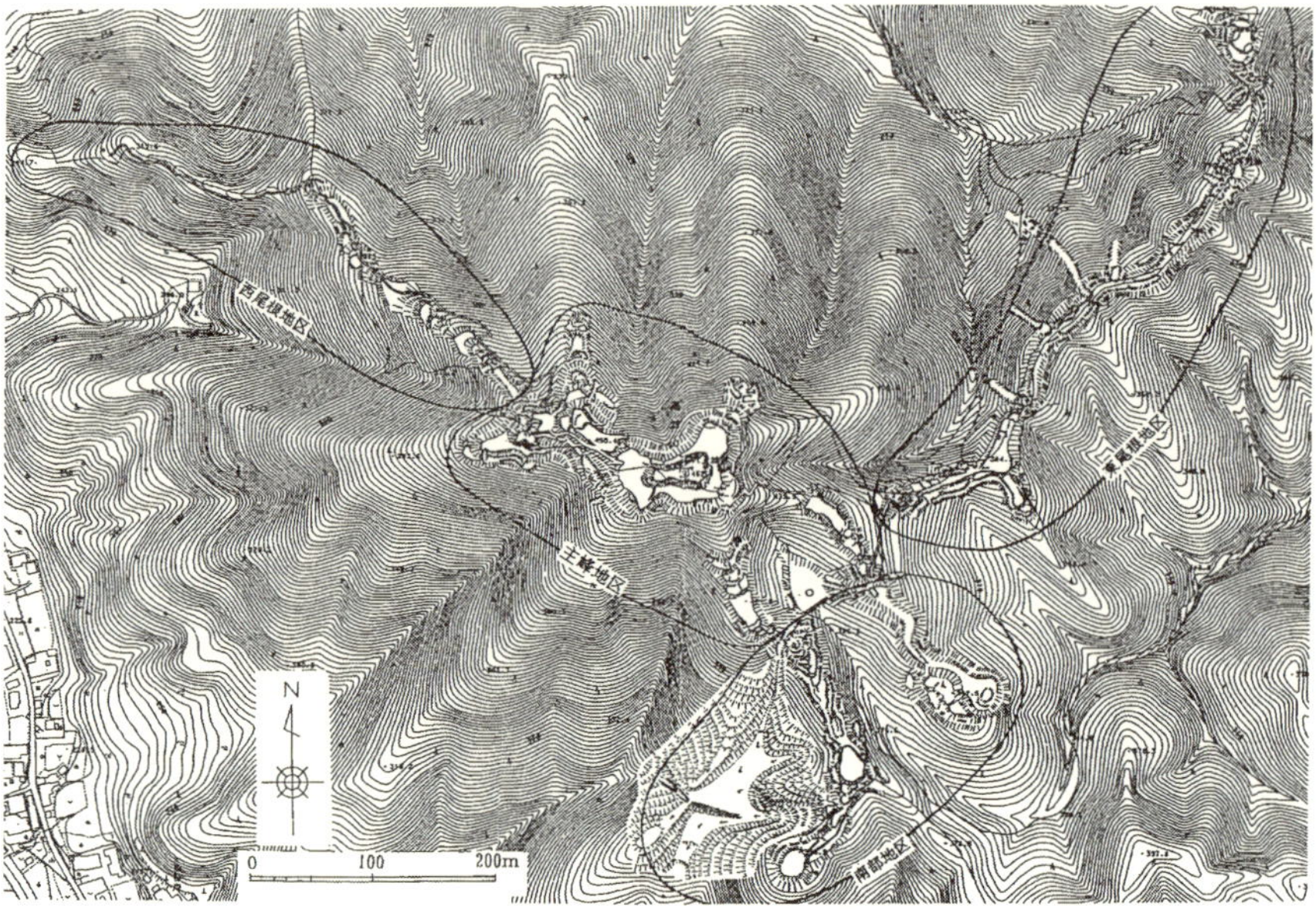

図8－5　八上城（高城山山上曲輪群）縄張図（丹波篠山市教育委員会提供）

磨・但馬に抜けるのにも至便の地であった。史料は乏しいものの、八上城下には城下町が形成されていたと考えられる。

八上城の遺構は、東西約一・四キロ、南北約一・三キロの山頂部の範囲に本丸、二の丸、三の丸、右衛門丸、岡田丸などが残っており、連郭式山城という形式である。山全体が要塞化しているのが大きな特長である。おおむね土造りであるが、一部では石垣が築かれている。

高城山の北の裾野には、前田《まえだ》茂勝《しげかつ》の屋敷が構えられ、現在も石垣の一部が残っている。周辺には、家臣団の屋敷があったことが、発掘調査で明らかになった。奥谷城には土塁による虎口が築かれており、波多野氏やその家臣の屋敷があった。法光寺城などの小規模な城郭群は、三好氏や明智氏が八上城を攻撃する際、陣として活用したと考えられる。

波多野氏の滅亡後、城主は明智光忠《みつただ》、前田玄以らが務めた。慶長五年（一六〇〇）九月の関ヶ原合戦から二年後、前田茂勝（玄以の子）が五万石を与えられ城主となった。慶長十三年（一六〇八）、茂勝は数々の乱行を咎められ、改易処分となった。代わりに松平康重《やすしげ》が入部したが、八上城を廃城とし、翌年に篠山城を築いた。これにより、八上城の歴史は終わったのである。大阪歴史学会や地元住民の熱心な保存運動が実り、平成十七年（二〇〇五）に国の史跡に指定された。

黒井城

丹波市にある黒井《くろい》城は、かつて赤松貞範《さだのり》が建武年間（一三三四〜三八）に築いたとされてきた。たしかに、貞範は黒井城近くの春日部荘を支配していたが、黒井城の築城とは別個の問題であり、史料上でも築城の事実を確認できない。黒井城の築城年代をうかがい知る史料はないものの、一六世紀半ば頃に荻野《おぎの》氏が築城したのではないかと考えられる。その後、荻野氏は丹波で大きな勢力を持った。

永禄十一年（一五六八）に織田信長が上洛すると、荻野直正《なおまさ》は最初こそ従っていたが、のちに離反した。天正三年（一五七五）、明智光秀は荻野氏が籠もる黒井城を攻撃したが、その翌年に八上城主の波多野氏が信長に反旗を翻した。しかし、天正六年（一五七八）に直正が亡くなると、翌年の六月には八上城が光秀によって落とされた。その二カ月後、黒井城も落城したのである。

以降、光秀は信長から丹波支配を任され、黒井城は家臣の斎藤利三《さいとうとしみつ》に預けられた。天正十年（一五八二）六月の本能寺の変後、黒井城に羽柴（豊臣）秀吉配下の堀尾吉晴《ほりおよしはる》が入ったものの、あまり詳しいことは分かっていない。天正十二年（一五八四）の小牧・長久手の戦いでは、荻野氏の残党が黒井城に籠もって挙兵したが、その直後に鎮圧された模様で、黒井城も同時に廃城になったと考えられる。

本丸をはじめとする山頂の曲輪群は堅固な石垣で囲まれており、三方に伸びる山稜上に城砦群を配して、全山を要塞化した城の構えは、光秀の攻撃を長期にわたってしのいだ歴史にふさわしいものである。戦国期山城の典型として、高い評価を受けている。

黒井城は、標高三五六メートルの城山に築かれた。城跡は猪の口山を中心にして三方の尾根伝いに広がり、配置された曲輪群により山そのものが要塞化した点に特色がある。本城部分は約一五〇メートルの山頂を南北の方向に削平して、北から本丸・二の丸・三の丸の順番に段階状に築いた。それらは土塁が築かれているが、一部では野面積《のづらづみ》の石垣が設けられている。本丸には天守台と見られる礎石があるが、疑問視する向きがある。

本丸などの一段下には、東曲輪・西曲輪及び帯曲輪が取り巻くように構築されており、防御能力を強化している。いずれも天正年間に築かれたという。多数の曲輪群があるのは先述の通りであるが、水の手曲輪は湧水を溜めて、戦いに備えたようである。また、猪ノ口山の登山口の興禅寺は、下館跡であると考えられ、石垣と水濠などの防御施設も備えていることが指摘されている。本丸や二の丸の跡からは、平瓦・軒丸瓦・雁振瓦などが発掘され、かなりの規模の瓦葺建造物があったのではないかと指摘されている。

4　摂津の主要城郭

伊丹城

国史跡の伊丹城《いたみ》は、もともと南北朝期に築かれた伊丹氏の居城だった。戦国時代に至ると、伊丹氏の主家である細川氏の家督争いが激化し、伊丹城も戦場となった。永禄十一年（一五六八）に織田信長が足利義昭を奉じて上洛すると、伊丹氏は信長に従った。天正二年（一五七四）、伊丹氏は荒木村重《あらきむらしげ》の攻撃を受けて敗北し、伊丹城は落城した。その後、村重は伊丹城を有岡城《ありおか》と改称し、大幅な改修に着手したのである。

村重は、伊丹城に惣構《そうがまえ》を築いた。惣構とは、侍町や町屋地区を土塁や堀で囲むことで、伊丹城は現存する惣構のなかで最古級と指摘されている（詳細は後述）。天正五年（一五七七）、京都から豊後国に向かったルイス・フロイスは、改修された伊丹城を訪れ、「甚《はなは》だ壮大にして見事なる城」と絶賛した。

翌年、村重は信長に対して挙兵したが、天正七年（一五七九）に伊丹城は約十カ月の攻防の末に落城した。なお、村重を説得しに行った黒田官兵衛は、捕らえられて地下の土牢に幽閉されたといわれてきたが、発掘調査で土牢が発見されず否定された。落城後、伊丹城主になったのは、池田元助《もとすけ》である。元助は、名称を有岡城から元の伊丹城に再び改称した。その四年後、元助は美濃国に転封されたので、伊丹城は廃城になったのである。こうして伊丹は、秀吉の直轄領に加えられた。

伊丹城の主郭部（城の中心部）は、猪名川《いな》によって浸食された伊丹段丘の東に築かれた天然の要害である。主郭

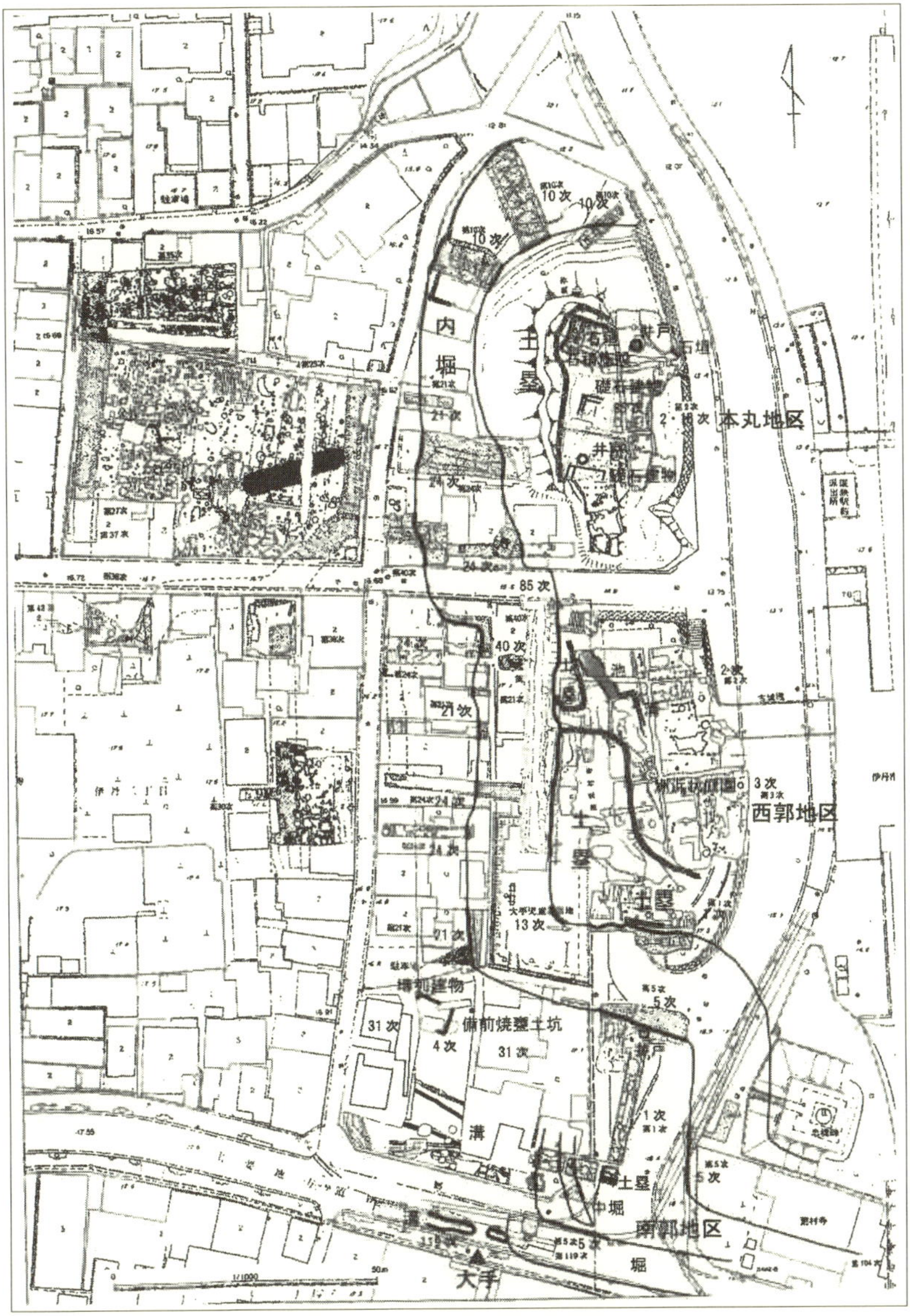

図8-6　有岡城期のイメージ図（「伊丹城（有岡城）跡主郭部調査の再検討」
藤本史子『地域研究いたみ第46号』33頁より）

部の周囲には、幅一六〜二〇メートル、深さ約七メートルの堀・主郭堀が廻らされた。城は家臣団が居住する侍町と町屋地区に分かれており、その境に「大溝筋」があったことが近世の絵図資料から判明する。

伊丹城の近くには猪名川が流れ、河川交通が発達していた。猪名川は大阪湾に流れ込み、河口付近には港湾として発達した神崎、尼崎があった。ここから海上ルートで物資を運ぶことが可能になった。伊丹城の北は池田（大阪府池田市）、多田（川西市）、南は大坂、尼崎、西は西宮（西宮市）、有馬（神戸市北区）へのルートが確立し、さらに山陽道（西国街道）が付近を通っていたので、陸上交通の要衝だったといえよう。

堀と土塁で囲まれた惣構は、南北が約一・七キロ、東西が約八〇〇メートルに及んでいた。外周は約四・五キロもあった。西側と南側には人工の堀が設けられ、北・西・南には古墳を利用して造られた「上臈塚《じょうろうづか》砦」と「鵯塚《ひよどりづか》砦」、そして「岸の砦」が築かれた。このほか惣構の中には、戦時に砦としての役割を果たす寺院が配置され、特に主郭部の西には寺院が集中しているので、寺町だったと考えられる。

越水城

越水《こしみず》城（西宮市）は、細川高国《たかくに》が瓦林政頼《かわらばやしまさより》に命じて、永正十三年（一五一六）に築かせたものである。

同城が築かれた場所は、夙川《しゅくがわ》東岸から甲山《かぶとやま》へ向かう台地である。現在も越水城の名残として、城ヶ堀町の地名が残り、城の中心があった大社《たいしゃ》小学校の近くには、越水城跡の看板と石碑が設置されている。戦国期において、現在の大阪府吹田市から神戸市須磨区にかけての地域は、摂津下郡と称されており、西宮にはその政庁が設置された。つまり、重要な拠点だったのである。

当時、管領家の細川氏は家督をめぐって争っており、高国は細川澄元を阿波へ撃退していた。その後、高国は澄元の反撃を恐れて、越水城と芥川山城（大阪府高槻市）を築いたのである。後者の築城を担当したのは、能勢頼則《よりのり》である。越水城の築城に際しては、連日のように多くの人夫が動員され、鍛冶、番匠、壁塗《かべぬり》、大鋸引《おがひき》などの職人も工事に従事した。城の完成後、本城には政頼が住み、子の春綱や一族・与力・被官らは外城に居住した。残りの家人らは、西宮に居を定めたのである。

現在の越水城は宅地化が進み、残念ながら遺構はほとんど残っていない。瓦林氏による越水城の築城後、同城をめぐって激しい争奪戦が繰り広げられた。天文八年（一五三九）、三好長慶《ながよし》が越水城主となった。長慶は細川晴元の重臣だったが、父を晴元に殺されたため、同城を拠点として摂津下郡を支配したのである。以後、長慶は晴元やその支援者だった将軍の足利義輝と抗争を繰り広げ、これを降した。天文二十二年（一五五三）、長慶は居城を芥川山城に移し、配下の松永久秀《まつながひさひで》が越水城主となった。

永禄七年（一五六四）の長慶の死後、三好三人衆と久秀が対立すると、その二年後に三好氏配下の篠原長房《しのはらながふさ》が阿波などの軍勢を引き連れ、越水城を奪った。永禄十一年（一五六八）に織田信長が足利義昭を推戴して上洛すると、信長と対立していた長房は越水城を捨てて阿波に逃亡した。その後、ほどなくして越水城は廃城になったと考えられる。

瀧山城

神戸市中央区の六甲山中に所在する瀧山城《たきやま》は、正慶二年（一三三三）に鎌倉幕府に挙兵した赤松円心が籠もった記録が初見である。その後、長らく瀧山城は史料上から姿を消すが、天文八年（一五三九）に出雲尼子氏が播磨に侵攻した際、敗北した赤松晴政《はるまさ》が一時期逃れたという記録がある。

一六世紀半ば、三好長慶が阿波から畿内に進出すると、海上交通の要衝となる兵庫津を守備するため、配下の松永久秀に瀧山城の改修を命じて配置した。瀧山城は、文化的サロンとして知られていた。久秀は儒学者の清原枝賢《きよはらのえだかた》を招いて講義をしてもらい、長慶を招待して連歌や能を興行した。有名な『瀧山千句』からは、連歌師、武士、豪商などが招かれ、大いに盛況だった様子がうかがえる。瀧山城内には、妙蔵寺という寺院が宿舎として用いられ、家臣も山上に屋敷を構えていた。ただし、城の生活は不便だったという。

久秀は瀧山城を任されていたが、実際に居たのは長慶の居城の芥川山城（大阪府高槻市）だった。永禄二年（一五五九）に久秀が大和支配を命じられると、以後は家臣が瀧山城衆として、城の守備を任された。長慶の死後、久秀は三好三人衆らと対立し、永禄九年（一五六六）二月以降は瀧山城が攻撃に遭い、同年八月に落城した。その後も瀧山城の記録は見えるが、おおむね天正六年（一五七八）には廃城になったと考えられる。

瀧山城は堀切によって区切られた、西、中央、東の三つの曲輪群によって構成されている。中央の曲輪群は、標高三一六・五メートルの地点にある。東曲輪群から南東の方向の尾根筋には大手道があったと推測され、城域の東端には軍勢の侵攻を防ぐ竪堀《たてぼり》が掘られた。標高三一八・九メートルの西曲輪群は中央曲輪群の背後に位置するので、背後からの軍勢の侵攻に備えたものと考えられる。

花隈城

神戸市中央区にあった花隈《はなくま》城の築城年代は諸説あるが、現時点では天正三年（一五七五）頃が有力視されている。戦国時代には、花熊城とも称された。城主は、荒木村重の一族の有馬元清《もときよ》だった。当時、織田信長は大坂本願寺と戦っており、その拠点の一つとして城が築かれたと考えられている。また、もう一つの目的として、兵庫津の支配や航行する船の監視などが挙げられている。同年四月、伊勢神宮に向かう途中だった薩摩の島《しま》津《づ》家久《いえひさ》は、兵庫津に寄港したのち、海から花隈城を見たという。

天正六年（一五七八）十一月、村重は突如として主君の信長を裏切り、足利義昭、毛利輝元、大坂本願寺ら反信長勢力に与した。花隈城も荒木方の支城として、信長の軍勢と交戦したが、その二年後には落城した。戦後、池田恒興《つねおき》は花隈城を破壊し、廃城としたが、その石垣は兵庫城（神戸市兵庫区）に転用したのである。

現在、花隈城の遺構はほとんど残っていない。花隈公園には天守台や立派な石垣があるが、もちろん当時のものではない。城跡には、侯爵だった池田宣政《のぶまさ》の揮毫《きごう》による「花隈城址」の石碑が設置された。近くの福徳寺には本丸があったと考えられ、「花隈城天守閣址碑」が建てられた。

花隈城は遺構が乏しいうえに、当時の史料も多くない。その姿を伝えるのは、岡山大学附属図書館の池田文庫が所蔵する、一七世紀に作成された『摂津国花熊之城図』くらいしかない。この図によると、城の中心部に本丸が築かれ、その周囲には二の丸、三の丸があった。さらに、侍町、足軽町のほか、花熊町があり、城下には走水村などが確認されるので、城下町を形成していたのだろう。なお、惣構があったことも描かれているので、それなりの城だったのはたしかである。

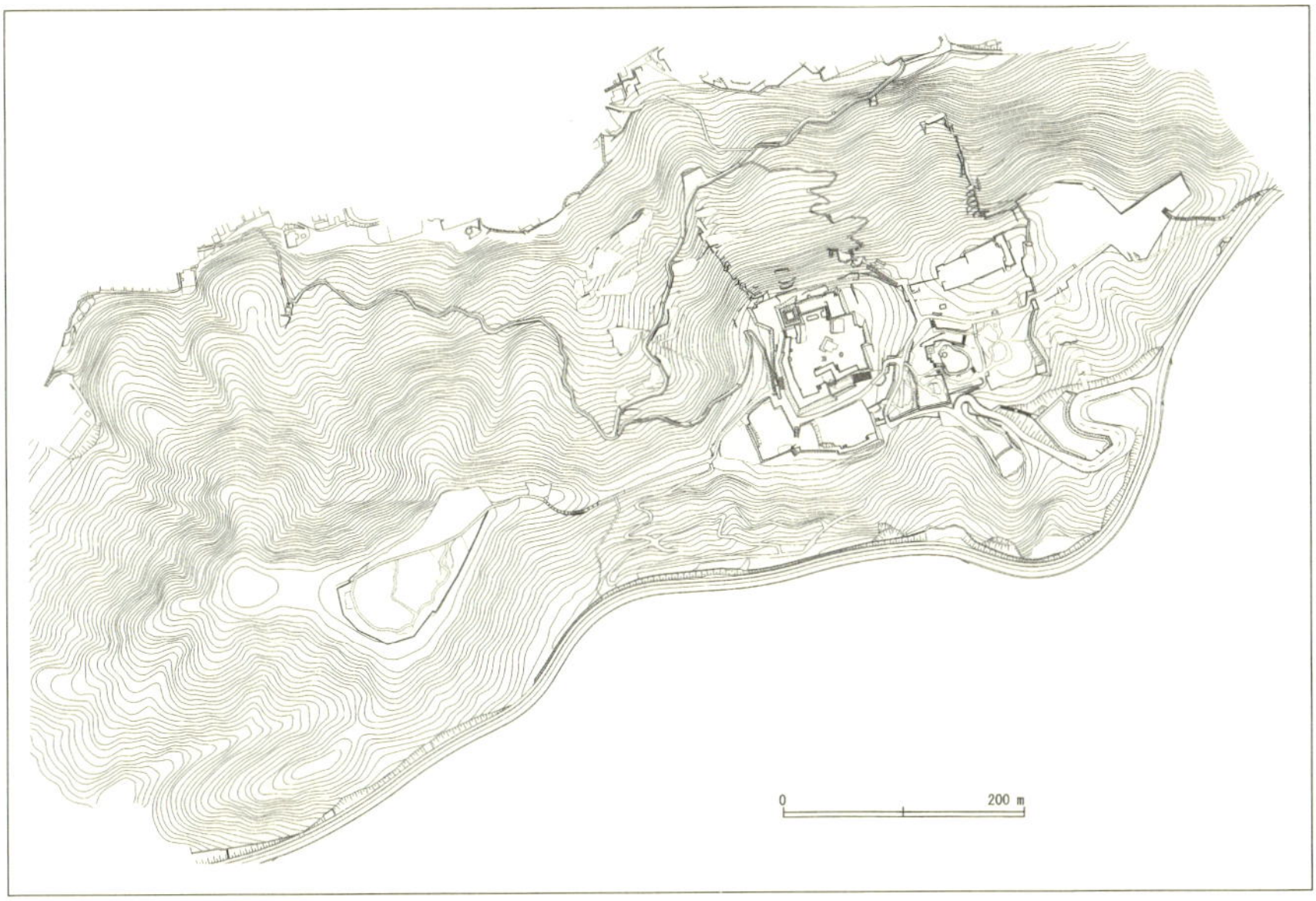

図８－７　洲本城縄張図（洲本市教育委員会提供）

5　淡路の主要城郭

洲本城

洲本市にある洲本《すもと》城は、安宅秀興《あたぎひでおき》が大永年間（一五二一～二八）に築城したといわれている。秀興の没後、家督を継いだのが養子の冬康《ふゆやす》（三好長慶の弟）である。冬康は水軍を率い、長慶の畿内支配を支えたことで知られている。しかし、その後に城主を務めた安宅氏、菅《かん》氏、仙石《せんごく》氏の動向については、史料を欠くのでほとんど分かっていないのが現状である。

天正十三年（一五八五）になると、脇坂安治《わきざかやすはる》が淡路に入封し、洲本城を大幅に改修が行われた。安治は石垣を積み直すなどし、整備・拡張を進めたのである。慶長十四年（一六〇九）に伊予大洲《おおず》に移るが、その後は長らく洲本城は使用されなかった。寛永八年（一六三一）に蜂須賀《はちすか》氏が淡路を支配するようになると、それまで使われていた成山《なるやま》城（洲本市）を廃城とし、再び洲本城を活用すべく城下町を形成するなどした。ところが、山麓の居館部が使用されるに止まり、山上が使用された形跡はない。

洲本城は、三熊《みくま》山の山頂に築城された。山頂には曲輪群が形成され、北側の山麓には居館群が築かれるなど、山の地形がそのまま生かされている。本丸の周囲は、高さ約五メートルの石垣で囲まれ、南東には井戸もあった。山上での生活には飲料水や生活用水が必要だったので、井戸を欠かすことができなかった。天守台の南西部の石垣は、算木積という手法で積まれている。

本丸台南面の石垣は、新たに石を積み足して、反《そ》りを加えたのではないかと指摘されている。本丸北の虎口は内枡型をしており、搦手《からめて》からの敵の侵攻を防ぐべく設けられた。本丸南の虎口もまた、内枡型である。登り石垣は西と東の二カ所にあるが、全国でもわずか三カ所しか確認されておらず、貴重な遺構でもある。大石段の手前には、脇坂安治の母の居宅があったといわれている。

明治維新後、廃城令によって洲本城は廃されることになった。昭和三年（一九二八）、昭和天皇御大典記念の一環として、日本最古とされる鉄筋コンクリート製の模擬天守が建設された。平成十一年（一九九九）一月には、洲本城が国の史跡に指定された。現在、城内には、淡路文化史料館、検察庁、裁判所がある。

養宜館　南あわじ市にある養宜館《やぎやかた》は、淡路国守護の居館だった。しかし、一次史料によって、養宜館の姿を確認することはできない。鎌倉時代に成立した僧道範《どうはん》の『南海流浪記《なんかいるろうき》』には、八木（養宜）の地に宿泊したことが書かれている。当時の養宜には、守護を務める長沼時宗《ながぬまときむね》の守護所があった。以降、歴代の守護は、養宜の地を拠点とした。養宜館は、鎌倉期以来の守護所を由来とするものだろう。

暦応三年（一三四〇）、立川瀬《たてかわせ》の戦い（南あわじ市）で、細川師氏《もろうじ》が南朝方の宇原兵衛《うはらひょうえ》に勝利した。以降、淡路守護となった細川氏は、養宜館を守護所に定めたのである。永正十四年（一五一七）、淡路守護だった細川尚春《ひさはる》は三好之長との戦いに敗れ、淡路国から逃亡した。おそらく、その直後には、養宜館も廃絶したものと推測される。

養宜館の跡は大半が水田になっているが、その規模は東西一〇〇メートル、南北二五〇メートルである。現存する土塁の幅は約七～八メートルで、高さは約三メートルであり、北側には「武田土居」「中野土居」「弥五郎土居」等、西側には「奥野土居」「喜兵衛土居」「上野土居」等の小字名が現在も残る。

南の約一・五キロ地点には、柿ノ木谷城、上田城、眉山《びざん》城の跡がある、それら三つの城は、守護細川氏の家臣の居城と言われているが、明確な根拠があるわけではない。しかし、養宜館の周辺には、守護に関係する遺跡が多いことが指摘されている。昭和二年（一九二七）には、「養宜館之碑」の石碑が建立された。『天保年間中八木村絵図』によると、養宜館の周囲には堀と土塁が描かれているので、一九世紀の段階では遺構がほぼ完全な形で残っていたと考えられる。明治以降、養宜館は民有地となったので開発が進んだが、昭和四十六年（一九七一）に養宜館が県の指定史跡になったので、開発には一定の歯止めがかかった。

❖　❖　❖

城は人気スポットであり、最近では積極的に整備が行われ、国の史跡になっているものもある。姫路城は世界文化遺産に登録されているので、特に人気が高い。竹田城も「天空の城」や「日本のマチュピチュ」として知られるようになった。そのような事情から、文献だけではなく、考古学、縄張りなどの研究が結集され、優れた報告書も刊行されるようになった。これからも、そういう状況は続くものと考えられる。

その反面、城の保存には経費が掛かるので、その経費をいかに捻出するかが課題である。入城料の値上げは、その一つの方法かもしれないが、あまり高額になると問題が大きい。各地では城を保存するためのボランティアが組織され、城の草刈りなどが行われている。城に関心を持つ人は多いので、理解を深めるための講座なども積極的に開講し、人々の意識を高める必要があろう。

参考文献

※参考文献を網羅的にすべて取り上げるのは不可能なので、必要最小限に限った。もちろん重要な研究はこれ以外にも多々あるが、紙幅の関係から割愛したことをお許し願いたい。

自治体史

『兵庫県史』、『相生市史』、『赤穂市史』、『新修芦屋市史』、『尼崎市史』、『出石町史』、『揖保川町史』、『伊丹市史』、『小野市史』、『加古川市史』、『加西市史』、『川西市史』、『新修神戸市史』、『三田市史』、『洲本市史』、『太子町史』、『高砂市史』、『宝塚市史』、『龍野市史』、『豊岡市史』、『西宮市史』、『姫路市史』、『福崎町史』、『御津町史』など。

主な史料集

『兵庫県史　史料編中世一～九』（一九八三～九七年）
『相生市史　第七・八巻〈上・下〉』（一九九〇～九五年）
『小野市史　第四巻・史料編Ⅰ』（一九九七年）
『上郡町史　第三巻・史料編1』（一九九九年）
『太子町史　第三巻・資料編1』（一九八九年）

論文集

天野忠幸『増補版　戦国期三好政権の研究』（清文堂出版、二〇一五年）
高坂好『中世播磨と赤松氏』（臨川書店、一九九一年）
小島道裕『戦国・織豊期の都市と地域』（青史出版、二〇〇五年）

志賀節子『中世荘園制社会の地域構造』（校倉書房、二〇一七年）
砂川博『天正六年十月荒木村重「逆心」――伊丹有岡城から尼崎城へ』（岩田書院、二〇二三年）
長澤伸樹『楽市楽座令の研究』（思文閣出版、二〇一七年）
寿松博編『歴墨遺纂・高坂好遺稿集』（兵庫県揖保郡新宮町教育委員会、一九九三年）
前田徹『中世後期播磨の国人と赤松氏』（清文堂出版、二〇二一年）
渡邊大門『中世後期山名氏の研究』（日本史史料研究会、二〇〇九年）
渡邊大門『戦国期赤松氏の研究』（岩田書院、二〇一〇年）
渡邊大門『戦国期浦上氏・宇喜多氏と地域権力』（岩田書院、二〇一一年）
渡邊大門『中世後期の赤松氏――政治・史料・文化の視点から』（日本史史料研究会、二〇一一年）

一般書

天野忠幸『三好長慶――諸人之を仰ぐこと北斗泰山』（ミネルヴァ書房、二〇一四年）
天野忠幸『三好一族――戦国最初の「天下人」』（中公新書、二〇二一年）
小川信『山名宗全と細川勝元』（吉川弘文館、二〇一三年）
蔭木英雄『蔭涼軒日録――室町禅林とその周辺』（そしえて、一九八七年）
川岡勉『山名宗全』（吉川弘文館、二〇〇九年）
高坂好『赤松円心・満祐』（吉川弘文館、一九七〇年）
宿南保『城跡と史料で語る但馬の中世史』（神戸新聞総合出版センター、二〇〇二年）
水藤真『片隅の中世　播磨国鵤荘の日々』（吉川弘文館、二〇〇〇年）
長江正一『三好長慶』（吉川弘文館、一九六八年）
長澤伸樹『楽市楽座令はあったのか』（平凡社、二〇一九年）
仁木宏・福島克彦編『近畿の名城を歩く　大阪・兵庫・和歌山編』（吉川弘文館、二〇一五年）
山本隆志『山名宗全――金吾は鞍馬毘沙門の化身なり』（ミネルヴァ書房、二〇一五年）
渡邊大門『赤松氏五代――弓矢取って無双の勇士あり』（ミネルヴァ書房、二〇一二年）

渡邊大門『備前浦上氏』（戎光祥出版、二〇一二年）

論文

芦田岩男「丹波波多野氏の勢力拡大過程」（『兵庫県の歴史』二六号、一九九〇年）
天野忠幸「西摂一向一揆と荒木村重」（『寺内町研究』四号、一九九九年）
天野忠幸「中世・近世の兵庫――港と城の歴史」（『ヒストリア』二四〇号、二〇一三年）
伊賀なほゑ「播磨国美嚢郡三木町制札をめぐって」（『歴史と神戸』二七九号、二〇一〇年）
今谷明「赤松政則後室洞松院尼細川氏の研究――中世に於ける女性権力者の系譜」（同『室町時代政治史論』塙書房、二〇〇〇年）
岩本晃一「三木落城後の大量殺戮説への考察」（『歴史と神戸』三一四号、二〇一六年）
大槻準「戦国期における丹波の豪族・赤井氏の盛衰――荻野直正を中心にして」（『史泉』九四号、二〇〇一年）
川﨑晋一「戦国期宇野氏の播磨国宍粟郡支配――宇野村頼を中心として」（『千里山文学論集』四号、二〇〇五年）
木村修二・村井良介「史料紹介　淡河の羽柴秀吉制札」（『ヒストリア』一九四号、二〇〇五年）
小林基伸「塩屋赤松氏から龍野赤松氏へ」（『わたりやぐら』四〇号、一九九八年）
小林基伸「有馬郡守護について」（『大手前大学人文科学論集』二号、二〇〇一年）
小林基伸「浦上則宗論」（矢田俊文編『戦国期の権力と文書』高志書院、二〇〇四年）
小林基伸「播磨の破城令について」（夢前町教育委員会編『夢前町文化財調査報告書　第7集　播磨置塩城跡発掘調査報告書　国指定史跡赤松氏城跡』夢前町教育委員会、二〇〇六年）
小林基伸「十五世紀後期の播磨における守護・国人・地下」（『大手前大学史学研究所紀要』三号、二〇〇九年）
小林基伸「戦国末期の播磨における地域権力と荘園」（『年報赤松氏研究』二号、二〇〇九年）
小林基伸「赤松下野守家と播磨国鵤荘」（『大手前大学史学研究所紀要』七号、二〇〇九年）
小林基伸「三木城の最期について」（『歴史と神戸』五一巻四号、二〇一二年）
野田泰三「戦国期における守護・守護代・国人」（『日本史研究』四六四号、二〇〇一年）
野田泰三「戦国期赤松氏権力と国人領主」（矢田俊文編『戦国期の権力と文書』高志書院、二〇〇四年）

野田泰三「戦国期赤松氏研究の課題と一、二の試論」（『年報赤松氏研究』二号、二〇〇九年）
野田泰三「戦国期播磨における大名家妻室について――赤松政則後室洞松院を中心に」（『女性歴史文化研究所紀要』二六号、二〇一八年）
畑和良「天文・弘治内乱と赤松晴政――「小南文書」と戦国期赤松氏の動向」（『歴史と神戸』二四六号、二〇〇四年）
畑和良「永禄～天正年間の赤松氏奉行人について」（『歴史と神戸』二五八号、二〇〇六年）
畑和良「浦上村宗と守護権力」（『岡山地方史研究』一〇八号、二〇〇六年）
畑和良「赤松義祐の花押と発給文書編年試案」（『兵庫のしおり』一〇号、二〇〇八年）
福島克彦「〈史料研究〉丹波波多野氏の基礎的研究（上・下）」（『歴史と神戸』二一六・二一九号、一九九九年・二〇〇〇年）
藤原孝三「北播磨地方における在田氏の動静（付・中世北播磨年表）」（西脇市教育委員会・西脇市郷土資料館編『播磨・水尾城の調査と研究』西脇市教育委員会、一九九二年）
藤原孝三「在田氏の光明寺禁制」（『歴史と神戸』一八八号、一九九五年）
古野貢「室町幕府―守護体制下の分国支配構造――細川京兆家分国丹波国を事例に」（『市大日本史』一二号、二〇一〇年）
本多博之「「小寺家文書」について」（『兵庫のしおり』六号、二〇〇四年）
前田徹「天正八年十月二十四日付け 播磨飾東郡緋田村検地帳写」（『塵界』三〇号、二〇一九年）
前田徹「天正八年八月十二日付け但馬国出石郡赤花村検地帳写」『塵界』三二号、二〇二一年）
前田徹「播磨・但馬の天正八年羽柴検地帳」（『織豊期研究』二三号、二〇二一年）
前田徹「南あわじ市法蔵寺所蔵天正九年羽柴秀吉禁制」（『ひょうご歴史研究室紀要』七号、二〇二二年）
前田徹「龍野藩士垣屋家文書の秀吉関連文書」（『日本歴史』八九三号、二〇二二年）
松尾良隆「三木合戦の展開について」（『歴史と神戸』二〇五、一九九七年）
水野恭一郎「赤松被官浦上氏についての一考察――浦上則宗を中心に」（同『武家時代の政治と文化』創元社、一九七五年）
水野恭一郎「守護代浦上村宗とその周辺」（同『武家社会の歴史像』国書刊行会、一九八三年）
森田恭二「丹波守護代波多野氏研究序説」（『人間文化学部研究年報』四号、二〇〇二年）
矢田俊文「戦国期播磨国権力構造に関する一視点――越後など諸国との比較から」（『年報赤松氏研究』二号、二〇〇九年）
山下晃誉『上月合戦――織田と毛利の争奪戦』（兵庫県上月町、二〇〇五年）

湯川敏治「〈史料紹介〉『守光公記』に見る播磨国の禁裏料所について――赤松政則後室、洞松院尼発給の印判状も絡めて」（『史泉』一〇四号、二〇〇六年）
依藤保「花押掲載の必要性について――二人の赤松満政」（『播磨小野史談』一〇号、一九八八年）
依藤保「北播磨の国人在田氏について――播磨加西郡河内城主の研究」（『歴史と神戸』一六一号、一九九〇年）
依藤保「別所則治登場の背景――赤松政則と再興功労家臣団の葛藤のはざまに」（『三木史談』二七号、一九九二年）
依藤保「播磨守護代別所則治についての一考察」（『歴史と神戸』二〇五号、一九九七年）
依藤保「享禄四年大物崩れ後の播磨――赤松政村の復権と浦上蜂起」（『歴史と神戸』二一六号、一九九九年）
依藤保「永禄十二年八月二十二日小寺政職感状――黒田官兵衛尉孝高青山合戦の史実」（『歴史と神戸』五三巻四号、二〇一四年）
渡邊大門「戦国期依藤氏の存在形態」（『年報赤松氏研究』三号、二〇一〇年）
渡邊大門「波多野氏の丹波国支配をめぐって――天文・永禄年間を中心に」（『鷹陵史学』三七号、二〇一一年）
渡邊大門「『後藤衛藤系伝』所収の赤松氏発給文書」（『戦国史研究』六一号、二〇一一年）
渡邊大門「戦国期小寺氏に関する一考察」（『播磨学紀要』一六号、二〇一二年）
渡邊大門「新出の赤松氏関係史料二点の紹介」（『年報赤松氏研究』五号、二〇一二年）
渡邊大門「赤松則房の基礎的研究」（『十六世紀史論叢』三号、二〇一四年）
渡邊大門「天正九年の但馬国小代一揆について」（『歴史と神戸』三〇五号、二〇一四年）
渡邊大門「戦国期の播磨内乱と室町幕府」（『十六世紀史論叢』四号、二〇一五年）
渡邊大門「戦国・織豊期における兵庫津について」（『政治経済史学』五八二号、二〇一五年）
渡邊大門「尼子氏の播磨侵攻と赤松氏・室町幕府」（『十六世紀史論叢』六号、二〇一六年）
渡邊大門「但馬国山名氏の動向と権力の特質」（『「但馬国」出石の城を解剖する』但馬歴史文化研究所、二〇一六年）
渡邊大門「織田信長の但馬侵攻と山名氏」（『十六世紀史論叢』七号、二〇一六年）
渡邊大門「本能寺の変と夜久氏――年未詳六月五日羽柴秀長書状の再検討」（『研究論集　歴史と文化』創刊号、二〇一六年）
渡邊大門「播磨三木合戦に関する一考察――天正六年の情勢を中心にして」（『十六世紀史論叢』八号、二〇一七年）
渡邊大門「天正七・八年における三木合戦の展開について」（『十六世紀史論叢』九号、二〇一八年）

渡邊大門「天文二十一年四月六日別所村治判物について——「仍執達如件」の書止文言は奉書文言か」(『戦国・織豊期の諸問題』歴史と文化の研究所、二〇一八年)
渡邊大門「戦国期の播磨国細川荘と下冷泉家」(『市史研究みき』三号、二〇一八年)
渡邊大門「丹波八上城の攻防をめぐる一考察」(『戦国・織豊期の政治と経済』歴史と文化の研究所、二〇一九年)
渡邊大門「播磨長水城の戦いと戦後処理」(『研究論集　歴史と文化』六号、二〇二〇年)
渡邊大門「第一次上月城の戦いと西播磨・美作の情勢」(『十六世紀史論叢』一四号、二〇二一年)
渡邊大門「織田信包の基礎的研究」(『皇學館論叢』五四巻四号、二〇二一年)
渡邊大門「第二次上月城の戦いと山中鹿介の動向」(『研究論集　歴史と文化』九号、二〇二二年)
渡邊大門「丹波酒井氏の存在形態」(『十六世紀史論叢』一八号、二〇二三年)
渡辺真守「室町後期守護被官層の研究」(矢田俊文編『室町・戦国期畠山家・赤松家発給文書の帰納的研究』新潟大学人文学部科学研究費補助金成果報告書、二〇〇三年)

あとがき

本書で取り上げた播磨・但馬・丹波・摂津・淡路は、淡路を除くと関連する論文をこれまで書いた地域である。とりわけ、播磨の赤松氏、但馬の山名氏は、私が専門とする分野でもある。兵庫県域は太平洋から日本海に至る広大な地域であるが、史料の残り方に偏りがある。時代的に言っても、戦国時代が始まる一五世紀後半までは多いと言えるが、それ以降になると少なくなる傾向がある。

くわえて言うならば、いずれの国も室町時代は赤松氏、山名氏、細川氏といった有力守護が支配していたが、戦国時代の幕開けとともに衰退していった。その後、有力な戦国大名が現れて一国を支配することなく、国衆が地域権力として各地に点在した。そのような事情が研究をやりにくくしている。

一方で、兵庫県の戦国時代を研究するには、『兵庫県史』史料編を中心にして、市町村史の史料編が充実してきた。ただし、兵庫県の戦国時代を研究対象とする研究者の数が少ないことは問題であり、歴史を学ぶことができる大学が県内に数校あるにもかかわらず、兵庫県全体を守備範囲とする中心的な歴史学会がないことも災いしている。

これは兵庫県だけの問題ではなく、全国的な問題である。少子高齢化により、地方の歴史学界を担う人材は払底しつつある。学校教諭や学芸員も多忙なので、研究をする余力がない。最近は若い方が研究職を志望しても、就職の前途が暗いので、大学院に進学する人が減った。歴史研究を取り巻く環境は厳しいが、なかなかいいアイデアが浮かんでこないのも事実である。

また、多くの地方自治体は観光客を呼び込むため、歴史資源を最大限に生かそうと懸命であるが、問題が多いのも事実である。歴史のエンタメ化やバラエティ化が進むとともに、観光客を呼べる歴史資源だけが重視されるようになった。世界文化遺産などに登録されるために懸命なのは分からなくないが、それにより身近な文化財の保存がスポイルされるのは、バランスを逸しており大いに問題があると思う。

いずれにしても、地域の歴史は地域の人々、研究者、自治体が一緒になって考えるべき問題であり、そのための体制づくりや人材育成は急務である。

なお、本書は一般書であることから、本文では読みやすさを重視して、学術論文のように逐一、史料や研究文献を注記しているわけではない。執筆に際して多くの論文や著書に拠ったことについて、厚く感謝の意を表したい。また、兵庫県の戦国時代に関わる研究文献は膨大になるので、参照した主要なものに限っていることをお断りしておきたい。

最後に、本書の編集に関しては、法律文化社の田引勝二氏のお世話になった。田引氏には原稿を丁寧に読んでいただき、種々貴重なアドバイスをいただいた。ここに厚く御礼を申し上げる次第である。

二〇二四年六月

渡邊大門

関係年表

和暦	西暦	関係事項	一般事項
文正 二	一四六七		**正月**上御霊社の戦いで畠山義就が畠山政長を破る。
応仁 元		**5月**赤松政則配下の将赤松政秀、播磨国へ侵攻し、山名氏から奪還する。	**5月**応仁・文明の乱が始まる。
二	一四六八	**11月**足利義視、山名宗全の陣に投じる。この年、赤松政則、侍所所司に任じられる。	**11月**足利義視が西軍に加わる。
三	一四六九		**1月**足利義尚が将軍継承者として披露される。
文明 元		**10月**山名是豊、赤松政秀等、大内政弘の兵と摂津兵庫に戦い破る。	
二	一四七〇	**3月**赤松政則、播磨報恩寺に寺領安堵状を与える。	**12・27**後花園法皇没。
三	一四七一	この年、赤松政則、父性尊の十七回忌を執り行う。	
四	一四七二	**1月**山名持豊、和を細川勝元に求め成らず。	**8月**山名宗全が山名政豊に家督を譲る。
五	一四七三	**3・18**山名宗全死去。**5・11**細川勝元死去。	**12月**足利義尚が将軍に就任する。
六	一四七四	**4・3**山名政豊と細川政元、講和する。	**5月**朝倉孝景、主家斯波氏に代わって越前守護に任ぜられる。
七	一四七五	**6月**山名政豊、山内豊成および豊里の戦功を賞する。	

八	一四七六	**4月**赤松政則、酒饌を義政に献じ、猿楽を催す。	**正月**長尾景春の乱が始まる
九	一四七七	**4月**山名是豊、一条家領摂津兵庫を押領する。	**12月**山城の土一揆が勃発する。
十	一四七八	**2月**浦上則宗、赤松政則を邸宅に招き、猿楽を催す。	**4月**蓮如が山科本願寺を建立する。
十一	一四七九	**8月**足利義政、赤松政則の出仕を停止する。	**9月**京都の土一揆が土倉・酒屋を襲撃する。
十二	一四八〇	**4月**赤松政則、播磨国鴨河百姓等が清水寺領の山林を伐採することを停止する。	
十三	一四八一	**4月**浦上則宗等、犬追物を行う。	**11・21**一休宗純死去。
十四	一四八二	**5月**細川政元、丹波国和田寺に禁制を与える。	**11月**享徳の乱が終わる。
十五	一四八三	**12月**赤松政則、山名政豊と播磨真弓峠に戦い敗北する。	
十六	一四八四	**2・5**浦上則宗等、赤松政則を廃し、有馬慶寿丸を後継者に据えようとする。	
十七	一四八五	**閏3月**赤松政則、山名政豊の配下の垣屋孝知等を播磨蔭木城に攻めて落す。	**12月**山城国一揆が起こる。
十八	一四八六	**1月**赤松政則、山名政豊の兵を播磨国英賀で破る。	**7月**太田道灌が暗殺される。
長享 三	一四八九	**3月**赤松政則、山名政豊を播磨坂本城に攻めて勝利する。	**3月**足利義尚が近江鈎で死去する。
延徳 二	一四九〇	**7月**山名政豊、但馬に還る。赤松政則、追撃して破り、播磨・備前・美作を回復する。	**正月**足利義政が死去する。**7月**足利義稙が将軍に就任する。
四	一四九二	**5月**浦上則宗、中村又三郎の知行分播磨国吉富荘の半済・段銭・河公事等を免除する。	
明応 元			**9月**足利義材、赤松政則や土岐成頼の尽力により近江を平定する。
二	一四九三	**7月**赤松政則、犬追物を張行する。	**4月**細川政元・日野富子が京都で足利義澄を擁立する。**8月**山城国一揆が解体する。

三	一四九四	**12月**山名政豊の配下の斉藤壽明等、反旗を翻す。	**12月**足利義澄が将軍に就任する。
四	一四九五	**8月**安芸・毛利弘元、但馬・山名政豊と戦う。	**2月**伊勢宗瑞、小田原城を攻略する。
五	一四九六	**4月**赤松政則死去。	**9月**大坂本願寺の建設が始まる。
六	一四九七	**4月**山名俊豊、弟・致豊と戦う。	**4月**大内軍に敗れ、少弐政資・高経父子自刃。
七	一四九八	**10月**赤松義村、廣峯長続の子新四郎に播磨国広峯社社務職を相続させる。	
八	一四九九	**1・23**山名政豊死去。	**11月**足利義材、近江坂本で六角高頼に敗れ河内へ。
九	一五〇〇		**3月**足利義稙が山口に移る。
文亀元	一五〇一	**10月**幕府、赤松義村に修理替物要脚を負担させる。	この年、関東で私年号「徳応」が使用される。
二	一五〇二	**6・11**浦上則宗死去。この年、赤松政秀死去。**9月**細川政元、九条政基の子・澄之を養子とする。	
三	一五〇三	**5・20**細川政元、阿波細川成之の曾孫・澄元を養子とすべく家臣を阿波に派遣。	
永正元	一五〇四	**9月**細川政元と摂津守護代薬師寺元一の抗争が激化する。	**9・27**立河原の戦いで、扇谷上杉・北条・今川連合軍と山内上杉・古河公方連合軍が戦う。
二	一五〇五	**6月**山名致豊、家臣の垣屋続成と対立するが、幕府の仲介により和睦する。	
三	一五〇六	**12月**赤松義村、播磨国一宮の社領を安堵する。	**4月**細川澄元が阿波より上洛する。

四	一五〇七	**6・23**細川政元家臣の薬師寺長忠・香西元長らが主君政元を殺害する。	
五	一五〇八	**4・9**細川高国、兵を起こす。	**7月**足利義稙が将軍に再任する。
六	一五〇九	**閏8月**細川高国、大芋兵庫助に丹波国大芋社名田畠等を安堵する。	**6月**如意嶽の戦いで、細川高国・大内義興が三好之長を破る。
七	一五一〇	**11月**赤松義村、祐乗坊宗琇に同国的部北条半済分などを安堵する。	**2月**近江で足利義澄が細川高国を破る。
八	一五一一	**8月**山名致豊、但馬国円通寺の壁書を定める。	**8月**船岡山合戦で細川高国が細川澄元を破る。
九	一五一二	**6月**細川高国、摂津尼崎に赴き、赤松義村の母と和を結ぶ。	**6・17**上杉憲房、鉢形城を攻撃し上杉顕実を追い出す。
十	一五一三	**5月**赤松義村、播磨国浄土寺に段銭等を免除する。	
十一	一五一四	**8月**赤松義村、播磨国鵤荘と小宅荘との用水争論を糺明する。	この年、山崎宗鑑『犬筑波集』成る。
十二	一五一五	**9月**山名誠豊、但馬国興長寺に寺領を安堵する。	この年、狩野元信『清涼寺縁起絵巻』成る。
十三	一五一六	**5月**山名致豊、安田源次郎に但馬国丹生村を充行う。	**7月**新井城陥落。三浦義同戦死。伊勢宗瑞、相模を統一する。
十四	一五一七	**10月**赤松義村、播磨国斑鳩寺領の国役を免除する。	**8月**『閑吟集』成る。
十五	一五一八	**7月**山名誠豊、但馬国小田井社の社規を定める。	**8・15**伊勢宗瑞死去。
十六	一五一九	**12月**赤松義村、浦上村宗を備前三石城に攻める。	
十七	一五二〇	**11月**赤松義村、家督を子の才松丸に譲り出家する。	**5月**三好之長が細川高国に敗れ敗死する。
大永元	一五二一	**9月**浦上村宗、赤松義村を播磨国室津で殺す。	**12月**足利義晴が将軍に就任する。

二	一五二二	**9月**浦上村国等、赤松才松丸を擁して、淡路より播磨に入る。	**8月**畠山尚順が淡路で死去する。
三	一五二三	**10月**山名誠豊、播磨で敗れて帰国する。	**4月**足利義稙が阿波で死去する。
四	一五二四		**1・13**高輪原の戦いで、扇谷上杉軍と北条軍が戦う。
五	一五二五	**4月**細川高国、出家する。	
六	一五二六	**11月**足利義晴、赤松政村に出陣を命じる。**12月**山名誠豊、丹波に出陣する。	**10月**波多野元清・柳本賢治が細川高国から離反する。
七	一五二七	**5月**義晴、山名誠豊と山名誠通の和睦を斡旋する。	**2・13**細川高国軍が柳本賢治ら丹波勢に桂川原で敗れる。
八	一五二八	**2・14**山名誠豊死去。**5月**細川高国が失脚し近江に退去する。	
享禄 二	一五二九	**11月**赤松村秀、江見藤次郎の戦功を賞する。	**3月**松前義広が蝦夷の族長を殺害する。
三	一五三〇	**6月**細川高国および浦上村宗、中村助三郎に柳本賢治を播磨東条で殺害させる。	**1・21**上杉謙信誕生。
四	一五三一	**7月**赤松政村、広峯與九郎の淡路郡家浜における戦功を賞する。	**6月**天王寺の戦いで細川高国軍が三好元長軍に敗れる。
五	一五三二	**4月**赤松政村、飯尾源三の戦功を賞する。	**6月**木沢長政ら、堺を攻撃し三好元長を倒す。
天文 二	一五三三	**2・20**赤松政村、播磨国大山寺本尊の怪異に依り、祈禱を依頼する。	この年、神屋寿禎が石見銀山を開発する。
三	一五三四	**9月**赤松政村、播磨国正明寺の寺領を安堵する。	**5・28**織田信長誕生。
四	一五三五		

五	一五三六	**7・3**山名致豊死去。	**7月**延暦寺と六角定頼が京都の法華宗寺院を焼き討ちにする。
六	一五三七	**12月**尼子詮久、播磨に乱入する。	**2・6**豊臣秀吉が生まれる。
七	一五三八	**11月**尼子詮久、播磨に入り、赤松政村、淡路に出奔する。	**10月**北条氏綱が足利義明・里見義堯連合軍を国府台で破る。
八	一五三九	**11月**赤松政村を従五位下に叙し、左京大夫に任じ、義晴が偏諱を与えて晴政と称する。	
九	一五四〇	**7月**赤松晴政、尼子詮久が播磨国を攻めることを幕府に訴える。	
十	一五四一	**6月**因幡守護山名誠通、但馬守護山名祐豊と境界を争い、因幡国岩井で戦う。	**6月**武田信玄が父信虎を追放する。
十一	一五四二	**9月**赤松晴政、出雲の情勢を幕府に注進する。	**8月**斎藤道三が土岐頼芸を追放する。
十二	一五四三		**2月**織田信秀、禁裏修理費として四千貫を献上する。
十三	一五四四	**11月**幕府、赤松晴政から小舎人給物等を徴収する。	
十四	一五四五	**6月**山名祐豊、太刀、馬を義晴および子菊幢丸（義輝）に贈る。	この年、宗牧が『東国紀行』を著す。
十五	一五四六	**12月**赤村晴政、後藤基次の所領播磨国加納村の地を安堵する。	**12月**足利義輝が近江坂本で将軍に就任する。
十六	一五四七	**6月**細川晴元、山城・摂津・丹波の諸関をして、摂津多田院衆徒を通過させる。	**6月**武田信玄が甲州法度之次第を定める。
十七	一五四八		**12月**上杉謙信が兄晴景を追放する。
十八	一五四九	**1月**三好長慶の兵、伊丹親興の居城伊丹城下を放火する。	**7月**ザビエルが鹿児島に来る。

十九	一五五〇	**5月**赤松晴政、魚住四郎に兵粮料所を宛がう。	**2月**大友宗麟が家督を継ぐ。**5月**足利義晴が近江穴太で死去する。**7月**毛利元就が井上一族を殺害し、家臣から連署起請文を徴する。
二十	一五五一		**正月**ザビエルが上洛する。**9月**大内義隆が陶晴賢に背かれ自害する。
二十一	一五五二	**4月**別所村治、播磨近江寺に不法をなす者の交名を注進させる。	**3月**織田信長が家督を継ぐ。
二十二	一五五三	**9月**松永久秀、細川晴元の配下の波多野晴通を攻める。	**1・6**小笠原長時、越後国へ亡命する。
二十三	一五五四	**3月**山名祐豊、白銀を朝廷に献じる。	**3月**武田信玄・今川義元・北条氏康が同盟する。
二十四	一五五五	**9月**三好政康、波多野晴通の丹波八上城を攻める。	**10月**厳島の戦いで毛利元就が陶晴賢を破る。
弘治 二	一五五六	**4月**山名祐豊、白銀を朝廷に献上する。	**4月**一色義龍が斎藤道三を討つ。
三	一五五七	**10月**赤松晴政、豊福宗左衛門に兵糧料所を充行う。	**4月**毛利元就が大内義長を討つ。**9月**後奈良天皇が死去する。
永禄 元	一五五八	**8月**三好之康等、摂津大覚寺に禁制を与える。	**2月**正親町天皇が足利義輝を無視して改元する。
二	一五五九	**6月**室町幕府、摂津多田院領多田荘の段銭を免除する。	**2月**織田信長が上洛する。北条氏康が「小田原衆所領役帳」を定める。**8月**ガスパル・ヴィレラが上京する。
三	一五六〇	**4月**三好長慶、弟の義賢と淡路で和睦する。	**5月**桶狭間の戦いで織田信長が今川義元を討つ。**6月**長宗我部元親が家督を継ぐ。

四	一五六一	**5月**三好長慶、細川晴元と和睦する。	**3月**上杉謙信が北条氏康を小田原城に囲む。**9月**川中島の戦いで武田信玄が上杉謙信が争う。
六	一五六三		秋頃、三河で一向一揆が起こる。
七	一五六四	**10月**赤井幸家、丹波国柏原八幡宮に社領を寄進する。	**1月**里見義弘が北条氏康に国府台で敗れる。
八	一五六五	**10月**池田勝正、摂津国本興寺に禁制を与える。	**5月**松永久通と三好三人衆、将軍足利義輝を襲い殺害する。
九	一五六六	**8月**三好義継の部将安宅信康等、松永久秀の属城摂津瀧山を攻める。	**2月**島津貴久、家督を嫡子島津義久に譲る。
十	一五六七		**10月**松永久秀と三好三人衆の戦いで東大寺大仏殿が延焼する。
十一	一五六八		**10月**足利義昭が将軍に就任する。
十二	一五六九	**2月**足利義昭、赤松政秀の女を侍女とする。	
元亀　元	一五七〇	**10月**浦上宗景、播磨三木城を攻める。	**6月**姉川の戦いで織田信長が浅井長政を破る。
二	一五七一	**11月**山名韶熙、丹波山垣城を攻める。	**9月**織田信長が延暦寺を焼き討ちする。
三	一五七二	**10月**織田信長、丹波の荻野直正を討つため、明智光秀を派遣する。	**12月**三方ヶ原の戦いで武田信玄が徳川家康を破る。
四	一五七三	**1月**赤松満政、播磨国圓教寺衆徒等の条規を定める。	**2月**足利義昭が挙兵する。**4月**武田信玄が死去する。
天正　元		**11月**織田信長、浦上宗景に備前・播磨・美作を安堵し、宗景と別所長治とを和睦させる。	**8月**織田信長が朝倉義景を討つ。

二	一五七四	**閏11月**醍醐寺三宝院義演、別所長治をして、院領摂津山田荘の年貢を運上させる。	**2月**武田勝頼が美濃明知城を落とす。
三	一五七五	**10月**赤松広秀、小寺政職、別所長治、浦上宗景、山名韶熙、織田信長に謁す。	**5月**長篠の戦いで織田信長が武田勝頼を破る。**11月**信長が権大納言・右近衛大将に就任する。
四	一五七六	**1月**丹波八上城主の波多野秀治、織田信長に反旗を翻す。	**3月**足利義昭が鞆に下向し、毛利輝元と結ぶ。
五	一五七七	**5月**播磨御着城の小寺政職、毛利氏の軍と同国英賀で戦う。	**3月**織田信長が雑賀を攻める。**10月**信貴山城の戦いで松永久秀が敗死する。
六	一五七八	**2月**別所長治、毛利氏等に通じ織田信長に反旗を翻す。**3月**羽柴秀吉、三木城を包囲する。	**2月**別所長治が織田信長から離反する。**5月**御館の乱が起こる。
七	一五七九	**11月**摂津有岡城落城。山名氏政、榎並山城守の所領等を安堵する。	**8月**明智光秀が八上城を攻略する。
八	一五八〇	**1月**三木城落城。別所長治自害。**7月**摂津花隈城落城。	**正月**羽柴秀吉が三木城を攻略する。
九	一五八一	**2月**羽柴秀吉、但馬生野銀山の代官生熊左介に正月分の納銀請取状を与える。	**2月**織田信長が京都馬揃を行う。
十	一五八二	**9月**羽柴秀勝、丹波多紀郡の地を赤尾孫介に与える。	**3月**織田信忠が武田勝頼を滅ぼす。**6月**本能寺の変で明智光秀が織田信長を討つ。
十一	一五八三	**9月**秀吉が本願寺顕如の有馬湯治に際して、湯山惣中へ馳走を命じる。	**2月**羽柴秀吉、伊勢の滝川一益を攻撃する。
十二	一五八四	**11月**淡路洲本の仙石秀久、同国の鍛冶に鍛冶役の外、諸役を免除する。	**4月**長久手の戦いで羽柴秀次が徳川家康に敗れる。**11月**羽柴秀吉と織田信雄が和睦する。

十三	一五八五	**閏8月**高山右近、明石城主として六万石を与えられる。	**8月**羽柴秀吉が長宗我部元親・佐々成政を降す。
十四	一五八六	**1月**秀吉、加藤清正に播磨飾東郡の地三百石を加増する。	
十五	一五八七	**9月**丹波国氷上郡久下金屋村で検地が行われる。	**5月**羽柴秀吉が島津義久を降す。
十六	一五八八	**閏5月**豊臣秀吉、佐々成政を摂津尼崎で自害させる。	**4月**正親町天皇が聚楽第に行幸する。
十七	一五八九	**3月**羽柴秀次、丹波高仙寺の聚楽亭茶壺役及び郡役等を免除する。	
十八	一五九〇	**9月**豊臣秀吉、摂津有馬で湯治する。	**7月**羽柴秀吉が北条氏政・氏直を降す。
十九	一五九一	**8月**但馬国城崎郡伊賀谷村で検地が行われる。	**正月**羽柴秀長が死去する。**9月**羽柴秀次が九条政実の乱を平定する。
二十	一五九二	**3月**羽柴秀吉、羽柴秀勝に丹波の地を与える。	
文禄 二	一五九三	**6月**秀吉、淡路洲本の脇坂安治の朝鮮における戦功を賞し、所領を加増する。	**閏9月**羽柴秀吉が伏見城を居城とする。
三	一五九四	**9月**摂津国八部郡西尻池村で検地が行われる。	
四	一五九五	**8月**播磨国揖西郡長福寺村で検地が行われる。	
慶長 二	一五九七	**11月**木下家定、播磨野里村に文禄元年分の物成皆済状を与える。	
三	一五九八	**12月**豊臣氏の五奉行、摂津有馬の善福寺に湯山の蔵米算用状を与える。	
四	一五九九	**2月**豊臣氏の五奉行、蔵入分播磨三木郡の代官杉原長房をして、蔵米を大坂城に納入させる。	
五	一六〇〇	**7月**脇坂安元、徳川家康に対して、志があることを伝える。丹波・但馬の諸将。丹後田辺城攻めに出陣する。	**9月**関ヶ原の戦いで徳川家康が石田三成を破る。

六	一六〇一	**12月**池田照政（輝政）、播磨国広峯社の条規を定める。	
七	一六〇二	**5月**丹波の前田玄以が亡くなり、子の茂勝があとを継ぐ。	
八	一六〇三	**3月以前**有馬郡藍本庄村で新町が開かれる。	**2月**徳川家康が伏見城で将軍に就任する。
十	一六〇五		**4月**徳川秀忠が伏見城で将軍に就任する。
十三	一六〇八	**6月**丹波八上城主の前田茂勝が老臣等を殺したので改易される。	
十四	一六〇九	**9月**松平康重、天下普請により、篠山城の築城を開始する。	
十五	一六一〇	**2月**家康、姫路城主池田輝政の子忠雄に淡路を与える。	
十六	一六一一		**3月**後陽成天皇が譲位し、後水尾天皇が践祚する。
十八	一六一三	**7月**姫路城主池田玄隆（利隆）、封内巡見に関する法令数条、および年貢等に関する法令数条を発布する。	
十九	一六一四	**10月**姫路城主池田玄隆（利隆）、兵を率いて大坂の陣に出陣する。	
二十	一六一五	**4月**徳川家康、丹波の土豪が豊臣方に呼応すると聞き、岡部長盛、松井康重等に命じて鎮圧させる。	**正月**高山右近がマニラで死去する。 **4～5月**大坂夏の陣。
元和 二	一六一六		**4月**徳川家康が死去する。

《著者紹介》

渡邊大門（わたなべ・だいもん）

1967年　神奈川県生まれ。

佛教大学大学院文学研究科博士後期課程修了。博士（文学）。

現　在　株式会社歴史と文化の研究所代表取締役。

著　書　『中世後期山名氏の研究』日本史史料研究会、2009年。

『戦国期赤松氏の研究』岩田書院、2010年。

『戦国期浦上氏・宇喜多氏と地域権力』岩田書院、2011年。

『中世後期の赤松氏——政治・史料・文化の視点から』日本史史料研究会、2011年。

『宇喜多直家・秀家——西国進発の魁とならん』ミネルヴァ書房、2011年。

『備前浦上氏』戎光祥出版、2012年。

『赤松氏五代——弓矢取って無双の勇士あり』ミネルヴァ書房、2012年。

『戦国・織豊期赤松氏の権力構造』岩田書院、2014年。

『山陰・山陽の戦国史——毛利・宇喜多氏の台頭と銀山の争奪』ミネルヴァ書房、2019年。

『嘉吉の乱——室町幕府を変えた将軍暗殺』ちくま新書、2022年、ほか。

歴史ビブリオ

戦国時代の地域史②

播磨・但馬・丹波・摂津・淡路の戦国史
——畿内と中国の狭間で続いた争乱

2024年9月10日　初版第1刷発行

著　者　渡邊大門

発行者　畑　　光

発行所　株式会社 法律文化社
〒603-8053
京都市北区上賀茂岩ヶ垣内町71
電話 075(791)7131　FAX 075(721)8400
https://www.hou-bun.com/

印刷：中村印刷㈱／製本：㈱吉田三誠堂製本所
装幀：白沢　正
ISBN978-4-589-04351-1

人名索引

あ　行

か　行

さ　行

た　行

な　行

事項索引

あ 行

か 行

さ　行

た　行

な　行

は　行

ま　行

や 行

ら 行

わ 行